विश्वमानव

भूतपूर्व नेतृत्वकर्ताओं का स्पष्टिकरण

(सार्वभौम सत्य-सैद्धान्तिक आधार पर)

notionpress
.com

विश्वमानव
भूतपूर्व नेतृत्वकर्ताओं का स्पष्टिकरण

(सार्वभौम सत्य-सैद्धान्तिक आधार पर)

लव कुश सिंह "विश्वमानव"

सत्यकाशी पीठ
पांचवां और अन्तिम शंकराचार्य पीठ

Notion Press

Old No. 38, New No. 6
McNichols Road, Chetpet
Chennai - 600 031

First Published by Notion Press 2020

ISBN 978-16-48995-42-2

समर्पण

यह पुस्तक समर्पित है -

उन सभी खोजी आत्माओं को,

जो सत्य की ज्योति को अपने भीतर

और संसार के हर कोने में जलाना चाहते हैं।

भारतीय संविधान के धारा-51 (ए)

नागरिक का मौलिक कर्तव्य के अनुसार

01. संविधान के प्रति प्रतिबद्धता, इसके आदर्शों, धाराओं, राष्ट्रीय ध्वज व राष्ट्रीय गान का आदर करना।
02. स्वतंत्रता के लिए संघर्ष हेतु प्रेरित करने वाले सुआदर्शों का अनुकरण करना व उन्हें चिरस्थायी बनाना।
03. भारत की सर्वोच्चता, एकता और अखण्डता की रक्षा करना तथा समर्थन करना।
04. जब भी आवश्यकता पड़े देश की रक्षा करना व राष्ट्रीय सेवाओं हेतु समर्पित होना।
05. समाज में भाई-चारें की भावना का विस्तार करना, मातृत्व भाव, धार्मिक, भाषायिक, क्षेत्रीय विभिन्नताओं में एकता कायम करना तथा नारी सम्मान आदि का ध्यान देना।
06. अपने मिश्रित संस्कृति का मूल्यांकन करना उसको स्थायित्व देना और इसकी परम्परा को कायम रखना।
07. प्राकृतिक सम्पदा की रक्षा करना जिसमें जलवायु, जंगल, झील, नदियां, जंगली जीवों व समस्त जीवों के प्रति दया का भाव सम्मिलित है।
08. वैज्ञानिक भावना को प्रोत्साहित करना, मानवीय भावनाओं के स्वरूप की परख करते रहना।
09. जन सम्पत्ति की सुरक्षा करना और हिंसा आदि का परित्याग करना।
10. व्यक्तिगत, सामूहिक गतिविधियों के प्रत्येक क्षेत्र में सर्वोच्चता हासिल करना, जिससे राष्ट्र शतत उत्थान, प्रयत्न व प्राप्ति की ओर अग्रसर होता रहे।
11. जो कि माता-पिता या अभिभावक हो, वे अपने 6 साल से 14 साल के बच्चों को शिक्षा या अन्य ऐसे सुअवसरों का लाभ उन्हें मुहैया करावें।

मूल जीवन मंत्र

"हे प्रभु, तेरे प्यार में बस दो ही बातें है। एक तो अपना कल्याण करूँ, दूसरा तुझ जैसा बन सबका कल्याण करूँ"

विषय- सूची

भाग-1 : भारत के स्वतन्त्रता (सन् 1947 ई0) के पूर्व जन्में भूतपूर्व नेतृत्वकर्ता

भाग-2 : भारत के स्वतन्त्रता (सन् 1947 ई0) के बाद जन्में भूतपूर्व नेतृत्वकर्ता

भाग-3: परिवर्तन

व्यवस्था के परिवर्तन या सत्यीकरण का पहला प्रारूप और उसकी कार्य विधि
वे शब्द जिसके बिना युग परिवर्तन सम्भव नहीं

भाग-4: केन्द्र या मध्य (भारत) में पांचवां और अन्तिम सत्यकाशी पीठ

सत्यकाशी पीठ: स्थान
सत्यकाशी पीठ: इतिहास और उद्देश्य
पाँचवाँ और अंतिम शंकराचार्य पीठ: इसकी विशेषता

भाग-5: सत्यकाशी पीठ के कार्य

धारा-उद्धार: धर्म की पुनर्स्थापना
मनुष्य चेतना का रूपांतरण
साधना, दीक्षा और आध्यात्मिक अनुष्ठान
वैश्विक कार्य: मानवता के लिए संदेश
शिव-तत्व और कल्कि-तत्व का मिलन
"सार्वभौम सत्य-सिद्धान्त" पर आधारित "युग परिवर्तन श्रृंखला" के नवयुग के शास्त्र-साहित्य

मुख पृष्ठ की व्याख्या

इस आवरण पर एक गंभीर, गहन और दार्शनिक आभा उभरती है, जो विश्व इतिहास के उन नेतृत्वकर्ताओं को एक ही चेतना-वृत्त में संगठित रूप से प्रस्तुत करती है जिन्होंने मानव सभ्यता की दिशा बदली।

गहरे नौसैनिक-नीले (navy blue) पृष्ठभूमि पर स्वर्ण-आभा से निर्मित एक गोलाकार ऊर्जा-मंडल चमकता है-जो समय, भूगोल, सभ्यताओं और विचारधाराओं के पार स्थित *एक वैश्विक चेतना-सूत्र* का प्रतीक है। इसी दिव्य वृत्त के भीतर विभिन्न युगों के महापुरुषों के चित्र संयोजित हैं-राजा, सामाजिक सुधारक, आध्यात्मिक पुरुष, दार्शनिक, योद्धा और मानवतावादी नेता-जिनके मुख पर शक्ति, करुणा, विवेक और आंतरिक धैर्य का अद्वितीय संतुलन दीखता है।

ऊपर सफ़ेद अक्षरों में शीर्षक **"विश्वमानव – भूतपूर्व नेतृत्वकर्ताओं का स्पष्टीकरण"** गूंजता है, जो संकेत देता है कि यह ग्रंथ इतिहास को केवल घटनाओं या तिथियों के रूप में नहीं, बल्कि *मानवता के उत्कर्ष-चक्र* के रूप में समझाने वाला है। नीचे स्वर्ण पीले रंग में अंकित **"सत्यकाशी पीठ - पाँचवाँ और अन्तिम शंकराचार्य पीठ"** इस सम्पूर्ण आवरण को एक आध्यात्मिक अधिकार, प्रामाणिकता और दार्शनिक गहराई प्रदान करता है।

कुल मिलाकर, यह आवरण बताता है कि पुस्तक विश्वमानव के उदय को इतिहास की गहराइयों से जोड़ते हुए, मानव सभ्यता के महान नेताओं के कार्य, भूमिका और चेतना का स्पष्ट, आध्यात्मिक और विवेचनात्मक विश्लेषण प्रस्तुत करती है-जैसे अतीत को समझे बिना भविष्य का निर्माण सम्भव नहीं।

भूमिका

"विश्वमानव–भूतपूर्व नेतृत्वकर्ताओं का स्पष्टिकरण" आधुनिक मानव सभ्यता के उन विराट व्यक्तित्वों का पुनर्पाठ है जिन्होंने विश्व–चिन्तन, मानवाधिकार, सामाजिक चेतना, राष्ट्रीय पुनर्निर्माण और धार्मिक–आध्यात्मिक संवाद को एक नई दिशा दी। यह ग्रन्थ उन महापुरुषों-गाँधी , लोकनायक जयप्रकाश नारायण , दीनदयाल उपाध्याय , पंडित नेहरू , डॉ. भीमराव आम्बेडकर , पोप जॉन पॉल द्वितीय , तथा अनेक वैश्विक नेतृत्वकर्ताओं-के जीवन, विचार, संघर्ष और मानव–हितैषी दृष्टि का विवेचन करते हुए यह स्पष्ट करता है कि इतिहास केवल घटनाओं का क्रम नहीं, बल्कि चेतना का विकास–पथ है। प्रत्येक व्यक्तित्व का परिचय केवल जीवनी नहीं, बल्कि उस मूल आध्यात्मिक एवं नैतिक धारा की पहचान है जिसने मानवता को आगे बढ़ाया-चाहे वह सत्याग्रह की शक्ति हो, सामाजिक न्याय का संघर्ष हो, धर्मनिरपेक्ष और समानतामूलक राष्ट्र–निर्माण का संकल्प हो, या मानव गरिमा और सार्वभौमिक सद्भाव का वैश्विक आह्वान। ग्रन्थ में "स्पष्टीकरण" शब्द केवल सुधार का अर्थ नहीं रखता, बल्कि वह एक गहन प्रयास है-पुराने विचारों, भ्रमों, अपूर्ण ऐतिहासिक कथनों और अधूरी व्याख्याओं को नए प्रकाश में देखने का, जहाँ किसी भी नेतृत्वकर्ता को न तो देवत्व का अवतार बनाया गया है और न ही दोषों का पुतला; उन्हें एक ऐसे मनुष्य के रूप में प्रस्तुत किया गया है, जिसकी चेतना, त्रुटियाँ, संघर्ष और उपलब्धियाँ सब मिलकर विश्वमानव के भविष्य हेतु मार्ग प्रशस्त करती हैं। इसी क्रम में यह ग्रन्थ नैतिकता, नेतृत्व–मानक, विकास–दर्शन और युग–निर्माण के लिए एक साझा वैश्विक मानक–ढाँचे की आवश्यकता को रेखांकित करता है-एक ऐसी विश्वमानक–शृंखला, जो मन की गुणवत्ता, निर्णयों की पवित्रता, नेतृत्व की पारदर्शिता और वैश्विक कल्याण की दिशा में मानवता को संगठित कर सके । समग्र रूप से यह कृति अतीत के महान नेतृत्वकर्ताओं के प्रति कृतज्ञता का भाव प्रकट करते हुए यह बताती है कि नया युग तभी जन्म लेता है जब हम इतिहास को श्रद्धा के साथ, परन्तु विवेक की आँखों से देखें; जब हम व्यक्तियों को नहीं, उनके सत्य को पहचानें; और जब हम समझें कि मानवता का भविष्य किसी एक राष्ट्र, धर्म या विचारधारा का प्रश्न नहीं-बल्कि सम्पूर्ण विश्व–मानव का साझा अभियान है।

✍ ***लव कुश सिंह "विश्वमानव"***

एक शोधक, चिंतक और मार्गदर्शक, जिन्होंने अपना जीवन *मानवता, आत्मा और नव-सृष्टि* के अध्ययन एवं लेखन को समर्पित किया है।

- प्रमुख ग्रंथ: *विश्वशास्त्र*
- दृष्टि: *नव-मनुष्य और नव-संसार का निर्माण*

भाग-1

भारत के स्वतन्त्रता (सन् 1947 ई0) के पूर्व जन्में भूतपूर्व नेतृत्वकर्ता

01. महात्मा गाँधी (2 अक्टुबर, 1869 - 30 जनवरी, 1948)
02. सरदार वल्लभ भाई पटेल (31 अक्टुबर, 1875 - 15 दिसम्बर, 1950)
03. सर्वपल्ली राधाकृष्णनन् (5 सितम्बर, 1888 - 17 अप्रैल 1975)
04. पं0 जवाहर लाल नेहरु (14 नवम्बर, 1889 - 27 मई, 1964)
05. बाबा साहेब भीम राव अम्बेडकर (14 अप्रैल, 1891 - 6 दिसम्बर, 1956)
06. लोकनायक जय प्रकाश नारायण (11 अक्टुबर, 1902 - 8 अक्टुबर, 1979)
07. लाल बहादुर शास्त्री (2 अक्टुबर, 1904 - 11 जनवरी 1966)
08. राम मनोहर लोहिया (23 मार्च, 1910 - 12 अक्टुबर, 1967)
09. आर.वेंकटरामन (4 दिसम्बर, 1910 - 27 जनवरी, 2009)
10. पं0 दीन दयाल उपाध्याय (25 सितम्बर, 1916 - 11 फरवरी, 1968)
11. इन्दिरा गाँधी (19 नवम्बर, 1917 - 31 अक्टुबर, 1984)
12. शंकर दयाल शर्मा (19 अगस्त, 1918 - 26 दिसम्बर, 1999)
13. जान पाल, द्वितीय (18 मई, 1920 - 2 अप्रैल 2005)
14. के.आर.नारायणन (27 अक्टुबर, 1920 - 9 नवम्बर, 2005)
15. अशोक सिंघल (27 सितम्बर 1926 - 17 नवम्बर 2015)
16. चन्द्रशेखर (1 जुलाई, 1927 - 8 जुलाई, 2007)
17. रोमेश भण्डारी (29 मार्च, 1928 - 7 सितम्बर, 2013)
18. के. एस. सुदर्शन (18 जून, 1931 - 15 सितम्बर, 2012)
19. विश्वनाथ प्रताप सिंह (25 जून, 1931 - 27 नवम्बर, 2008)
20. ए.पी.जे. अब्दुल कलाम (15 अक्टुबर, 1931 - 27 जुलाई 2015)
21. स्वामी शिवानन्द (माघ शुक्ल बसन्त पंचमी, सरस्वती जन्मोत्सव, 1932 ई0 में -)
22. राजीव गाँधी (20, अगस्त, 1944 - 21 मई, 1991)

भाग – 08. भूतपूर्व धार्मिक–राजनैतिक–सामाजिक नेतृत्वकर्ता चक्र मार्ग से
(भारत तथा विश्व के नेत्तृत्वकर्त्ताओं के चिंतन पर दिये गये वक्तव्य का स्पष्टीकरण)
अ. भारत के स्वतन्त्रता (सन् 1947 ई0) के पूर्व जन्में भूतपूर्व नेतृत्वकर्ता

01

महात्मा गाँधी
(2/10/1869 – 30/1/1948)

02

सरदार वल्लभ भाई पटेल
(31/10/1875–15/12/1950)

03

सर्वपल्ली राधाकृष्णनन्
(5/9/1888 – 17/4/1975)

04

पं0 जवाहर लाल नेहरु
(14/11/1889 – 27/5/1964)

05

भीम राव अम्बेडकर
(14/4/1891–6/12/1956)

06

लो0ना0 जय प्रकाश नारायण
(11/10/1902–8/10/1979)

07

लाल बहादुर शास्त्री
(2/10/1904–11/1/1966)

08

राम मनोहर लोहिया
(23/3/1910–12/10/1967)

09

आर.वेंकटरामन
(4/12/1910–27/1/2009)

10

पं0 दीन दयाल उपाध्याय
(25/9/1916–11/2/1968)

11

इन्दिरा गाँधी
(19/11/1917–31/10/1984)

12

शंकर दयाल शर्मा
(19/8/1918–26/12/1999)

13

जॉन पाल, द्वितीय
(18/5/1920–2/4/2005)

14

के.आर.नारायणन
(27/10/1920–9/1/2005)

15

अशोक सिंघल
(27/9/1926–17/11/2015)

16

चन्द्रशेखर
(1/7/1927–8/7/2007)

17

रोमेश भण्डारी
(29/3/1928–7/9/2013)

18

के. एस. सुदर्शन
(18/6/1931–15/9/2012)

19

विश्वनाथ प्रताप सिंह
(25/6/1931–27/11/2008)

20

ए.पी.जे. अब्दुल कलाम
(15/10/1931–27/7/2015)

21

स्वामी शिवानन्द
(बसन्त पंचमी,1932–..............)

22

राजीव गाँधी
(20/8/1944–21/5/1991)

23

24

01. महात्मा गाँधी
(2 अक्टुबर, 1869 - 30 जनवरी, 1948)

परिचय -

बापू व राष्ट्रपिता की उपाधियों से सम्मानित महात्मा गाँधी 19वीं शताब्दी के ऐसे महापुरूष हुए, जिन्होंने सत्य और अंहिसा के शस्त्र से, जिनके राज्य में कभी सूर्यास्त नहीं होता था, उस महाशक्तिशाली अंग्रेजी शासन को भारत से खदेड़ दिया। उन्होंने सत्य को ही ईश्वर माना और कहा कि ईश्वर ही सत्य है।

आश्विन, कृष्ण पक्ष, द्वादशी, सं.1926 तदनुसार 2 अक्टुबर, 1869 ई0 को मोहनदास करमचन्द गाँधी ने जन्म लेकर, गुजरात राज्य के पोरबन्दर की धरती को धन्य किया। सात वर्ष की उम्र में उन्हें पाठशाला भेजा गया। अपनी सत्यनिष्ठा से अध्यापक को प्रभावित किया। रामायण, महाभारत का प्रभाव बचपन से ही जीवन पर पड़ा। गीता और नरसी मेहता के पदों की जीवन पर गहरी छाप लग गई। नरसी जी का "वैष्णवजण तो तेणे कहिये जे पीड़ पराई जाणे रे", यह भजन जीवन में समा गया और नित्य प्रार्थना का अंग बन गया। उनके पिता करमचन्द गाँधी मोध समुदाय से सम्बन्ध रखते थे और अंग्रेजों के अधीन वाले भारत के कठियावाड़ एजेन्सी में एक छोटी सी रियासत पोरबन्दर प्रांत के दीवान अर्थात प्रधान मंत्री थे। परनामी वैष्णव हिन्दू समुदाय की उनकी माता पुतलीबाई, करमचन्द की चैथी पत्नी थीं। उनकी पहली तीन पत्नियां प्रसव के समय मर गई थीं। छोटी उम्र में ही कस्तुरबा गाँधी के साथ इनका विवाह हो गया। बचपन में पढ़ते समय, बुरी संगत के कारण कुछ बुरी आदतें पड़ गई। 19 वर्ष की उम्र में बैरिस्टर बनने के लिए इंग्लैण्ड गये और माँ से की हुई प्रतिज्ञा के कारण सदैव कुसंग से बचे रहे। बैरिस्टर बनने के बाद भारत आये। यहाँ बैरिस्ट्री नहीं चली, तो दक्षिण अफ्रीका चले गये। काले-गोरे के भेद से उनका दिल दहल गया और अंग्रेजों के विरूद्ध आवाज उठाई। एक मुकदमें की पैरवी में उनको बड़ी ख्याति मिली। अफ्रीका से लौटने पर मुम्बई के अपोलो बन्दरगाह पर कठियावाड़ वेशभूषा में देखते ही असंख्य लोगों ने स्वागत किया। गाँधी जी, गोखले के साथ पूना आये। बाद में रेल के तीसरे दर्जे में बैठकर सारे देश का भ्रमण कर लोगों को पास से देख-समझा।

बिहार राज्य के चम्पारन जिले में नील की खेती करने वाले किसानों को सत्याग्रह की प्रेरणा देकर अंग्रेजों से मुक्ति दिलाई। "जलियाँवाला बाग" के नृशंस हत्याकाण्ड से गाँधी जी का हृदय द्रवित हो गया और सम्पूर्ण देश में असहयोग आन्दोलन की योजना क्रियान्वित करने का संकल्प लिया। जैसे ही आन्दोलन ने जोर पकड़ा, अंग्रेज सरकार ने गाँधी जी को पकड़कर बन्द करने की ठानी और "यंग इण्डिया" में प्रकाशित लेख के आधार पर बन्दी बनाकर "यरवदा" जेल भेज दिया गया। सत्यवादी, निश्छल भाव के कारण अंग्रेजों के दिल में गाँधी के प्रति सम्मान बढ़ रहा था। जेल के नियमों का गाँधी जी पूरा पालन करते थे। चरखा कातकर, महान लेखकों के ग्रन्थ पढ़कर अपना समय व्यतीत करते थे। वे अपनी छोटी भूल को भी हिमालय जैसी भूल मानते थे। हरिजन उद्धार, सादा और श्रमपूर्ण नैतिक जीवन, अपने दोष देखकर दूसरों को क्षमा करने और सेवा करने के सिद्धान्त को अपनाया। जीवन पर्यन्त राम-नाम के जापक रहे।

1924 ई0 में हिन्दू-मुसलमानों के साम्प्रदायिक संघर्ष से उन्हें आन्तरिक पीड़ा हुई। दिल्ली में इक्कीस दिन का उपवास करना पड़ा। हिन्दू-मुसलमानों की ओर से मिलकर रहने का आश्वासन मिलने पर उपवास तोड़ा। चरखा और खादी आन्दोलन की प्रेरणा देकर स्वदेशी-स्वालम्बन का रास्ता दिखाया और विदेशी वस्त्रों का बहिष्कार कर होली जलाई। 12 मार्च, 1930 में नमक कानून तोड़ने के लिए दाण्डी यात्रा कर लाखों लोगों को आन्दोलन से जोड़ा अन्ततः सफलता प्राप्त की। लन्दन सरकार के गोलमेज परिषद् के आमंत्रण पर गाँधीजी अपने फकीरी देश में गये। परिषद् की बैठक के बाद गाँधी जी सम्राट जार्ज से मिले और भारत के विषय में अपनी बात कही।

भारत लौटकर आने पर मालूम हुआ कि वाइसराय इरविन के स्थान पर लार्ड विलिंगटन की नियुक्ति हुई है, जो गाँधी विरोघी हैं। उसने गाँधी-इरविन समझौते को तोड़ने की प्रक्रिया प्रारम्भ कर दी और 4 फरवरी, 1932 को गिरफ्तार कर यरवदा जेल भेज दिया। द्वितीय विश्वयुद्ध की घोषणा होने पर कांग्रेस ने अंग्रेज सरकार को सहायता देना अस्वीकार कर दिया। उस समय चर्चिल ब्रिटीश सरकार के प्रधानमंत्री थे तथा स्वतन्त्रता आन्दोलन के

विरोधी थे। जापान की बढ़ती शक्ति को देखकर गाँधी जी ने सत्याग्रह आन्दोलन करने का निश्चय किया कि भारत स्वाधीन हो जाता है, तो शत्रु का खुलकर मुकाबला करेगें। उन्होंने चर्चिल के औपनिवेशक स्वराज्य के प्रस्ताव को ठुकरा दिया।

8 अगस्त, 1942 को "भारत छोड़ो आन्दोलन" का बिगुल बजा दिया गया। गाँधी जी को पकड़कर आगाखाँ महल में रखा गया। महादेव भाई देसाई ओर कस्तूरबा की मृत्यु के पश्चात् गाँधी जी एकाकी रह गये। स्वास्थ्य गिरने लगा, तो सरकार ने 7 मई, 1944 को जेल से रिहा कर दिया। सन् 1945 में विश्व युद्ध समाप्त हो गया। चर्चिल चुनाव में हार गया और उसके स्थान पर मजदूर नेता लार्ड एटली की सरकार बनी। एटली सरकार ने भारत को स्वाधीन करने का निश्चय कर लिया था और उन्होंने अपनी पार्लियामेन्ट में घोषणा की कि जून, 1948 को अंग्रेज भारत छोड़ देगें। लार्ड माउन्टबेटन को भारत का वायसराय बनाकर भेजा गया। लार्ड माउन्टबेटन ने मुस्लिम लीग के नेता जिन्नां और कांग्रेसी नेताओं से बातचीत की। जिन्ना पाकिस्तान की बात पर अडिग रहे। स्वाधीनता की दृष्टि से एक वर्ष पूर्व 15 अगस्त, 1947 को भारत को स्वतन्त्र करने की बात स्वीकार की गई। गाँधी जी कांग्रेसी नेताओं के बात से सहमत नहीं थे। दुःखी मन से नियति का विधान मानकर गाँधी जी मौन हो गये। 2 अक्टुबर को उनके जन्म दिन राष्ट्रीय पर्व "गाँधी जयंती" के नाम से मनाया जाता है और दुनियाभर में इस दिन अतंर्राष्ट्रीय अहिंसा दिवस के नाम से मनाया जाता है।

हिन्दुस्तान-पाकिस्तान के बँटवारे ने हिन्दू-मुस्लिम में परस्पर झगड़े की आग भड़का दी और खून से देश की धरती लाल हो गई। गाँधी जी प्रार्थना को बहुत महत्व देते थे। उन्हें पक्का विश्वास था कि प्रार्थना और राम-राम से बड़ी से बड़ी समस्या का समाधान मिल सकता है। शुक्रवार, 30 जनवरी, 1948 का वह काला दिन आया। बिड़ला हाउस में प्रार्थना सभा में उपस्थित भीड़ गाँधी जी की प्रतीक्षा कर रही थी। गाँधी जी मंच पर चढ़ ही रहे थे कि भीड़ में से निकल कर एक युवक ने उनके सीने पर पिस्तौल दाग दी। "हे राम" के साथ गाँधी जी की श्वास अंतरिक्ष में विलीन हो गई और वे अलौकिक ज्योति का प्रकाश विकीर्ण कर अनन्त ज्योति में समा गये।

गाँधी का विश्वास

गाँधी का जन्म हिन्दू धर्म में हुआ, उनके पूरे जीवन में अधिकतर सिद्धान्तों की उत्पत्ति हिन्दूत्व से हुआ। साधारण हिन्दू की तरह वे सारे धर्मों को समान रूप से मानते थे। और सारे प्रयास जो उन्हें धर्म परिवर्तन के लिए कोशिश किये जा रहें थे, उसे अस्वीकार कर दिया। वे ब्रह्मज्ञान के जानकार थे और सभी प्रमुख धर्मों को विस्तारपूर्वक पढ़ते थे। उन्होंने कहा कि हिन्दू धर्म के बारे में मैं जितना जानता हूँ यह मेरी आत्मा को सन्तुष्ट करती है। और सारी कमियों को पूरा करती है। जब मुझे सन्देह घेर लेती है। जब निराशा मुझे घूरने लगती है और जब मुझे आशा की कोई किरण नजर नहीं आती है तब मैं भगवद्गीता को पढ़ लेता हूँ। और तब मेरे मन को असीम शान्ति मिलती है और तुरन्त ही मेरे चेहरे से निराशा के बादल छंट जाते हैं। और मैं खुश हो जाता हूँ। मेरा पूरा जीवन त्रासदियों से भरा है और यदि वो दृश्यात्मक और अमिट प्रभाव मुझ पर नहीं छोड़ता, मैं इसके लिए भगवद्गीता के उपदेशों का ऋणी हूँ।

गाँधी के लेखन

गाँधी जी एक सफल लेखक थे। कई दशकों तक वे अनेक पत्रों का संपादन कर चुके थे जिसमें गुजराती, हिन्दी और अंग्रेजी में हरिजन, इण्डियन ओपिनियन और यंग इण्डिया। जब वे भारत आये तब उन्होंने नवजीवन नामक मासिक पत्रिका निकाली। बाद में नवजीवन का प्रकाशन हिन्दी में भी हुआ। इसके अलावा उन्होंने लगभग हर रोज व्यक्तियों और समाचार पत्रों को पत्र लिखा। गाँधी का पूरा कार्य महात्मा गाँधी के संचित लेख नाम से 1960 में भारत सरकार द्वारा प्रकाशित किया गया है। यह लेखन लगभग 50 हजार पृष्ठों में समाविष्ट है और तकरीबन 100 खण्डों में प्रकाशित है। सन् 2000 में गाँधी के पूरे कार्यों का संशोधित संस्करण विवादों के घेरे में आ

गया क्योंकि गाँधी के अनुयायियों ने सरकार पर राजनीतिक उद्देश्यों के लिए परिवर्तन शामिल करने का आरोप लगाया।

गाँधी के सिद्धान्त

सत्य - गाँधी जी ने अपना जीवन सत्य या सच्चाई की व्यापक खोज में समर्पित कर दिया। उन्होंने इस लक्ष्य को प्राप्त करने के लिए अपनी स्वयं की गलतियों और खुद पर प्रयोग करते हुए सीखने की कोशिश की। उन्होंने अपनी आत्म कथा को "द स्टोरी आफ माइ एकसपेरिमेण्ट विथ ट्रूथ" का नाम दिया। गाँधी जी ने कहा कि सबसे महत्वपूर्ण लड़ाई लड़ने के लिए अपने दुष्टात्माओं, भय और असुरक्षा जैसे तत्वों पर विजय पाना है। गाँधी जी ने अपने विचारों को सबसे पहले उस समय संक्षेप में व्यक्त किया जब उन्होंने कहा "भगवान ही सत्य है", बाद में उन्होंने अपने इस कथन को "सत्य ही भगवान है" में बदल दिया। इस प्रकार, सत्य में गाँधी के दर्शन हैं-परमेश्वर।

अहिंसा - हालांकि गाँधी जी अहिंसा के सिद्धान्त के प्रवर्तक विल्कुल नहीं थे फिर भी इसे बड़े पैमाने पर राजनैतिक क्षेत्र में प्रयोग करने वाले पहले व्यक्ति थे। अहिंसा और प्रतिकार का भारतीय धार्मिक विचारों में एक लम्बा इतिहास है और इसके हिन्दू, बौद्ध, यहूदी और ईसाई समुदाय में बहुत सी अवधारणाएं हैं। गाँधी जी ने अपनी आत्मकथा में अपने दर्शन और जीवन के मार्ग का वर्णन किया है। जिसमें लिखा है- जब मैं निराश होता हूँ तब मैं याद करता हूँ कि हालाँकि इतिहास सत्य का मार्ग होता है किन्तु प्रेम इसे सदैव जीत लेता है। यहाँ अत्याचारी और हत्यारे भी हुए हैं और कुछ समय के लिए वे अपराजेय लगते थे किन्तु अंत में उनका पतन ही होता है, इसका सदैव विचार करें।

गाँधी के विचार

1. विज्ञान का युद्ध किसी व्यक्ति को तानाशाही, शुद्ध और सरलता की ओर ले जाता है। अहिंसा का विज्ञान अकेले ही किसी व्यक्ति को शुद्ध लोकतन्त्र के मार्ग की ओर ले जा सकता है। प्रेम पर आधारित शक्ति सजा के डर से उत्पन्न शक्ति से हजार गुना अधिक और स्थायी होती है। यह कहना निन्दा करने जैसा होगा कि अहिंसा का अभ्यास केवल व्यक्तिगत तौर पर किया जा सकता है और व्यक्तिवादिता वाले देश इसका कभी भी अभ्यास नहीं कर सकते हैं। शुद्ध अराजकता का निकटतम दृष्टिकोण अहिंसा पर आधारित लोकतन्त्र होगा। सम्पूर्ण अहिंसा के आधार पर संगठित और चलने वाला कोई समाज शुद्ध अराजकता वाला समाज होगा।

2. मैंने भी स्वीकार किया कि एक अहिंसक राज्य में भी पुलिस बल की जरूरत अनिवार्य हो सकती है। पुलिस रैंकों का गठन अहिंसा में विश्वास रखने वालों से किया जायेगा। लोग उनकी हर सम्भव मदद करेंगे और आपसी सहयोग के माध्यम से वे किसी भी उपद्रव का आसानी से समाना कर लेंगे। श्रम और पूंजी तथा हड़तालों के बीच हिंसक झगड़ें बहुत कम होंगे और हिसंक राज्यों में तो बहुत कम होंगे क्योंकि अहिंसक समाज की बाहुलता का प्रभाव समाज में प्रमुख तत्वों का सम्मान करने के लिए महान होगा। इसी प्रकार साम्प्रदायिक अव्यवस्था के लिए कोई जगह नहीं होगी।

3. आध्यात्मिक और व्यवहारिक शुद्धता बड़े पैमाने पर ब्रह्मचर्य और वैराग्यवाद से जुदा होता है। गाँधी जी ने ब्रह्मचर्य को भगवान के करीब आने और अपने को पहचानने का प्राथमिक आधार के रूप में देखा था। अपनी आत्मकथा में वे बचपन की दुल्हन कस्तुरबा के साथ अपनी कामेच्छा और इष्र्या के संघर्षो को बताते हैं। उन्होंने महसूस किया कि यह उनका व्यक्तिगत दायित्व है कि उन्हें ब्रह्मचर्य रहना है ताकि वे बजाय हवस के प्रेम को सिख पायें। गाँधी के लिए ब्रह्मचर्य का अर्थ था- इन्द्रियों के अन्तर्गत विचारों, शब्द और कर्म पर नियंत्रण।

4. गाँधी जी का मानना था कि अगर एक व्यक्ति समाज सेवा में कार्यरत है तो उसे साधारण जीवन की ओर ही बढ़ना चाहिए जिसे वे ब्रह्मचर्य के लिए आवश्यक मानते हैं। उनकी सादगी ने पश्चिमी जीवन शैली को त्यागने पर मजबूर करने लगा और वे दक्षिण अफ्रीका में फैलने लगे थे इसे वे - खुद को शून्य के स्थिति में लाना, कहते हैं। जिसमें अनावश्यक खर्च, साधारण जीवन शैली को अपनाना और अपने वस्त्र स्वयं धोना आवश्यक है। अपने साधारण जीवन को दर्शाने के लिए उन्होंने बाद में अपनी बाकी जीवन में धोती पहनी।

5. गाँधी सप्ताह में एक दिन मौन धारण करते थे। उनका मानना था कि बोलने के परहेज से उन्हें आन्तरिक शान्ति मिलती है। उन पर यह प्रभाव हिन्दू मौन सिद्धान्त का है। वैसे दिनों में वे कागज पर लिखकर दूसरों के साथ सम्पर्क करते थे। 37 वर्ष की आयु से साढ़े तीन वर्षों तक गाँधी जी ने अखबारों को पढ़ने से इन्कार कर दिया जिसके जबाब में उनका कहना था कि जगत की आज जो स्थिर अवस्था है, उसने अपनी स्वयं का आन्तरिक अशान्ति की तुलना में अधिक भ्रमित किया है।

6. नियम के रूप में गाँधी विभाजन की अवधारणा के खिलाफ थे क्योंकि उनके धार्मिक एकता के दृष्टिकोण के प्रतिकूल थी। 6 अक्टुबर, 1946 में हरिजन में उन्होंने भारत का विभाजन, पाकिस्तान बनाने के लिए, के बारे में लिखा- पाकिस्तान की मांग जैसा कि मुस्लीम लीग द्वारा प्रस्तुत किया गया है, गैर इस्लामी है और मैं इसे पापयुक्त कहने से नहीं हिचकूँगा। इस्लाम मानव जाति के भाईचारे ओर एकता के लिए खड़ा है, न कि मानव परिवार के एक्य का अवरोध करने के लिए। इस वजह से जो यह चाहते हैं कि भारत दो युद्ध समूहों में बदल जाये, वे भारत और इस्लाम दोनों के दुश्मन हैं। वे मुझे टुकड़ों में काट सकते हैं, पर मुझे उस चीज के लिए राजी नहीं कर सकते जिसे मैं गलत समझता हूँ।

भारत के स्वतन्त्रता संग्राम में बिना शस्त्र, और सुरक्षा के अहिंसा का सत्य के बल पर व्यवहारिक जीवन में प्रत्यक्ष करने वाला महात्मा जिसने रामराज्य का सपना देखा था जिसे सम्पूर्ण विश्व सम्मान करता है तथा भारत में राष्ट्रपिता के रुप में स्थापित हैं। इनके नाम पर समर्थन कर तथा समर्थन मांग कर लोग स्वार्थ सिद्धि इतनी आसानी से करते आए हैं कि जनता भी अब इन स्वार्थियों को पहचानने लगी है। इनकी दिशा से शेष कार्य यह है कि जो अहिंसा का नाम बेचते हैं वे जरा अपने सुरक्षा घेरे से बाहर निकलकर अहिंसा का प्रदर्शन करें तथा रामराज्य अर्थात् "परशुराम परम्परा" की स्थापना करें।

श्री लव कुश सिंह "विश्वमानव" द्वारा स्पष्टीकरण

सार्वभौम आत्मतत्व से साक्षात्कार या अनुभव कर लेने के बाद कोई भी व्यक्ति एकत्व, अहिंसा और सत्य का ही समर्थक और व्यवहार करने वाला बन जाता है। और यह वही समझ सकता है जिसने सार्वभौम आत्मतत्व से साक्षात्कार या अनुभव किया हो। वर्तमान समाज में समस्या है कि बिना ऊँचाई (सार्वभौम आत्मतत्व से साक्षात्कार या अनुभव) पर पहुँचे ही व्यक्ति ऐसे ऊँचाई पर पहुँचे व्यक्ति के बारे में अपनी राय/मत को व्यक्त करने से तनिक भी नहीं हिचकते। वे ये नहीं समझते कि किसी पर्वत की चोटी पर जाकर ही अधिकतम देखा जा सकता है न कि पर्वत की तलहटी में खड़े होकर।

ईश्वर के आठवें अवतार भगवान श्रीकृष्ण के हिसांत्मक काल के उपरान्त अहिंसा का मार्ग का ही विकास प्रारम्भ हुआ। उनके बाद आये ईश्वर के आठवें अवतार भगवान बुद्ध ने उस अहिंसा के ही मार्ग को आगे बढ़ाया। परन्तु उनके उपरान्त भी हजारों वर्षों तक हिंसक काल ही रहा। निराकार संविधान आधारित लोकतन्त्र के आने के बाद भी विश्व ने विश्व युद्ध तक को देखा है। लेकिन इतने युद्ध के बाद अब स्वतः ही संसार ने अहिंसा के मार्ग को उचित ठहराया है। उसी दौर में आपका (गाँधी जी) सत्य-अहिंसा का सफल प्रयोग, उसी अहिंसा के मार्ग

को ही विकास की ओर गति प्रदान किया। अब स्थिति यह है कि जहाँ तक हो सके मानव युद्ध से बचना ही चाहता है और उसी ओर उसके विकास की गति भी है।

जो ऊँचाई (सार्वभौम आत्मतत्व से साक्षात्कार या अनुभव) पर पहुँच जाता है, उसके सम्बन्ध में आचार्य रजनीश "ओशो" की वाणी है - "कृष्ण शान्तिवादी नहीं हैं, कृष्ण युद्धवादी नहीं है। असल में वाद का मतलब ही होता है कि दो में से हम एक चुनते है। एक अन्य वादी है। कृष्ण कहते हैं, शान्ति में शुभ फलित होता हो तो स्वागत है, युद्ध में शुभ फलित होता हो तो स्वागत है। कृष्ण जैसे व्यक्तित्व की फिर जरुरत है जो कहे कि शुभ को भी लड़ना चाहिए, शुभ को भी तलवार हाथ में लेने की हिम्मत चाहिए निश्चित ही शुभ जब हाथ में तलवार लेता है, तो किसी का अशुभ नहीं होता। अशुभ हो नहीं सकता क्योंकि लड़ने के लिए कोई लड़ाई नहीं है। लेकिन अशुभ जीत न पाये इसलिए लड़ाई है तो धीरे-धीरे दो हिस्सा दुनियाँ के बट जायेंगे, जल्दी ही जहाँ एक हिस्सा भौतिकवादी होगा और एक हिस्सा स्वतंत्रता, लोकतन्त्र, व्यक्ति और जीवन के और मूल्यों के लिए होगा। लेकिन क्या ऐसे दूसरे शुभ के वर्ग को कृष्ण मिल सकते है? मिल सकते हैं। क्योंकि जब भी मनुष्य की स्थितियाँ इस जगह आ जाती है। जहाँ कि कुछ निर्णायक घटना घटने को होती है, तो हमारी स्थितियाँ उस चेतना को भी पुकार लेती हैं, उस चेतना को भी जन्म दे देती है वह व्यक्ति भी जन्म जाता है। इसलिए मैं कहता हूँ कि कृष्ण का भविष्य के लिए बहुत अर्थ है।"

"रामराज्य", का प्रारूप "परशुराम परम्परा" है। ईश्वर के सातवें अवतार भगवान श्रीराम ने ईश्वर के छठें अवतार भगवान परशुराम द्वारा दी गई व्यवस्था का ही प्रसार किये थे।

छठें अवतार भगवान परशुराम द्वारा दी गई व्यवस्था इस प्रकार थी-

1. प्रकृति में व्याप्त तीन गुण- सत्व, रज और तम के प्रधानता के अनुसार मनुष्य का चार वर्णों में निर्धारण। सत्व गुण प्रधान - ब्राह्मण, रज गुण प्रधान- क्षत्रिय, रज एवं तम गुण प्रधान- वैश्य, तम गुण प्रधान- शूद्र।
2. गणराज्य का शासक राजा होगा जो क्षत्रिय होगा जैसे- ब्रह्माण्डीय गणराज्य में प्रकृति जो रज गुण अर्थात् कर्म अर्थात् शक्ति प्रधान है।
3. गणराज्य में राज्य सभा होगी जिसके अनेक सदस्य होंगे जैसे- ब्रह्माण्डीय गणराज्य में प्रकृति के सत्व, रज एवं तम गुणों से युक्त विभिन्न वस्तु हैं।
4. राजा का निर्णय राजसभा का ही निर्णय है जैसे- ब्रह्माण्डीय गणराज्य में प्रकृति का निर्णय वहीं है जो सत्व, रज एवं तम गुणों का सम्मिलित निर्णय होता है।
5. राजा का चुनाव जनता करे क्योंकि वह अपने गणराज्य में सर्वव्यापी और जनता का सम्मिलित रुप है जैसे- ब्रह्माण्डीय गणराज्य में प्रकृति सर्वव्यापी है और वह सत्व, रज एवं तम गुणों का सम्मिलित रुप है।
6. राजा और उसकी सभा राज्य वादी न हो इसलिए उस पर नियन्त्रण के लिए सत्व गुण प्रधान ब्राह्मण का नियन्त्रण होगा जैसे- ब्रह्माण्डीय गणराज्य में प्रकृति पर नियन्त्रण के लिए सत्व गुण प्रधान आत्मा का नियन्त्रण होता है।

यह व्यवस्था जब तक निराकार आधारित लोकतन्त्र में संविधान का स्वरूप ग्राम से लेकर विश्व तक नहीं होता तब तक रामराज्य नहीं बन सकता। वर्तमान में ईश्वर के अन्तिम और दसवें अवतार द्वारा इसी को अहिंसक मार्ग से दृढ़ता प्रदान की जा रही है। और मानक आधारित समाज का निर्माण ही सत्यरूप में ईश्वरीय व्यवस्था है।

पूर्ण ईश्वरीय कर्म मार्ग है - पूर्ण प्रत्यक्ष अवतार से पूर्ण प्रेरक अवतार तक। प्रत्यक्ष अवतरण में शारीरिक शक्ति का प्रयोग होता है जबकि पूर्ण प्रेरक अवतरण में आध्यात्मिक सत्य ज्ञान शक्ति का प्रयोग होता है। इस मार्ग का मध्य श्रीकृष्ण थे जिनका जीवन आधा-आधा प्रत्यक्ष और प्रेरक का था।

02. सरदार वल्लभ भाई पटेल
(31 अक्टुबर, 1875 - 15 दिसम्बर, 1950)

परिचय -

सरदार वल्लभ भाई पटेल का जन्म नडियाद, गुजरात के एक गुजराती (गुर्जर) कृषक परिवार में 31 अक्टुबर, 1875 को हुआ था। वे झवेरभाई एवं लदबा की चौथी सन्तान थे। सोमभाई, नरसीभाई और विट्ठलभाई उनके अग्रज थे। उनकी शिक्षा मूलतः स्वाध्याय से ही हुई है। लन्दन जाकर उन्होंने बैरिस्टर की पढ़ाई पूरी की और वापस आकर गुजरात के अहमदाबाद में वकालत करने लगे। महात्मा गाँधी के विचारों से प्रेरित होकर उन्होंने भारत के स्वतन्त्रता आन्दोलन में भाग लिया। स्वतन्त्रता आन्दोलन में सरदार पटेल का सबसे बड़ा योगदान खेड़ा संघर्ष में हुआ। गुजरात का खेड़ा खण्ड (डिवीजन) उन दिनों में भयंकर सूखे की चपेट में था। किसानों ने अंग्रेज सरकार से भारी कर में छूट की माँग की। जब यह स्वीकार नहीं किया गया तो सरदार पटेल, गाँधी जी एवं अन्य लोगों ने किसानों का नेतृत्व किया और उन्हें कर न देने के लिए प्रेरित किया। अन्त में सरकार झुकी और उस वर्ष करों में राहत दी गयी। यह सरदार पटेल की पहली सफलता थी। बारडोली कस्बे में सशक्त सत्याग्रह करने के लिए ही उन्हें "बारडोली का सरदार" और बाद में केवल "सरदार" कहा जाने लगा। सरदार पटेल 1920 के दशक में गाँधीजी के सत्याग्रह आन्दोलनों के समय कांग्रेस में भर्ती हुए। 1937 तक उन्हें दो बार कांग्रेस के सभापति बनने का गौरव प्राप्त हुआ। वे पार्टी के अन्दर और जनता में बहुत लोकप्रिय थे। कांग्रेस के अन्दर उन्हें जवाहरलाल नेहरू का प्रतिद्वन्दी माना जाता था। यद्यपि अधिकांश प्रान्तीय कांग्रेस समितियाँ पटेल के पक्ष में थी, गाँधीजी की इच्छा का आदर करते हुए पटेल जी ने प्रधानमंत्री पद की दौड़ से अपने को दूर रखा और इसके लिए नेहरू का समर्थन किया। उन्हें उपप्रधानमंत्री एवं गृह मंत्री का कार्य सौंपा गया। किन्तु इसके बाद भी नेहरू और पटेल के सम्बन्ध तनावपूर्ण ही रहे। इसके चलते कई अवसरों पर दोनों ने अपने पद का त्याग करने की धमकी दे दी थी। गृह मंत्री के रूप में उनकी पहली प्राथमिकता देसी रियासतों (राज्यों) को भारत में मिलाना था। इसको उन्होंने बिना खून बहाए सम्पादित कर दिखाया। केवल हैदराबाद के "आपरेशन पोलो" के लिए उनको सेना भेजनी पड़ी। भारत के एकीकरण में उनके महान योगदान के लिए उन्हें "भारत का लौह पुरूष" के रूप में जाना जाता है। नेहरू ने कश्मीर को यह कहकर अपने पास रख लिया कि यह समस्या एक अन्तर्राष्ट्रीय समस्या है। अगर कश्मीर का निर्णय नेहरू के बजाय पटेल के हाथों में होता तो आज भारत में कश्मीर समस्या नाम की कोई समस्या नहीं होती। सरदार के सम्मान में अहमदाबाद के हवाई अड्डे का नाम "सरदार वल्लभभाई पटेल अन्तर्राष्ट्रीय हवाई अड्डा" रखा गया है। गुजरात के वल्लभ विद्यानगर में सरदार पटेल विश्वविद्यालय भी है। 15 दिसम्बर, 1950 को उनका देहान्त हो गया। मरणोपरान्त सन् 1991 में उन्हें भारत रत्न से भी सम्मानित किया गया है। गृहमन्त्री के हैसियत से वे राष्ट्रीय स्वयं सेवक संघ (आर0 एस0 एस0) पर वे प्रतिबन्ध लगाये थे। वे इसे देश के विकास व एकता में बाधक मानते थे।

7 जनवरी 1948 की लखनऊ में सरदार पटेल ने कहा था-

"आर0 एस0 एस0 वाले देश की एकता को कमजोर कर रहे हैं उन्हें ठीक रास्ते पर लाना होगा।"

"हमें आपसी मतभेद एवं ऊँच-नीच के अन्तर को भूलकर समानता का भाव विकसित करना है। हमें एक ही पिता की संन्तानों की तरह जीवन व्यतीत करना है।"

इनकी दिशा से शेष कार्य यह है कि विश्व के एकीकरण के लिए प्रयत्न करें जिसका पहला चरण सैद्धान्तिक तथा दूसरा चरण भौगोलिक हो।

श्री लव कुश सिंह “विश्वमानव” द्वारा स्पष्टीकरण

देश काल स्थिति-परिस्थिति के अनुसार किसी भी व्यक्ति-संगठन के विचार बदलते रहते हैं। आर0 एस0 एस0 (राष्ट्रीय स्वयंसेवक संघ) के आपके काल और वर्तमान काल में 60 वर्षों का अन्तर हो चुका है। आर0 एस0 एस0 उस समय, उसी भाषा-व्यवहार का प्रयोग करता था जिस भाषा-व्यवहार में अन्य व्यक्ति-संगठन स्वयं को व्यक्त करते थे। वर्तमान समय में शिक्षा-विज्ञान-तकनीकी ने ज्ञान-विचार में बहुत अधिक परिवर्तन ला दिया है। उस अनुसार ही आर0 एस0 एस0 ने भी अपने विचार में परिवर्तन ला चुका है। जिसके कारण ही उसके संघ प्रमुख से निम्नलिखित विचार व्यक्त हुये हैं-

“हिन्दू चिन्तन पर आधारित नई आचार संहिता बने।”

-श्री के. एस. सुदर्शन, प्रमुख राष्ट्रीय स्वयं सेवक संघ,
साभार - अमर उजाला, इलाहाबाद दि0 16-03-2000

“दुनिया को जीने का सही तरीका बतायेगा भारत”
(उज्जैन महाकुम्भ के अन्तर्राष्ट्रीय विचार महाकुम्भ में)

- श्री मोहन भागवत, प्रमुख, राष्ट्रीय स्वयंसेवक संघ
साभार - दैनिक जागरण

इस प्रकार अब आर0 एस0 एस0 अपने ठीक रास्ते पर है। समानता, एकता, वसुधैव-कुटुम्बकम्, विश्व-बन्धुत्व या इसी प्रकार के अन्य विचार एकात्म मानववाद, भाईचारा। सभी विश्व को एक परिवार के रूप में ही व्यक्त करते हैं। इस सम्बन्ध में ही निम्न विचार वैश्विक स्तर के नेताओं द्वारा व्यक्त हुये हैं-

“युवाओं विश्व को एक करो” (“मन की बात” रेडियो कार्यक्रम द्वारा श्री बराक ओबामा के साथ)

- श्री नरेन्द्र मोदी, प्रधानमंत्री, भारत
साभार - दैनिक जागरण व काशी वार्ता, वाराणसी संस्करण, दि0 28 जनवरी, 2015

“भारत के पहले ग्लोबल यूथ थे स्वामी विवेकानन्द”

- श्री राजनाथ सिंह, गृहमंत्री, भारत
साभार - दैनिक जागरण व काशी वार्ता, वाराणसी संस्करण, दि0 12-13 जनवरी, 2015

विश्व का एकीकरण तभी हो सकता है जब हम सब प्रथम चरण में मानसिक रूप से एकीकृत हो जायें। फिर विश्व के शारीरिक (भौगोलिक) एकीकरण का मार्ग खुलेगा। एकीकरण के प्रथम चरण का ही कार्य है - मानक एवं एकात्मकर्मवाद आधारित मानव समाज का निर्माण। जिसका आधार निम्न आविष्कार है जो स्वामी विवेकानन्द के वेदान्त की व्यावहारिकता और विश्व-बन्धुत्व के विचार का शासन के स्थापना प्रक्रिया के अनुसार आविष्कृत है। सम्पूर्ण ब्रह्माण्ड में व्याप्त एक ही सत्य-सिद्धान्त द्वारा व्यक्तिगत व संयुक्त मन को एकमुखी कर सर्वोच्च, मूल और अन्तिम स्तर पर स्थापित करने के लिए शून्य पर अन्तिम आविष्कार WS-0 श्रृंखला की निम्नलिखित पाँच शाखाएँ है।

1. डब्ल्यू.एस. (WS)-0 : विचार एवम् साहित्य का विश्वमानक
2. डब्ल्यू.एस. (WS)-00 : विषय एवम् विशेषज्ञों की परिभाषा का विश्वमानक
3. डब्ल्यू.एस. (WS)-000 : ब्रह्माण्ड (सूक्ष्म एवम् स्थूल) के प्रबन्ध और क्रियाकलाप का विश्वमानक
4. डब्ल्यू.एस. (WS)-0000 : मानव (सूक्ष्म तथा स्थूल) के प्रबन्ध और क्रियाकलाप का विश्वमानक
5. डब्ल्यू.एस. (WS)-00000 : उपासना और उपासना स्थल का विश्वमानक

और पूर्णमानव निर्माण की तकनीकी WCM-TLM-SHYAM.C है।

03. सर्वपल्ली राधाकृष्णनन्
(5 सितम्बर, 1888 - 17 अप्रैल 1975)

परिचय -

डा0 सर्वपल्ली राधाकृष्णन का जन्म 5 सितम्बर, 1888 को दक्षिण भारत के तिरूतनि स्थान पर हुआ था जो चेन्नई से 64 किमी उत्तर-पूर्व में है। डा0 सर्वपल्ली राधाकृष्णन भारत के उपराष्ट्रपति और दूसरे राष्ट्रपति सन् 1952 से 1962 तक में रहे। डा0 सर्वपल्ली राधाकृष्णन भारतीय समाजिक संस्कृति से ओत-प्रोत एक महान शिक्षाविद् महान दार्शनिक, महान वक्ता और आस्थावान हिन्दू विचारक थे। डा0 सर्वपल्ली राधाकृष्णन ने अपने जीवन के महत्वपूर्ण 40 वर्ष शिक्षक के रूप में व्यतीत किये। उनमें एक आदर्श शिक्षक के सारे गुण मौजूद थे। डा0 सर्वपल्ली राधाकृष्णन समस्त विश्व को एक शिक्षालय मानते थे। उनकी मान्यता थी कि शिक्षा के द्वारा ही मानव दिमाग का सद्उपयोग किया जाना सम्भव है इसलिए समस्त विश्व को एक इकाई समझकर ही शिक्षा का प्रबन्धन किया जाना चाहिए। एक बार ब्रिटेन के एडिनबरा विश्वविद्यालय में भाषण देते हुए डा0 सर्वपल्ली राधाकृष्णन ने कहा था कि मानव को एक होना चाहिए। मानव इतिहास का सम्पूर्ण लक्ष्य मानव जाति की मुक्ति है। सब देश की नीतियों का आधार विश्व शान्ति की स्थापना का प्रयत्न करना हो। डा0 सर्वपल्ली राधाकृष्णन अपनी बुद्धिमतापूर्ण व्याख्याओं, आनन्दमय अभिव्यक्ति और हँसाने, गुदगुदाने वाली कहानियों से अपने छात्रों को मंत्रमुग्ध कर दिया करते थे। वे छात्रों को प्रेरित करते थे कि उच्च नैतिक मूल्यों को अपने आचरण में उतारें। वे जिस विषय को पढ़ाते थे, पढ़ाने के पहले स्वयं उसका अच्छा अध्ययन करते थे। दर्शन जैसे गम्भीर विषय को भी वे अपनी शैली की नवीनता से सरल और रोचक बना देते थे। इन दिनों जब शिक्षा की गुणात्मकता का ह्रास होता जा रहा है और गुरू-शिष्य सम्बन्धों की पवित्रता को ग्रहण लगता जा रहा है, उनका पुण्य स्मरण नई चेतना पैदा कर सकता है। सन् 1962 में जब वे राष्ट्रपति बने थे, तब कुछ शिष्य और प्रशंसक उनके पास गये थे। वे लोग उनसे निवेदन किये थे कि वे उनके जन्मदिन को "शिक्षक दिवस" के रूप में मनाना चाहते हैं। उन्होंने कहा- "मेरे जन्मदिन को शिक्षक दिवस के रूप में मनाने से निश्चय ही मैं अपने को गौरवान्वित अनुभव करूँगा।" तब से 5 सितम्बर को देश में शिक्षक दिवस के रूप में मनाया जा रहा है। शिक्षा के क्षेत्र में डा0 सर्वपल्ली राधाकृष्णन ने जो अमूल्य योगदान दिया वह निश्चय ही अविस्मरणीय रहेगा। वे बहुमुखी प्रतिभा के धनी थे। यद्यपि वे एक जाने-माने विद्वान, शिक्षक, वक्ता, प्रशासक, राजनयिक, देशभक्त और शिक्षा शास्त्री थे, तथापि अपने जीवन के उत्तरार्द्ध में अनेक उच्च पदों पर काम करते हुए भी शिक्षा के क्षेत्र में सतत योगदान करते रहे। उनकी मान्यता थी कि यदि सही तरीके से शिक्षा दी जाए तो समाज की अनेक बुराईयों को मिटाया जा सकता है। डा0 सर्वपल्ली राधाकृष्णन कहा करते थे कि मात्र जानकारियाँ देना शिक्षा नहीं है। यद्यपि जानकारी का अपना महत्व है और आधुनिक युग में तकनीकी की जानकारी महत्वपूर्ण भी है तथापि व्यक्ति के बौद्धिक झुकाव और उसकी लोकतान्त्रिक भावना का भी बड़ा महत्व है। ये बातें व्यक्ति को एक उत्तरदायी नागरिक बनाती है। शिक्षा का लक्ष्य है ज्ञान के प्रति समर्पण की भावना और निरन्तर सीखते रहने की प्रवृति। वह एक ऐसी प्रक्रिया है जो व्यक्ति को ज्ञान व कौशल दोनों प्रदान करती है तथा इनका जीवन में उपयोग करने का मार्ग प्रशस्त करती है। करूणा, प्रेम और श्रेष्ठ परम्पराओं का विकास भी शिक्षा के उद्देश्य हैं। वे कहते थे कि जब तक शिक्षक शिक्षा के प्रति समर्पित और प्रतिबद्ध नहीं होता और शिक्षा को एक मिशन नहीं मानता तब तक अच्छी शिक्षा की कल्पना नहीं की जा सकती। उन्होंने अनेक वर्षों तक अध्यापन किया। एक आदर्श शिक्षक के सभी गुण उनमें विद्यमान थे। उनका कहना था कि शिक्षक उन्हीं लोगों को बनाया जाना चाहिए जो सबसे अधिक बुद्धिमान हों। शिक्षक को मात्र अच्छी तरह अध्यापन करके संतुष्ट नहीं हो जाना चाहिए। उसे अपने छात्रों का स्नेह और आदर अर्जित करना चाहिए। सम्मान शिक्षक होने भर से नहीं मिलता, उसे अर्जित करना पड़ता है।

"हमारे युग की दो प्रमुख विशेषताएँ विज्ञान और लोकतंत्र है। ये दोनों टिकाऊ हैं। हम शिक्षित लोगों को यह नहीं कह सकते कि वे तार्किक प्रमाण के बिना धर्म की मान्यताओं को स्वीकार कर लें। जो कुछ भी हमें मानने के लिए कहा जाए, उसे उचित और तर्क के बल से पुष्ट होना चाहिए। अन्यथा हमारे धार्मिक विश्वास इच्छापूरक विचार मात्र रह जाएंगे। आधुनिक मानव को ऐसे धर्म के अनुसार जीवन बिताने की शिक्षा देनी चाहिए, जो उसकी विवेक-बुद्धि को जँचे, विज्ञान की परम्परा के अनुकूल हो। इसके अतिरिक्त धर्म को लोकतन्त्र का पोषक होना चाहिए, जो कि वर्ण, मान्यता, सम्प्रदाय या जाति का विचार न करते हुए प्रत्येक मनुष्य के बौद्धिक और आध्यात्मिक विकास पर जोर देता हो। कोई भी ऐसा धर्म, जो मनुष्य-मनुष्य में भेद करता है अथवा विशेषाधिकार, शोषण या युद्ध का समर्थन करता है, आज के मानव को रूच नहीं सकता। स्वामी विवेकानन्द ने यह सिद्ध किया कि हिन्दू धर्म विज्ञान सम्मत भी है और लोकतन्त्र का समर्थक भी। वह हिन्दू धर्म नहीं, जो दोषों से भरपूर है, बल्कि वह हिन्दू धर्म, जो हमारे महान प्रचारकों का अभिप्रेत था।"

- डा0 सर्वपल्ली राधाकृष्णन

श्री लव कुश सिंह "विश्वमानव" द्वारा स्पष्टीकरण

हिन्दू धर्म, जो सार्वभौम होते हुए भी उसे अन्य धर्मों के भाँति एक सीमित धर्म के रूप में देखा जाने लगा है। इसी की सार्वभौमिकता को स्वामी विवेकानन्द जी ने प्रस्तुत किया था। स्वामी विवेकानन्द जी के इच्छानुसार सार्वभौम सत्य-सिद्धान्त पर आधारित नव हिन्दू धर्म का निर्माण हो चुका है और अब वह विश्व धर्म के रूप में व्यक्त है। जिसका शास्त्र - विश्वशास्त्र है जिसमें ज्ञान, भाव और व्यष्टि सहित समष्टि के लिए विज्ञान सम्मत व्यावहारिक सिद्धान्त भी हैं। और उसके विश्वव्यापी स्थापना का मार्ग भी उपलब्ध है।

मानव एवम् संयुक्त मानव (संगठन, संस्था, ससंद, सरकार इत्यादि) द्वारा उत्पादित उत्पादों का धीरे-धीरे वैश्विक स्तर पर मानकीकरण हो रहा है। ऐसे में संयुक्त राष्ट्र संघ को प्रबन्ध और क्रियाकलाप का वैश्विक स्तर पर मानकीकरण करना चाहिए। जिस प्रकार औद्योगिक क्षेत्र अन्तर्राष्ट्रीय मानकीकरण संगठन (International Standardisation Organisation-ISO) द्वारा संयुक्त मन (उद्योग, संस्थान, उत्पाद इत्यादि) को उत्पाद, संस्था, पर्यावरण की गुणवत्ता के लिए ISO प्रमाणपत्र जैसे- ISO-9000 श्रृंखला इत्यादि प्रदान किये जाते है उसी प्रकार संयुक्त राष्ट्र संघ को नये अभिकरण विश्व मानकीकरण संगठन (World Standardisation Organisation-WSO) बनाकर या अन्तर्राष्ट्रीय मानकीकरण संगठन को अपने अधीन लेकर ISO/WSO-0 का प्रमाण पत्र योग्य व्यक्ति और संस्था को देना चाहिए जो गुणवत्ता मानक के अनुरूप हों। भारत को यही कार्य भारतीय मानक ब्यूरो (Bureau of Indiand Standard-BIS) के द्वारा IS-0 श्रृंखला द्वारा करना चाहिए। भारत को यह कार्य राष्ट्रीय शिक्षा प्रणाली (National Education System-NES) व विश्व को यह कार्य विश्व शिक्षा प्रणाली (World Education System-WES) द्वारा करना चाहिए। जब तक यह शिक्षा प्रणाली भारत तथा संयुक्त राष्ट्र संघ द्वारा जनसाधारण को उपलब्ध नहीं हो जाती तब तक यह "पुनर्निर्माण" द्वारा उपलब्ध करायी जा रही है।

04. पं0 जवाहर लाल नेहरु
(14 नवम्बर, 1889 - 27 मई, 1964)

परिचय -

गाँधी युगीन स्वतन्त्रता संग्राम के महान प्रहरी, नवीन भारत के निर्माता और देश के प्रथम प्रधानमन्त्री जवाहरलाल नेहरू का जन्म इलाहाबाद (प्रयाग) में मोतीलाल जी के घर 14 नवम्बर, 1889 को हुआ था। नेहरू ने बी.ए. आनर्स एवं कानून की पढ़ाई इंग्लैण्ड में की। 1912 ई. में नेहरू वापस भारत आये और इसी वर्ष बांकीपुर में हुए कांग्रेस के अधिवेशन में पहली बार कांग्रेस के प्रतिनिधि के रूप में हिस्सा लिया। 1921 ई. में उन्हें कांग्रेस का महासचिव बनाया गया। 1929, 1936, 1937 एवं 1951-56 ई. तक वे कांग्रेस के अध्यक्ष पद पर रहे। 1921 ई. में एक किसान आन्दोलन में भाग लेने के कारण नेहरू को लखनऊ में अपने जीवन की प्रथम जेल यात्रा करनी पड़ी, तत्पश्चात् देश के आजाद होने तक उन्हें कुल 9 बार जेल जाना पड़ा, जहाँ उन्होंने कुल 9 वर्ष का समय बिताया। 1930 ई. के नमक सत्याग्रह एवं 30 अक्टुबर, 1940 के व्यक्तिगत सत्याग्रह में नेहरू ने हिस्सा लिया। 1946 ई. में बनी अन्तरिम सरकार में वे प्रधानमन्त्री बनें। भारत के आजाद होने पर भी स्वतन्त्र भारत के प्रथम प्रधानमन्त्री बनने का सौभाग्य जवाहरलाल नेहरू को ही मिला और इस पद पर वे मृत्यु पर्यन्त अर्थात 27 मई, 1964 ई. तक बने रहे। नेहरू के बारे में गाँधी जी ने कहा है कि- "वे नितान्त उज्जवल हैं और उनकी सच्चाई सन्देह से परे है, राष्ट्र उनके हाथों में सुरक्षित है।" नेहरू में पूर्ण विश्वास करते हुए गाँधी जी ने यहाँ तक कहा कि नेहरू उनके राजनीतिक उत्तराधिकारी हैं।

गाँधी जी के विचारों के प्रतिकूल नेहरू ने देश में औद्योगिकरण को महत्व देते हुए भारी उद्योगों की स्थापना को प्रोत्साहन दिया। विज्ञान के विकास के लिए 1947 ई. में नेहरू ने "भारतीय विज्ञान कांग्रेस" की स्थापना की। उन्होंने कई बार भारतीय विज्ञान कांग्रेस के अध्यक्ष पद से भाषण दिया। भारत के विभिन्न भागों में स्थापित वैज्ञानिक व औद्योगिक अनुसंधान परिषद् के अनेक केन्द्र इस क्षेत्र में उनकी दूरदर्शिता के स्पष्ट प्रतीक हैं। खेलों में नेहरू की व्यक्तिगत रूचि थी। उन्होंने खेलों को शारीरिक व मानसिक विकास के लिए आवश्यक बताया। वे एक देश से दूसरे देश से मधुर सम्बन्ध कायम करने के लिए 1951 ई. में दिल्ली में प्रथम एशियाई खेलों का आयोजन करवाया। समाजवादी विचारधारा से प्रभावित नेहरू ने भारत में लोकतान्त्रिक समाजवाद की स्थापना का लक्ष्य रखा। उन्होंने आर्थिक योजना की आवश्यकता पर बल दिया। वे 1938 ई. में कांग्रेस द्वारा नियोजित "राष्ट्रीय योजना समिति" के अध्यक्ष भी थे। स्वतन्त्रता पश्चात् वे राष्ट्रीय योजना आयोग के प्रधान बनें। नेहरू ने साम्प्रदायिकता का विरोध करते हुए धर्मनिरपेक्षता पर बल दिया। उनके व्यक्तिगत प्रयास से ही भारत को एक धर्मनिरपेक्ष राष्ट्र घोषित किया गया।

जवाहरलाल नेहरू ने भारत को तत्कालीन विश्व की दो महान शक्तियों का पिछलगू न बनाकर तटस्थता की नीति का पालन किया। नेहरू ने निर्गुटता एवं पंचशील जैसे सिद्धान्तों का पालन कर विश्व-बन्धुत्व एवं विश्व शान्ति को प्रोत्साहन दिया। नेहरू ने पूंजीवाद, साम्राज्यवाद, जातिवाद एवं उपनिवेशवाद के खिलाफ जीवनपर्यन्त संघर्ष किया। अपने कैदी जीवन में नेहरू ने "डिस्कवरी आफ इण्डिया", "ग्लिम्पसेज आफ वर्ल्ड हिस्ट्री" एवं "मेरी कहानी" नामक पुस्तकों की रचना की।

"यदि हम संसार का मार्ग ग्रहण करेंगे और संसार को और अधिक विभाजित करेंगे तो शान्ति, सहिष्णुता और स्वतन्त्रता के अपने उद्देश्य में सफल नहीं हो सकते। यदि हम इस युद्ध- विक्षिप्त दुनियाँ को शान्ति और सत्य का प्रकाश दिखाएं तो सम्भव है कि हम संसार में कोई अच्छा परिवर्तन कर सकें। लोकतन्त्र से मेरा मतलब समस्याओं को शान्तिपूर्वक हल करने से है। अगर हम समस्याओं को शान्तिपूर्वक हल नहीं कर पाते तो इसका मतलब है कि लोकतन्त्र को अपनाने में हम असफल रहें हैं।" **- पं0 जवाहर लाल नेहरु**

"हम अपनी योजनाओं को सक्रिय रुप से क्रियान्वित करें, इसके लिए मानकों का होना अत्यन्त आवश्यक है तथा यह जरुरी है कि मानकों के निर्धारण व पालन हेतु प्रयत्नशील रहें।" - **पं0 जवाहर लाल नेहरु**

(भारतीय मानक ब्यूरो त्रैमासिकी- "मानक दूत", वर्ष-19, अंक-1, 1999 से साभार)

श्री लव कुश सिंह "विश्वमानव" द्वारा स्पष्टीकरण

वर्तमान समय के भारत तथा विश्व की इच्छा शान्ति का बहुआयामी विचार-अन्तरिक्ष, पाताल, पृथ्वी और सारे चराचर जगत में एकात्म भाव उत्पन्न कर अभय का साम्राज्य पैदा करना और समस्याओं के हल में इसकी मूल उपयोगिता है। साथ ही विश्व में एक धर्म- विश्वधर्म-सार्वभौम धर्म, एक शिक्षा-विश्व शिक्षा, एक न्याय व्यवस्था, एक अर्थव्यवस्था, एक संविधान, एक शास्त्र स्थापित करने में है। भारत के लिए यह अधिक लाभकारी है क्योंकि यहाँ सांस्कृतिक विविधता है। जिससे सभी धर्म-संस्कृति को सम्मान देते हुए एक सूत्र में बाँधने के लिए सर्वमान्य धर्म उपलब्ध हो जायेगा। साथ ही संविधान, शिक्षा व शिक्षा प्रणाली व विषय आधारित विवाद को उसके सत्य-सैद्धान्तिक स्वरूप से हमेशा के लिए समाप्त किया जा सकता है। साथ ही पूर्ण मानव निर्माण की तकनीकी से संकीर्ण मानसिकता से व्यक्ति को उठाकर व्यापक मानसिकता युक्त व्यक्ति में स्थापित किये जाने में आविष्कार की उपयोगिता है। जिससे विध्वंसक मानव का उत्पादन दर कम हो सके। ऐसा न होने पर नकारात्मक मानसिकता के मानवों का विकास तेजी से बढ़ता जायेगा और मनुष्यता की शक्ति उन्हीं को रोकने में खर्च हो जायेगी। यह आविष्कार सार्वभौम लोक या गण या या जन या स्व का निराकार रूप है इसलिए इसकी उपयोगिता स्वस्थ समाज, स्वस्थ लोकतन्त्र, स्वस्थ उद्योग तथा व्यवस्था के सत्यीकरण और स्वराज की प्राप्ति में है अर्थात मानव संसाधन की गुणवत्ता का विश्वमानक की प्राप्ति और ब्रह्माण्ड की सटीक व्याख्या में है। मनुष्य किसी भी पेशे में हो लेकिन उसके मन का भूमण्डलीयकरण, एकीकरण, सत्यीकरण, ब्रह्माण्डीयकरण करने में इसकी उपयोगिता है जिससे मानव शक्ति सहित संस्थागत और शासन शक्ति को एक कर्मज्ञान से युक्त कर ब्रह्माण्डीय विकास में एकमुखी किया जा सके।

व्यक्ति आधारित समाज व शासन से उठकर मानक आधारित समाज व शासन का निर्माण होगा। अर्थात जिस प्रकार हम सभी व्यक्ति आधारित राजतन्त्र में राजा से उठकर व्यक्ति आधारित लोकतन्त्र में आये, फिर संविधान आधारित लोकतन्त्र में आ गये उसी प्रकार पूर्ण लोकतन्त्र के लिए मानक व संविधान आधारित लोकतन्त्र में हम सभी को पहुँचना है।

दो या दो से अधिक माध्यमों से उत्पादित एक ही उत्पाद के गुणता के मापांकन के लिए मानक ही एक मात्र उपाय है। सतत् विकास के क्रम में मानकों का निर्धारण अतिआवश्यक कार्य है। उत्पादों के मानक के अलावा सबसे जरुरी यह है कि मानव संसाधन की गुणता का मानक निर्धारित हो क्योंकि राष्ट्र के आधुनिकीकरण के लिए प्रत्येक व्यक्ति के मन को भी आधुनिक अर्थात् वैश्विक-ब्रह्माण्डीय करना पड़ेगा। तभी मनुष्यता के पूर्ण उपयोग के साथ मनुष्य द्वारा मनुष्य के सही उपयोग का मार्ग प्रशस्त होगा। उत्कृष्ट उत्पादों के लक्ष्य के साथ हमारा लक्ष्य उत्कृष्ट मनुष्य के उत्पादन से भी होना चाहिए जिससे हम लगातार विकास के विरुद्ध नकारात्मक मनुष्यों की संख्या कम कर सकें। भूमण्डलीकरण सिर्फ आर्थिक क्षेत्र में कर देने से समस्या हल नहीं होती क्योंकि यदि मनुष्य के मन का भूमण्डलीकरण हम नहीं करते तो इसके लाभों को हम नहीं समझ सकते। आर्थिक संसाधनों में सबसे बड़ा संसाधन मनुष्य ही है। मनुष्य का भूमण्डलीकरण तभी हो सकता है जब मन के विश्व मानक का निर्धारण हो। ऐसा होने पर हम सभी को मनुष्यों की गुणता के मापांकन का पैमाना प्राप्त कर लेंगे, साथ ही स्वयं व्यक्ति भी अपना मापांकन भी कर सकेगा। जो विश्व मानव समाज के लिए सर्वाधिक महत्व का विषय होगा। विश्व मानक शून्य श्रृंखला मन का विश्व मानक है जिसका निर्धारण व प्रकाशन हो चुका है जो यह निश्चित करता है कि समाज इस स्तर का हो चुका है या इस स्तर का होना चाहिए। यदि यह सार्वभौम सत्य-सिद्धान्त आधारित होगा तो निश्चित ही अन्तिम मानक होगा।

05. बाबा साहेब भीम राव अम्बेडकर
(14 अप्रैल, 1891 - 6 दिसम्बर, 1956)

परिचय -

भीमराव रामजी आम्बेडकर का जन्म 14 अप्रैल, 1891 को एक गरीब अस्पृश्य परिवार में हुआ था। ब्रिटीशों द्वारा केन्द्रीय प्रान्त (अब मध्य प्रदेश) में स्थापित नगर व सैन्य छावनी मऊ में हुआ था। वे रामजी मालोजी सकपाल और भीमाबाई मुरबादकर की 14वीं व अन्तिम संतान थे। उनका परिवार मराठी था और वो अम्बावडे नगर जो आधुनिक महाराष्ट्र के रत्नागिरी जिले में है, से सम्बन्धित था। वे हिन्दू महार जाति से सम्बन्ध रखते थे, जो अछूत कहे जाते थे और उनके साथ समाजिक व आर्थिक रूप से गहरा भेदभाव किया जाता था। अम्बेडकर के पूर्वज लम्बे समय तक ब्रिटीश ईस्ट इण्डिया कम्पनी की सेना में कार्यरत थे, और उनके पिता, भारतीय सेना की मऊ छावनी में सेवा में थे और यहाँ काम करते हुए वे सूबेदार के पद तक पहुँच गये थे। उन्होंने मराठी और अंग्रेजी में औपचारिक शिक्षा की डिग्री प्राप्त की थी। उन्होंने अपने बच्चों को स्कूल में पढ़ने और कड़ी मेहनत के लिए हमेशा प्रोत्साहित किया।

कबीरपन्थ से सम्बन्धित इस परिवार में, रामजी सकपाल, अपने बच्चों को हिन्दू ग्रन्थों को पढ़ने के लिए, विशेष रूप से महाभारत और रामायण प्रोत्साहित किया करते थे। उन्होंने सेना में अपनी हैसियत का उपयोग अपने बच्चों को सरकारी स्कूल से शिक्षा दिलाने में किया, क्योंकि अपनी जाति के कारण उन्हें इसके लिए सामाजिक प्रतिरोध का सामना करना पड़ रहा था। स्कूली पढ़ाई में सक्षम होने के बावजूद आम्बेडकर और अन्य अस्पृश्य बच्चों को विद्यालय में अलग बिठाया जाता था और अध्यापकों द्वारा न तो ध्यान दिया जाता था, न ही कोई सहायता दी जाती थी। उनको कक्षा के अन्दर बैठने की अनुमति नहीं थी, साथ ही प्यास लगने पर कोई ऊँची जाति का व्यक्ति ऊँचाई से पानी उनके हाथों पर पानी डालता था, क्योंकि उनको न तो पानी, न ही पानी के पात्र को स्पर्श करने की अनुमति थी। लोगों के मुताबिक ऐसा करने से पात्र और पानी दोनों अपवित्र हो जाते थे। आमतौर पर यह काम स्कूल के चपरासी द्वारा किया जाता था जिसकी अनुपस्थिति में बालक आम्बेडकर को बिना पानी के ही रहना पड़ता था।

1894 में रामजी सकपाल के सेवानिवृत हो जाने के बाद सपरिवार सतारा चले गये और दो साल बाद अम्बेडकर की माँ की मृत्यु हो गई। बच्चों की देखभाल उनकी चाची ने कठिन परिस्थितियों में रहते हुए की। रामजी सकपाल के केवल तीन बेटे- बलराम, आनन्दराव और भीमराव और दो बेटियाँ मंजुला और तुलसा ही इन कठिन हालातों में जीवित बच पाये। अपने भाईयों और बहनों में केवल अम्बेडकर ही स्कूल की परीक्षा में सफल हुए और इसके बाद बड़े स्कूल में जाने में सफल हुए। अपने एक देशस्त ब्राह्मण शिक्षक महादेव अम्बेडकर जो उनसे विशेष स्नेह रखते थे, के कहने पर अम्बेडकर ने अपने नाम से सकपाल हटाकर अम्बेडकर जोड़ लिया जो उनके गाँव के नाम "अम्बावडे" पर आधारित था। रामजी सकपाल ने 1898 में पुनर्विवाह कर लिया और परिवार के साथ मुम्बई (तब बम्बई) चले आये। यहाँ अम्बेडकर एल्फिंस्टन रोड पर स्थित हाई स्कूल के पहले अछूत छात्र बने। पढ़ाई में अपने उत्कृष्ट प्रदर्शन के बावजूद, अम्बेडकर लगातार अपने विरूद्ध हो रहे इस अलगाव और भेदभाव से व्यथित रहे। 1907 में मैट्रिक पास करने के बाद अम्बेडकर ने बम्बई विश्वविद्यालय में प्रवेश लिया और इस तरह वो भारत में कालेज के प्रवेश लेने वाले पहले अस्पृश्य बन गये। उनकी इस सफलता से उनके पूरे समाज में एक खुशी की लहर दौड़ गयी, और बाद में एक सार्वजनिक समारोह में उनके एक शिक्षक कृष्णजी अर्जुन केलूसकर ने उन्हें महात्मा बुद्ध की जीवनी भेंट की। श्री केलूसकर, एक मराठा जाति के विद्वान थे। अम्बेडकर की सगाई एक साल पहले हिन्दू रीति से दापोली की एक 9 वर्षीय लड़की रमाबाई से तय की गयी थी। 1908 में उन्होंने एलिफिंस्टोन कालेज में प्रवेश लिया और बड़ौदा के गायकवाड़ शासक सहयाजी राव तृतीय से संयुक्त राज्य अमेरिका में उच्च अध्ययन के लिए एक पच्चीस रूपये प्रति माह का वजीफा प्राप्त किया। 1912 में उन्होंने राजनीतिक विज्ञान और

अर्थशास्त्र में अपनी डिग्री प्राप्त की और बड़ौदा राज्य सरकार की नौकरी को तैयार हो गये। उनकी पत्नी ने पहले बेटे यशवन्त को इसी वर्ष जन्म दिया। अम्बेडकर अपने परिवार के साथ बड़ौदा चले आये पर जल्द ही उन्हें पिता की बीमारी के चलते बम्बई लौटना पड़ा, जिनकी मृत्यु 2 फरवरी, 1913 को हो गयी। डा0 भीम राव रामजी अम्बेडकर एक भारतीय विधिवेक्ता थे। वे एक बहुजन राजनीतिक नेता और एक बुद्ध पुनरूत्थानवादी होने के साथ-साथ, भारतीय संविधान के मुख्य वास्तुकार भी थे। उन्हें बाबासाहेब के नाम से भी जाना जाता है। बाबासाहेब आम्बेडकर ने अपना सारा जीवन हिन्दू धर्म की चतुवर्ण प्रणाली और भारतीय समाज में सर्वव्यापित जाति व्यवस्था के विरूद्ध के संघर्ष में बिता दिया। हिन्दू धर्म में मानव समाज को चार वर्णों में वर्गीकृत किया है। उन्हें बौद्ध महाशक्तियों के दलित आन्दोलन को प्रारम्भ करने का श्रेय भी जाता है।

1990 में उन्हें मरणोपरान्त भारत के सर्वोच्च नागरिक सम्मान भारत रत्न से सम्मानित किया गया है। कई सार्वजनिक संस्थान का नाम उनके सम्मान में उनके नाम पर रखा गया है जैसे हैदराबाद व आन्ध्रप्रदेश का डा0 अम्बेडकर मुक्त विश्वविद्यालय, बी.आर. अम्बेडकर बिहार विश्वविद्यालय, मुजफ्फरपुर, डा0 बाबासाहेब अम्बेडकर अन्तर्राष्ट्रीय हवाई अड्डा, नागपुर में है। अम्बेडकर का एक बड़ा आधिकारिक चित्र भारतीय संसद भवन में प्रदर्शित किया गया है। मुम्बई में उनके स्मारक पर हर साल 5 लाख लोग उनकी वर्षगाँठ (14 अप्रैल), पुण्यतिथि (6 दिसम्बर) और धम्म चक्र परिवर्तन दिन 14 अक्टुबर नागपुर में, उन्हें श्रद्धांजलि अर्पित करने के लिए इकट्ठे होते हैं। सैकड़ों पुस्तकालय स्थापित हो गये हैं और लाखों रूपये की पुस्तकें बेची जाती है। कई समाजिक और वित्तीय बाधाएँ पार कर, आम्बेडकर उन कुछ पहले अछूतों में से एक बन गये जिन्होंने भारत में कालेज की शिक्षा प्राप्त की। आम्बेडकर ने कानून की उपाधि प्राप्त करने के साथ ही विधि, अर्थशास्त्र व राजनीतिक विज्ञान में अपने अध्ययन और अनुसंधान के कारण कोलम्बिया विश्वविद्यालय और लन्दन स्कूल आफ इकोनामिक्स से कई डाक्टरेट डिग्रीयाँ भी अर्जित की। आम्बेडकर वापस अपने देश एक प्रसिद्ध विद्वान के रूप में लौट आये और इसके बाद कुछ साल तक उन्होंने वकालत का अभ्यास किया, जिनके द्वारा उन्होंने भारतीय अस्पृश्यों के राजनैतिक अधिकारों और सामाजिक स्वतन्त्रता की वकालत की। डा0 अम्बेडकर को भारतीय बौद्ध भिक्षु ने बोधिसत्व की उपाधि प्रदान की है।

अम्बेडकर, महात्मा गाँधी और भारतीय राष्ट्रीय कांग्रेस के उग्र आलोचक थे। उनके समकालीनों और आधुनिक विद्वानों ने उनके महात्मा गाँधी (जो कि पहले भारतीय नेता थे जिन्होंने अस्पृश्यता और भेदभाव करने का मुद्दा सबसे पहले उठाया था) के विरोध की आलोचना है। गाँधी का दर्शन भारत के पारम्परिक ग्रामीण जीवन के प्रति अधिक सकारात्मक, लेकिन रूमानी था, और उनका दृष्टिकोण अस्पृश्यों के प्रति भावनात्मक था। उन्होंने उन्हें हरिजन कह कर पुकारा। अम्बेडकर ने इस विशेषण को सिरे से अस्वीकार कर दिया। उन्होंने अपने अनुयायियों को गाँव छोड़कर शहर जाकर बसने और शिक्षा प्राप्त करने के लिए प्रेरित किया। अपने विवादास्पद विचारों, और गाँधी और कांग्रेस की कटु आलोचना के बावजूद अम्बेडकर की प्रतिष्ठा एक अद्वितीय विद्वान और विधिवेत्ता की थी जिसके कारण जब, 15 अगस्त, 1947 में भारत की स्वतन्त्रता के बाद, कांग्रेस के नेतृत्व वाली नई सरकार अस्तित्व में आई तो उसने अम्बेडकर को देश का पहला कानून मंत्री के रूप में सेवा करने के लिए आमंत्रित किया, जिसे उन्होंने स्वीकार कर लिया।

29 अगस्त, 1947 को अम्बेडकर को स्वतन्त्र भारत के नये संविधान की रचना के लिए बनी संविधान मसौदा समिति के अध्यक्ष पद पर नियुक्त किया गया। अम्बेडकर ने मसौदा तैयार करने के इस काम में अपने सहयोगियों और समकालिन प्रेक्षकों की प्रशंसा अर्जित की। इस कार्य में अम्बेडकर का शुरूआती बौद्ध संघ रीतियों और अन्य बौद्ध ग्रन्थों का अध्ययन बहुत काम आया। संघ रीति में मतपत्रों द्वारा मतदान, बहस के नियम, पूर्ववर्तिता और कार्यसूची के प्रयोग, समितियाँ और काम करने के लिए प्रस्ताव लाना शामिल है। संघ रीतियाँ स्वयं प्राचीन गणराज्यों जैसे शाक्य और लिच्छवी की शासन प्रणाली के निर्देश (माडल) पर आधारित थी। अम्बेडकर ने हालांकि संविधान को आकार देने के लिए पश्चिमी माडल का उपयोग किया है पर उनकी भावना भारतीय है। अम्बेडकर द्वारा तैयार किया गया संविधान पाठ में संवैधानिक गारण्टी के साथ व्यक्तिगत नागरिकों को एक व्यापक श्रेणी की

नागरिक स्वतन्त्रताओं की सुरक्षा प्रदान की जिनमें धार्मिक स्वतन्त्रता, अस्पृश्यता का अंत और सभी प्रकार के भेदभावों को गैर कानूनी करार दिया गया। अम्बेडकर ने महिलाओं के लिए व्यापक आर्थिक और सामाजिक अधिकारों की वकालत की, और अनुसूचित जाति और अनूसूचित जनजाति के लोगों के लिए सिविल सेवाओं, स्कूलों ओर कालेजों की नौकरियों में आरक्षण प्रणाली शुरू करने के लिए सभा का समर्थन भी प्राप्त किया, भारत के विधि निर्माताओं ने इस सकारात्मक कार्यवाही के द्वारा दलित वर्गों के लिए समाजिक और आर्थिक असमानताओं के उन्मूलन और उन्हें हर क्षेत्र में अवसर प्रदान कराने की चेष्टा की जबकि मूल कल्पना में पहले इस कदम को अस्थायी रूप से और आवश्यकता के आधार पर शामिल करने की बात कही गयी थी। 26 नवम्बर, 1949 को संविधान सभा ने संविधान को अपना लिया। अपने काम को पूरा करने के बाद, बोलते हुए अम्बेडकर ने कहा- "मैं महसूस करता हूँ कि संविधान, साध्य (काम करने लायक) है, यह लचीला है पर साथ ही यह इतना मजबूत भी है कि देश को शान्ति और युद्ध दोनों के समय जोड़ कर रख सके। वास्तव में, मैं कह सकता हूँ कि अगर कभी कुछ गलत हुआ तो इसका कारण यह नहीं होगा कि हमारा संविधान खराब था बल्कि इसका उपयोग करने बाला मनुष्य अधम था।" अम्बेडकर ने 1952 में लोकसभा का चुनाव निर्दलीय उम्मीदवार के रूप में लड़ा पर हार गये। मार्च, 1952 में उन्हें संसद के ऊपरी सदन यानि राज्यसभा के लिए नियुक्त किया गया और इसके बाद उनकी मृत्यु तक वो इस सदन के सदस्य रहे। 6 दिसम्बर, 1956 को उनकी मृत्यु अपने दिल्ली स्थित आवास पर मधुमेह रोग के कारण हुई।

सन् 1950 के दशक में अम्बेडकर बौद्ध धर्म के प्रति आकर्षित हुए और बौद्ध भिक्षुओं व विद्वानों के एक सम्मेलन में भाग लेने के लिए श्रीलंका (तब सीलोन) गये। पुणे के पास एक नया बौद्ध विहार को समर्पित करते हुए अम्बेडकर ने घोषणा की कि वे बौद्ध धर्म पर एक पुस्तक लिख रहे है। और जैसे ही यह समाप्त होगी वो औपचारिक रूप से बौद्ध धर्म अपना लेगें। 1955 में उन्होंने भारतीय बुद्ध महासभा या बौद्ध सोसाइटी आफ इण्डिया की स्थापना की। उन्होंने अपने अन्तिम लेख, द बुद्ध एण्ड हिज धम्म को 1956 में पूरा किया जो उनकी मृत्यु के पश्चात् प्रकाशित हुआ। 14 अक्टुबर, 1956 को नागपुर में अम्बेडकर ने खुद और उनके समर्थकों के लिए एक औपचारिक सार्वजनिक समारोह का आयोजन किया। अम्बेडकर ने एक बौद्ध भिक्षु का पारम्परिक तरीके से तीन रत्न ग्रहण और पंचशील को अपनाते हुए बौद्ध धर्म ग्रहण किया। इसके बाद उन्होंने एक अनुमान के अनुसार लगभग 5 लाख समर्थकों को बौद्ध धर्म में परिवर्तित किया। नवयान लेकर अम्बेडकर और उनके समर्थकों ने हिन्दू धर्म और हिन्दू दर्शन की स्पष्ट निन्दा की और उसे त्याग दिया। उन्होंने अपनी अन्तिम पाण्डुलिपि "बुद्ध या कार्ल माक्र्स" को 2 दिसम्बर 1956 को पूरा किया।

"शोषित वर्ग की सुरक्षा उसके सरकार और कांग्रेस दोनों से स्वतन्त्र होने में है। हमें अपना रास्ता स्वयं बनाना होगा और स्वयं। राजनीतिक शक्ति शोषितों की समस्याओं का निवारण नहीं हो सकती, उनका उद्धार समाज में उनका उचित स्थान पाने में निहित है। उनको अपना रहने का बुरा तरीका बदलना होगा। उनको शिक्षित होना चाहिए। एक बड़ी आवश्यकता उनकी हीनता की भावना को झकझोरने, और उनके अन्दर उस दैवीय असंतोष की स्थापना करने की है जो सभी ऊँचाइयों का स्रोत है।" अपने अनुयायियों को उनका सन्देश था- "शिक्षित बनो!!!, संगठित रहो!!!, संघर्ष करो!!!"

- बाबा साहेब भीम राव अम्बेडकर

"सामाजिक क्रान्ति साकार बनाने के लिए किसी महान विभूति की आवश्यकता है या नहीं यह प्रश्न यदि एक तरफ रख दिया जाय, तो भी सामाजिक क्रान्ति की जिम्मेदारी मूलतः समाज के बुद्धिमान वर्ग पर ही रहती है, इसे वास्तव में कोई भी अस्वीकार नहीं कर सकता। भविष्य काल की ओर दृष्टि रखकर वर्तमान समय में समाज को योग्य मार्ग दिखलाना यह बुद्धिमान वर्ग का पवित्र कर्तव्य है। यह कर्तव्य निभाने की कुशलता जिस समाज के बुद्धिमान लोग दिखलाते हैं। वहीं जीवन कलह में टिक सकता है।"

- बाबा साहेब भीम राव अम्बेडकर

"सही राष्ट्रवाद है, जाति भावना का परित्याग। सामाजिक तथा आर्थिक पुनर्निर्माण के आमूल परिवर्तनवादी कार्यक्रम के बिना अस्पृश्य कभी भी अपनी दशा में सुधार नहीं कर सकते। राष्ट्रवाद तभी औचित्य ग्रहण कर सकता है जब लोगों के बीच जाति, नस्ल या रंग का अन्तर भुलाकर उसमें सामाजिक समरसता व मातत्व को सर्वोच्च स्थान दिया जाय। राष्ट्र का सन्दर्भ में राष्ट्रीयता का अर्थ होना चाहिए- सामाजिक एकता की दृढ़ भावना, अन्तर्राष्ट्रीय सन्दर्भ में इसका अर्थ है - भाईचारा। शिक्षा प्रत्येक व्यक्ति का जन्मसिद्ध अधिकार है अतः शिक्षा के दरवाजे प्रत्येक भारतीय नागरिक के लिए खुले होने चाहिए। एक व्यक्ति के शिक्षित होने का अर्थ है- एक व्यक्ति का शिक्षित होना लेकिन एक स्त्री के शिक्षित होने का अर्थ है कि एक परिवार का शिक्षित होना।"

- बाबा साहेब भीम राव अम्बेडकर

श्री लव कुश सिंह "विश्वमानव" द्वारा स्पष्टीकरण

भगवान बुद्ध, महात्मा कबीर व महात्मा फूले से प्रेरित बाबा साहेब भीम राव अम्बेडकर संविधान के मार्ग से समानता, समता तथा दलितोद्धार का महानतम कार्य किये। परन्तु समर्थक द्वारा मूर्ति लगवाकर स्वार्थ सिद्धि। उन्हें यह नहीं पता जिनकी मूर्तियां अधिक लग जाती हैं। दुर्गति भी उन्हीं की अधिक होती है। इनकी दिशा से शेष कार्य यह है कि "सामाजिक क्रान्ति" के लिए बुद्धिमता दिखायें तथा संविधान के माध्यम से समता लाने के लिए संविधान में संशोधन कराकर ग्राम पंचायत तथा नगर पंचायत अध्यक्ष की भाँति जिला पंचायत अध्यक्ष, मुख्यमन्त्री तथा प्रधानमन्त्री का चुनाव सीधे जनता द्वारा करवाये जो "परशुराम परम्परा" के अनुसार है। साथ ही 90 प्रतिशत बहुजन की आवाज उठाने वालों की सीधे सर्वोच्च पद प्राप्त हो जायेगा।

किसी देश का संविधान, उस देश के स्वाभिमान का शास्त्र तब तक नहीं हो सकता जब तक उस देश की मूल भावना का शिक्षा पाठ्यक्रम उसका अंग न हो। इस प्रकार भारत देश का संविधान भारत देश का शास्त्र नहीं है। संविधान को भारत का शास्त्र बनाने के लिए भारत की मूल भावना के अनुरूप नागरिक निर्माण के शिक्षा पाठ्यक्रम को संविधान के अंग के रूप में शामिल करना होगा। जबकि राष्ट्रीय संविधान और राष्ट्रीय शास्त्र के लिए हमें विश्व के स्तर पर देखना होगा क्योंकि देश तो अनेक हैं राष्ट्र केवल एक विश्व है, यह धरती है, यह पृथ्वी है। भारत को विश्व गुरू बनने का अन्तिम रास्ता यह है कि वह अपने संविधान को वैश्विक स्तर पर विचार कर उसमें विश्व शिक्षा पाठ्यक्रम को शामिल करे। यह कार्य उसी दिशा की ओर एक पहल है, एक मार्ग है और उस उम्मीद का एक हल है। राष्ट्रीयता की परिभाषा व नागरिक कर्तव्य के निर्धारण का मार्ग है। जिस पर विचार करने का मार्ग खुला हुआ है।

आचार्य रजनीश "ओशो" की वाणी है- "जो एक गुरू बोल रहा है, वह अनन्त सिद्धों की वाणी है। अभिव्यक्ति में भेद होगा, शब्द अलग होगें, प्रतीक अलग होंगे मगर जो एक सिद्ध बोलता है, वह सभी सिद्धों की वाणी है। इनसे अन्यथा नहीं हो सकता है। इसलिए जिसने एक सिद्ध को पा लिया, उसने सारे सिद्धों की परम्परा को पा लिया। क्योंकि उनका सूत्र एक ही है। कुंजी तो एक ही है, जिसमें ताला खुलता है अस्तित्व का।" इसलिए उन लोगों को सदैव यह ध्यान में रखना चाहिए कि सिद्ध (आध्यात्मिक आविष्कारक) को नहीं बल्कि सिद्ध की वाणी (आविष्कार) को पकड़ना-समझना चाहिए। परन्तु सदैव होता यह इसका उल्टा। लोग सिद्ध की वाणी को नहीं, सिद्ध को पकड़ लेते हैं। विज्ञान में ऐसा नहीं होता। विज्ञान में वैज्ञानिक (भौतिक आविष्कारक) को नहीं पकड़ते बल्कि उत्पाद (आविष्कार) को पकड़ते हैं। इसी कारण पिछड़े-दलित वहीं के वहीं रह जाते हैं और सामाजिक क्रान्ति मात्र भीड़ बनकर ही रह जाती है।

दृश्य काल के व्यक्तिगत प्रमाणित काल में सार्वजनिक प्रमाणित अंश दृश्य सत्य चेतना से युक्त संघ और योजना आधारित कलियुग के प्रारम्भ में नवें अवतार - बुद्ध अवतार के समय तक एकतन्त्रात्मक राज्यों का विकास, विभिन्न नेतृत्व मनों आधारित जातियों, हिंसा, कर्म का प्राथमिता का विकास हो उसकी दिशा प्रसार की ओर ही थी। कृष्ण के अंश अपूर्ण मन अर्थात् अंश सूक्ष्म शरीर के स्थूल शरीर ही बुद्ध थे परिणामस्वरूप वे स्वयं को

पहचानकर कालानुसार आवश्यक मुख्य कार्य अर्थात् जनता द्वारा लोक धर्म शिक्षा और गणराज्य की स्थापना का शुभारम्भ का कार्य कर्मयोगी-वैरागी-सन्यासी की भाँति पूर्ण किये। लोकधर्म शिक्षा के अन्तर्गत वे व्यक्तिगत कर्म के लिए -सत्यपात्र को दान नैतिकता के नियमों का पालन, अपने पुण्य का भाग दूसरों को देना, दूसरे द्वारा दिये गये पुण्य के भाग को स्वीकारना अपने त्रुटियों का सुधार, सम्यक-सिद्धान्त का श्रवण और प्रसार: सम्यक सिद्धान्त के अन्तर्गत - अन्धविश्वास तथा भ्रम रहित सम्यक दृष्टि, उच्च तथा बुद्धियुक्त सम्यक संकल्प, नम्रता-उत्सुक्तता-सत्यनिष्ठ युक्त सम्यक वचन, शान्तिपूर्ण-निष्ठापूर्ण-पवित्रता युक्त सम्यक कर्म, अहिंसा युक्त सम्यक आजीवन, आत्म निग्रह और आत्म प्रशिक्षण युक्त सम्यक व्यायाम, सक्रीय सचेतन मन युक्त सम्यक स्मृति, जीवन की यर्थाथता पर गहन अध्ययन युक्त सम्यक समाधि तथा यह लोक धर्म शिक्षा अनवरत चलती रहे इसलिए लोक शिक्षकों के रूप में साधुओं और भिक्षुओं का निर्माण सहित "बुद्धं शरणं गच्छामि" अर्थात् बुद्धि या प्रबुद्धों के शरण में जाओ और "धर्मम् शरणं गच्छामि" अर्थात् धर्म के शरण में जाओ का उपदेश देने का कार्य किये। गणराज्य स्थापना के शुभारम्भ के अन्तर्गत ग्राम, सभा, संघ या पंचायत से जुड़ने के लिए "संघ शरणं गच्छामि" का उपदेश देने का कार्य किये।

कृष्णावतार के समय गणराज्य स्थापना के लिए व्यक्तिगत प्रमाणित दृश्य सत्य चेतना द्वारा अदृश्य मन में तय की गई सम्पूर्ण नीति का वह हिस्सा अर्थात् वह अपूर्ण मन जो कृष्ण पूर्ण नहीं कर पाये थे उसके कुछ प्राथमिक अंश जैसे -सन्यास, लोकधर्म, ध्यान अर्थात् काल चिन्तन और गणराज्य व्यवस्था का बीज जो मानव समाज का नये सिरे से सृष्टि का प्रथम चरण था वही कार्य बुद्धावतार में पूर्व कृष्णावतार से प्राप्त कर्मयोगी मन द्वारा ही बुद्ध ने पूर्ण किया था। बुद्ध द्वारा दिया गया "सम्यक" शब्द एकात्म ध्यान अर्थात् समभाव युक्त काल चिन्तन का ही बीज था जो कृष्ण के जीवन में समाहित था और गीतोपनिषद् में अव्यक्त रहा। चूंकि एकात्म ध्यान, भगवान शिव-शंकर का स्वरूप है इसलिए वे अगले अवतार की दृष्टि रखते हुये अपने प्रचार का समस्त केन्द्र शिव-शंकर से जुड़ी स्थली के निकट ही रखें। बुद्ध अपने समस्त कार्यों को स्वयं जानते हुये कोई दार्शनिक आधार इसलिए नहीं दिये कि दार्शनिक आधार देने पर वह गीतोपनिषद् और कृष्ण में समाहित हो जाता परिणामस्वरूप कृष्ण का विवशतावश ही सही हिंसक जीवन और हिंसा कर्म की प्रधानता की ओर बढ़ते समाज में अहिंसा आधारित नये मानव समाज की सृष्टि कार्य असफल हो जाता। बुद्ध की कार्यप्रणाली दार्शनिक न होकर व्यावहारिक थी जो कर्मज्ञान अर्थात् कर्मवेद का सूक्ष्म बीज था। जिसकी व्यापकता के लिए उन्होंने हिंसक राजा सम्राट अशोक को अपने शरण में कर आन्दोलन का रूप दिये जो उस समय तक का दार्शनिक दृष्टि से पूर्णमुक्त सबसे बड़ा धर्मिक आन्दोलन था जो उनके महानिर्वाण के बाद इमारतों, मन्दिरों और बौद्ध धर्म में परिणत हो गया। बुद्ध का पूर्व नाम "सिद्धार्थ" अर्थात् "वह जिसने अपना उद्देश्य पूर्ण कर लिया हो।" बुद्ध, मन की एक व्यावहारिक अवस्था अर्थात् बुद्धि है जो ज्ञान के साथ काल चिन्तन के संयोग से उत्पन्न होती है। छः वर्षों की साधना उन्होनें उम्र की परिपक्वता, सामाजिक विश्वसनीयता, कालानुसार कार्य और कार्यनीति के निर्धारण के लिए की थी। यदि बुद्ध व्यक्तिगत प्रमाणित दृश्य सत्य चेतना युक्त कृष्ण के अपूर्ण मन न होते तो वे बाह्य कारणों से प्रेरित होकर निष्काम कर्म की ओर बढ़ते परन्तु वे तो स्वयं अन्तः कारणों से प्रेरित थे जो उनमे कृष्ण के अपूर्ण मन का अंश था, से स्वयं अहैतुक कार्य के लिए कर्मयोगी बने थे।

06. लोकनायक जय प्रकाश नारायण (11 अक्टुबर, 1902 - 8 अक्टुबर, 1979)

परिचय -

जय प्रकाश नारायण "जे.पी." का जन्म 11 अक्टुबर, 1902 को ग्राम सिताबदियारा, बलिया, उत्तर प्रदेश में हुआ था। उनका विवाह बिहार के मशहूर गाँधीवादी बृज किशोर प्रसाद की पुत्री प्रभावती के साथ अक्टुबर, 1920 में हुआ। प्रभावती विवाह के उपरान्त कस्तुरबा गाँधी के साथ गाँधी आश्रम में रहीं। वे भारतीय स्वतन्त्रता सेनानी और राजनेता थे। उनहें 1970 में इन्दिरा गाँधी के खिलाफ विपक्ष का नेतृत्व के लिए जाना जाता है। वे समाज-सेवक थे, जिन्हें "लोकनायक" के नाम से भी जाना जाता है। पटना में अपने विद्यार्थी जीवन में जय प्रकाश नारायण ने स्वतन्त्रता संग्राम में हिस्सा लिया। प्रतिभाशाली युवाओं को प्रेरित करने के लिए डा0 राजेन्द्र प्रसाद और सुप्रसिद्ध गाँधीवादी डा0 अनुग्रह नारायण सिन्हा, जो गाँधी के एक निकट सहयोगी रहे द्वारा स्थापित "बिहार विद्यापीठ" में जय प्रकाश नारायण शामिल हो गए। 1922 में वे उच्च शिक्षा के लिए अमेरिका गये, जहाँ उन्होंने 1922-1929 के बीच कैलिफोर्निया विश्वविद्यालय, बरकली, विसकांसन विश्वविद्यालय में समाज शास्त्र का अध्ययन किया। पढ़ाई के महंगे खर्चे को वहन करने के लिए उन्होंने खेतों, कम्पनियों, रेस्टोरेन्टों में काम किया। वे मार्क्स के समाजवाद से प्रभावित हुए। उन्होंने एम.ए. की डिग्री हासिल की। उनकी माताजी की तबियत ठीक न होने की वजह से वे भारत वापस आ गए और पीएच.डी. पूरी न कर सके।

1929 में जब वे अमेरिका से लौटे, भारतीय स्वतन्त्रता संग्राम तेजी पर था। उनका सम्पर्क गाँधी जी के साथ काम कर रहे जवाहरलाल नेहरू से हुआ। वे भारतीय स्वतन्त्रता संग्राम का हिस्सा बने। 1932 में गाँधी, नेहरू और अन्य महत्वपूर्ण कांग्रेसी नेताओं के जेल जाने के बाद, उन्होंने भारत के अलग-अलग हिस्सों में संग्राम का नेतृत्व किया। अन्ततः उन्हें भी मद्रास में सितम्बर, 1932 में गिरफ्तार कर लिया गया और नासिक के जेल में भेज दिया गया। यहाँ उनकी मुलाकात एम.आर.मासानी, अच्युत पटवर्धन, एन.सी.गोरे, अशोक मेहता, एम.एच.दांतवाला, चार्ल्स मास्कारेन्हास औा सी.के.नारायणशास्त्री जैसे उत्साही कांग्रेसी नेताओं से हुई। जेल में इनके द्वारा की गई चर्चाओं ने कांग्रेस सोसलिस्ट पार्टी (सी.एस.पी.) को जन्म दिया। सी.एस.पी. समाजवाद में विश्वास रखती थी। जब कांग्रेस ने 1934 में हिस्सा लेने का फैसला किया तो जेपी और सी.एस.पी. ने इसका विरोध किया।

1939 में उन्होंने द्वितीय विश्वयुद्ध के दौरान, अंग्रेज सरकार के खिलाफ लोक आन्दोलन का नेतृत्व किया। उन्होंने सरकार को किराया और राजस्व रोकने के अभियान चलाए। टाटा स्टील कम्पनी में हड़ताल कराकर यह प्रयास किया कि अंग्रेजों को इस्पात न पहुँचे। उन्हें गिरफ्तार कर लिया गया और 9 महिने की कैद की सजा सुनाई गई। जेल से छूटने के बाद उन्होंने गाँधी और सुभाष चन्द्र बोस के बीच सुलह का प्रयास किया। 1942 के भारत छोड़ो आन्दोलन के दौरान वे आर्थर जेल से फरार हो गये। उन्होंने स्वतन्त्रता संग्राम के दौरान हथियारों के उपयोग को सही समझा। उन्होंने नेपाल जाकर आजाद दस्ते को गठन किया और उसे प्रशिक्षण दिया। उन्हें एक बार फिर पंजाब में चलती ट्रेन में सितम्बर 1943 को गिरफ्तार कर लिया गया। 16 माह बाद जनवरी 1945 में उन्हें आगरा जेल में स्थानान्तरित कर दिया गया। इसके उपरान्त गाँधी जी ने साफ कर दिया था कि डा0 लोहिया और जेपी की रिहाई के बिना अंग्रेज सरकार से कोई समझौता नामुमकिन है। दोनों को अप्रैल 1946 को आजाद कर दिया गया। 1948 में उन्होंने कांग्रेस के समाजवादी दल का नेतृत्व किया, और बाद में गाँधीवादी दल के साथ मिलकर समाजवादी सोशलिस्ट पार्टी की स्थापना की। 19 अप्रैल, 1954 में गया, बिहार में उन्होंने विनोबा भावे के सर्वोदय आन्दोलन के लिए जीवन समर्पित करने की घोषणा की। 1957 में उन्होंने लोकनिति के पक्ष में राजनीति छोड़ने का निर्णय लिया। 1960 के दशक के अन्तिम भाग में वे राजनीति में पुनः सक्रिय रहे। 1974 में किसानों के बिहार आन्दोलन में उन्होंने तत्कालीन राज्य सरकार से इस्तीफे की मांग की। वे इन्दिरा गाँधी की प्रशासनिक

नीतियों के विरूद्ध थे। गिरते स्वास्थ्य के बावजूद उन्होंने बिहार में सरकारी भ्रष्टाचार के खिलाफ आन्दोलन किया। उनके नेतृत्व में पीपुल फ्रंट ने गुजरात राज्य का चुनाव जीता। 1975 में इन्दिरा गाँधी ने आपातकाल (इमरजेंसी) की घोषणा की जिसके अन्तर्गत जेपी सहित 600 से भी अधिक विरोधी नेताओं को बंदी बनाया गया और प्रेस पर सेंसरशिप लगा दी गई। जेल में जेपी की तबीयत और खराब हुई। 7 महीने बाद उनको मुक्त कर दिया गया। 1977 जेपी के प्रयासों से एकजुट विरोधी पक्ष ने इन्दिरा गाँधी को चुनाव हरा दिया। जेपी का निधन उनके निवास स्थान पटना में 8 अक्टुबर, 1979 को हृदय की बीमारी और मधुमेह के कारण हुआ। उनके सम्मान में तत्कालीन प्रधानमंत्री चरण सिंह ने 7 दिन के राष्ट्रीय शोक की घोषणा की। उनके सम्मान में कई हजार लोग उनकी शव यात्रा में शामिल हुए।

जेपी का "सम्पूर्ण क्रान्ति"

पटना के गाँधी मैदान पर लगभग 5 लाख लोगों के अतिउत्साही भीड़ भरी सभा में देश की गिरती हालत, प्रशासनिक भ्रष्टाचार, महंगाई, अनुपयोगी शिक्षा पद्धति और प्रधानमंत्री द्वारा अपने ऊपर लगाये गए आरोपों का सविस्तार उत्तर देते हुए 5 जून, 1975 की विशाल सभा में जे.पी. ने घोषणा की- "भ्रष्टाचार मिटाना, बेरोजगारी दूर करना, शिक्षा में क्रान्ति लाना आदि ऐसी चीजें हैं जो आज की व्यवस्था से पूरी नहीं हो सकती, क्योंकि वे इस व्यवस्था की ही उपज हैं। वे तभी पूरी हो सकती है जब सम्पूर्ण व्यवस्था बदल दी जाए। और, सम्पूर्ण व्यवस्था परिवर्तन के लिए क्रान्ति - सम्पूर्ण क्रान्ति आवश्यक है। यह क्रान्ति है मित्रों और सम्पूर्ण क्रान्ति है। विधान सभा का विघटन मात्र इसका उद्देश्य नहीं है। यह तो महज मील का पत्थर है। हमारी मंजिल तो बहुत दूर है और हमें अभी बहुत दूर तक जाना है। केवल मन्त्रिमण्डल का त्याग पत्र या विधानसभा का विघटन काफी नहीं है, आवश्यकता एक बेहतर राजनीतिक व्यवस्था का निर्माण करने की है। छात्रों की सीमित मांगें जैसे भ्रष्टाचार एवं बेरोजगारी का निराकरण, शिक्षा में क्रान्तिकारी परिवर्तन आदि बिना सम्पूर्ण क्रान्ति के पूरी नहीं की जा सकती। इस व्यवस्था ने जो संकट पैदा किया है वह सम्पूर्ण और बहुमुखी (टोटल एण्ड मल्टीडायमेन्सनल) है, इसलिए इसका समाधान सम्पूर्ण और बहुमुखी ही होगा। व्यक्ति का अपना जीवन बदले, समाज की रचना बदले, राज्य की व्यवस्था बदले, तब कहीं बदलाव पूरा होगा, और मनुष्य सुख और शान्ति का मुक्त जीवन जी सकेगा। हमें सम्पूर्ण क्रान्ति चाहिए, इससे कम नहीं।"

विशाल जनसभा में जे.पी. ने पहली बार "सम्पूर्ण क्रान्ति" के दो शब्दों का उच्चारण किया। क्रान्ति शब्द नया नहीं था, लेकिन "सम्पूर्ण क्रान्ति" नया था। गाँधी परम्परा में "समग्र क्रान्ति" का प्रयोग होता था। जे.पी. का "सम्पूर्ण", गाँधी का "समग्र" है।

आजीवन पद-प्रतिष्ठा से दूर रहकर "सम्पूर्ण क्रान्ति" के उद्घोषक और लोक साहित्य को जिवित रखने के लिए प्रयत्नशील महानतम व्यक्तित्व। इनकी दिशा से शेष कार्य यह है कि व्यक्ति के पूर्णता के लिए साहित्य तथा सम्पूर्ण, सर्वोच्च और अन्तिम व्यवस्था का सूत्र व व्याख्या प्रस्तुत हो ताकि लोक साहित्य तथा सम्पूर्ण क्रान्ति का इनका सपना पूर्ण हो जाये।

श्री लव कुश सिंह "विश्वमानव" द्वारा स्पष्टीकरण

क्रान्ति के प्रति विचार यह है कि- "राजनीतिक, आर्थिक व सामाजिक परिस्थिति में उसकी स्वस्थता के लिए परिवर्तन ही क्रान्ति है, और यह तभी मानी जायेगी जब उसके मूल्यों, मान्यताओं, पद्धतियों और सम्बन्धों की जगह नये मूल्य, मान्यता, पद्धति और सम्बन्ध स्थापित हों। अर्थात क्रान्ति के लिए वर्तमान व्यवस्था की स्वस्थता के लिए नयी व्यवस्था स्थापित करनी होगी। यदि व्यवस्था परिवर्तन के आन्दोलन में विवेक नहीं हो, केवल भावना हो तो वह आन्दोलन हिंसक हो जाता है। हिंसा से कभी व्यवस्था नहीं बदलती, केवल सत्ता पर बैठने वाले लोग बदलते है। हिंसा में विवेक नहीं उन्माद होता है। उन्माद से विद्रोह होता है क्रान्ति नहीं। क्रान्ति में नयी व्यवस्था का दर्शन -

शास्त्र होता है अर्थात क्रान्ति का लक्ष्य होता है और उस लक्ष्य के अनुरुप उसे प्राप्त करने की योजना होती है। दर्शन के अभाव में क्रान्ति का कोई लक्ष्य नहीं होता।"

सम्पूर्ण क्रान्ति के लिए ही आविष्कृत है निम्न आविष्कार जिससे आपका सपना पूरा हो सके।

सम्पूर्ण ब्रह्माण्ड में व्याप्त एक ही सत्य-सिद्धान्त द्वारा व्यक्तिगत व संयुक्त मन को एकमुखी कर सर्वोच्च, मूल और अन्तिम स्तर पर स्थापित करने के लिए शून्य पर अन्तिम आविष्कार WS-0 श्रृंखला की निम्नलिखित पाँच शाखाएँ है।

1. डब्ल्यू.एस. (WS)-0 : विचार एवम् साहित्य का विश्वमानक
2. डब्ल्यू.एस. (WS)-00 : विषय एवम् विशेषज्ञों की परिभाषा का विश्वमानक
3. डब्ल्यू.एस. (WS)-000 : ब्रह्माण्ड (सूक्ष्म एवम् स्थूल) के प्रबन्ध और क्रियाकलाप का विश्वमानक
4. डब्ल्यू.एस. (WS)-0000 : मानव (सूक्ष्म तथा स्थूल) के प्रबन्ध और क्रियाकलाप का विश्वमानक
5. डब्ल्यू.एस. (WS)-00000 : उपासना और उपासना स्थल का विश्वमानक

और पूर्णमानव निर्माण की तकनीकी WCM-TLM-SHYAM.C है।

और यह कार्य भी आपके जीवन की भाँति पद-प्रतिष्ठा से दूर रहकर एक आम नागरिक का अपने देश के प्रति कर्तव्य के आधार पर सम्पन्न किया गया है।

07. लाल बहादुर शास्त्री
(2 अक्टुबर, 1904 - 11 जनवरी 1966)

परिचय -

लालबहादुर शास्त्री का जन्म 2 अक्टुबर, 1904 में मुगलसराय, उत्तर प्रदेश के कूड़कला ग्राम में लाल बहादुर श्रीवास्तव के रूप में हुआ था। उनके पिता शारदा प्रसाद एक गरीब शिक्षक थे, जो बाद में राजस्व कार्यालय में लिपिक (क्लर्क) बनें। अपने पिता मीरजापुर(उ0प्र0) के श्री शारदा प्रसाद और अपनी माता श्रीमती रामदुलारी देवी के तीन पुत्रों में से वे दूसरे थे। शास्त्री जी की दो बहनें भी थी। शास्त्री जी के शैशव में ही उनके पिता का निधन हो गया। 1928 में उनका विवाह श्री गणेश प्रसाद की पुत्री ललिता देवी से हुआ और उनके 6 सन्तान हुई। उनकी प्रारम्भिक शिक्षा मुगलसराय के ईस्ट इण्डिया रेलवे हेडेन स्कूल (वर्तमान में पूर्व मध्य रेलवे इण्टर, कालेज) से तथा आगे की शिक्षा हरिश्चन्द्र उच्च विद्यालय और काशी विद्यापीठ में हुई थी। यहीं से उन्हें "शास्त्री" की उपाधि भी मिली जो उनके नाम के साथ जुड़ी रही। स्नातक की शिक्षा प्राप्त करने के पश्चात् वो भारत सेवक संघ से जुड़ गये और देश सेवा का व्रत लेते हुए यहीं से अपने राजनैतिक जीवन की शुरूआत की। शास्त्री जी विशुद्ध गाँधीवादी थे वो सारा जीवन सादगी से रहे और गरीबों की सेवा में अपनी पूरी जिन्दगी को समर्पित किया।

भारतीय स्वाधीनता संग्राम के सभी महत्वपूर्ण कार्यक्रमों में उनकी भागीदारी रही, और जेलों में रहना पड़ा। जिसमें 1921 का असहयोग आन्दोलन और 1941 का सत्याग्रह आन्दोलन सबसे प्रमुख है। उनके राजनैतिक दिग्दर्शकों में से श्री पुरूषोत्तमदास टण्डन, पं0 गोविन्द वल्लभ पंत, जवाहरलाल नेहरू इत्यादि प्रमुख हैं। 1929 में इलाहाबाद आने के बाद उन्होंने श्री टण्डनजी के साथ भारत सेवक संघ के इलाहाबाद इकाई के सचिव के रूप में काम किया। यहीं उनकी नजदीकी नेहरू से बढ़ी। इसके बाद से उनका कद निरंतर बढ़ता गया। भारत की स्वतन्त्रता के पश्चात् शास्त्री जी को उत्तर प्रदेश के संसदीय सचिव के रूप में नियुक्त किया गया था। वो गोविन्द बल्लभ पंत के मुख्यमंत्री के कार्यकाल में प्रहरी एवं यातायात मंत्री बने। यातायात मंत्री के समय में उन्होंने प्रथम बार किसी महिला को संवाहक (कंडक्टर) के पद पर नियुक्त किया। प्रहरी विभाग के मंत्री होने के बाद उन्होंने भीड़ को नियंत्रण में रखने के लिए लाठी के जगह पानी की बौछार का प्रयोग प्रारम्भ कराया। 1951 में जवाहरलाल नेहरू के नेतृत्व में अखिल भारत कांग्रेस कमेटी के महासचिव नियुक्त किये गये। उन्होंने 1952, 1957 व 1962 के चुनावों में कांग्रेस का जिताने के लिए बहुत परिश्रम किया। नेहरू मन्त्रिमण्डल में गृहमंत्री के तौर पर वे शामिल थे। इस पद पर वे 1951 तक बने रहे। जवाहरलाल नेहरू का उनके प्रधानमंत्री के कार्यकाल के दौरान 27 मई, 1964 को देहावसान हो जाने के बाद, शास्त्री जी ने 9 जून, 1964 को भारत के दूसरे प्रधानमंत्री का पदभार ग्रहण किया। ताशकन्द में सोवियत मध्यस्थता में पाकिस्तान के अयूब खान के साथ शान्ति समझौते पर हस्ताक्षर करने के कुछ घंटे बाद ही लाल बहादुर शास्त्री का निधन हो गया। शास्त्री जी को उनकी सादगी, देशभक्ति और इमानदारी के लिए भारत श्रद्धापूर्वक याद करता है। उन्हें वर्ष 1966 में भारत रत्न से सम्मानित किया गया।

शास्त्री जी ने "जय जवन, जय किसान" का नारा दिया था। शास्त्री जी के प्रेरणा से फिल्म अभिनेता व निर्माता मनोज कुमार के कई देश भक्ति पर आधारित फिल्में बनाईं।

श्री लव कुश सिंह "विश्वमानव" द्वारा स्पष्टीकरण

विश्व का मूल मन्त्र- "जय जवान-जय किसान-जय विज्ञान-जय ज्ञान-जय कर्मज्ञान"

प्रगतिशील मानव समाज में मानव का विकास जैसे-जैसे होता गया उसके परिणामस्वरूप विभिन्न सामाजिक-असामाजिक विषय क्षेत्रों का भी विकास होता गया। समाज में प्रत्येक विषय क्षेत्रों की एक महत्वपूर्ण भूमिका है। जिसमें किसी भी क्षेत्र को पूर्ण रूप में महत्वहीन नहीं कह सकते न ही पूर्ण रूप से महत्वपूर्ण कह सकते है। क्योंकि क्षेत्र कोई भी हो मानव की अपनी दृष्टि ही उसके उपयोग और दुरूपयोग से उस क्षेत्र को

महत्वहीन, महत्वपूर्ण या सामाजिक-असामाजिक रूप में निर्धारण करती है। इसलिए मानव की दृष्टि जब तक विषय क्षेत्र के गुण, अर्थ, उपयोगिता और दुरूपयोगिता के ज्ञान पर केन्द्रीत नहीं होगी तब तक किसी भी क्षेत्र को निश्चित रूप से पूर्ण-महत्वपूर्ण निर्धारण कर पाना असम्भव है। यहाँ यह कहा जा रहा है कि वाह्य विषय क्षेत्र चाहे कोई भी हो वह मूलतः मानव द्वारा ही संचालित, आविष्कृत, नियमित और स्थापित की जाती है। इसलिए मानव का ज्ञान और कर्मज्ञान ही प्रत्येक विषय क्षेत्र की उपयोगिता और दुरूपयोगिता का निर्धारण करता है।

प्रत्येक विषय का विकास सतत होता रहता है। आज हम जो कुछ भी उत्पाद व्यावहार में देखते है वह और यहाँ तक कि मानव का निर्माण भी एक लम्बे प्रक्रिया, सुधार, परीक्षण, रखरखाव इत्यादि का ही परिणाम है। सतत विकास के परिणामस्वरूप ही वह अपनी पूर्णता और अन्तिम स्वरूप को प्राप्त होता है। भारत के विकास का मूल मन्त्र भी विकास की प्रक्रिया को पार करते हुए अपने पूर्ण और अन्तिम स्वरूप में व्यक्त हो चुका है। भारत के पूर्ण मूलमन्त्र के स्वरूप का बीज भूतपूर्व प्रधानमन्त्री स्व0 लाल बहादुर शास्त्री ने "जय जवान-जय किसान" का नारा देकर किये। यह बीज समयानुसार भारत की मूल आवश्यकता थी, जो आज भी है और आगे भी रहेगी। यहाँ से भारत के मूलमन्त्र के स्वरूप का विकास प्रारम्भ होता है। मई 1998 में परमाणु बम परीक्षण के उपरान्त प्रधानमंन्त्री श्री अटल बिहारी बाजपेयी ने इस मूलमंन्त्र के स्वरूप के विकास क्रम में "जय विज्ञान" जोड़कर मूलमन्त्र के स्वरूप को "जय जवान-जय किसान-जय विज्ञान" के रूप में प्रस्तुत किये। जो समयानुसार आज की आवश्यकता है। जो आगे भी रहेगी।

"जय जवान-जय किसान-जय विज्ञान" तक ही भारत के मूलमन्त्र का पूर्ण विकसित अर्थात अन्तिम स्वरूप नहीं है क्योंकि जवान-किसान-विज्ञान तीनों स्थान पर मानव ही बैठा है इसलिए मूलमन्त्र के स्वरूप में जब तक मानव के निर्माण का सूत्र नहीं होगा तब तक मूलमन्त्र का स्वरूप भी पूर्ण नहीं हो सकता। इसी कमी को पूर्ण कर पूर्णता प्रदान करने के लिए "विश्वबन्धुत्व", "वसुधैव-कुटुम्बकम्", "बहुजन हिताय-बहुजन सुखाय", "एकात्म मानवतावाद" की स्थापना के लिए एकात्मकर्मवाद आधारित सार्वभौम सत्य-सिद्धान्त (धर्मयुक्त नाम - कर्मवेदः प्रथम, अन्तिम तथा पंचमवेदीय श्रृंखला अर्थात धर्मनिरपेक्ष-सर्वधर्मसम्भाव नाम- विश्वमानक - शून्य श्रृंखला: मन की गुणवता का विश्व मानक) का आविष्कार कर "जय ज्ञान-जय कर्मज्ञान" को जोड़कर भारत के मूलमन्त्र को पूर्ण और अन्तिम स्वरूप- "जय जवान-जय किसान-जय विज्ञान-जय ज्ञान-जय कर्मज्ञान" को व्यक्त किया गया है। जो समयानुसार आज की आवश्यकता है जो आगे भी रहेगी। चूँकि भारत का सर्वोच्च और अन्तिम व्यापक रूप ही विश्व है। अर्थात भारत ही विश्व है और विश्व ही भारत है। इसलिए यह मूलमन्त्र भारत का ही नहीं सम्पूर्ण विश्व का अन्तिम मूलमन्त्र है।

"ज्ञान" जिससे हम अपने विचारों को एकता-समभाव-बन्धुत्व-धैर्य रूप में प्रस्तुत करने में सक्षम होते है। जैसा कि मई 1998 में भारत ने परमाणु बम परीक्षण के उपरान्त उठे विश्वव्यापी विवाद को समाप्त करने के लिए "ज्ञान" का प्रयोग कर अपने विचारों की समभाव रूप में विश्व में समक्ष रखने में सफल हुआ। "कर्मज्ञान" जिससे हम समभाव में स्थित हो कर्म करते है। अर्थात ईश्वरत्व भाव से उपलब्ध संसाधनों पर आधारित हो कर्म करते हैं। "ज्ञान" से हम सिर्फ एकता-समभाव-बन्धुत्व-धैर्य की भाषा बोल सकते हैं जबकि "कर्मज्ञान" से कार्य करते हुए एकता-समभाव-बन्धुत्व-धैर्य की भाषा बोल सकते है। "ज्ञान" यथावत् स्थिति बनाये रखते हुए शान्ति का प्रतीक है। तो "कर्मज्ञान" विकास करते हुये शान्ति बनाये रखने का प्रतीक है। ज्ञानावस्था में कर्म प्राकृतिक चेतना अर्थात शुद्धरूप से वर्तमान स्थिति में प्राथमिकता से कर्म करना, के अन्तर्गत होता है जबकि कर्मज्ञानावस्था में कर्म प्राकृतिक चेतना समाहित सत्य चेतना अर्थात भूतकाल का अनुभव, भविष्य की आवश्यकता के साथ प्राथमिकता के साथ वर्तमान में कार्य करना, के अन्तर्गत होता है। वर्तमान और भविष्य की आवश्यकताओं को देखते हुऐ मात्र "ज्ञान" से ही अब विकास सम्भव नहीं है। क्योंकि यह अवस्था "नीतिविहीन" अवस्था है। अब "नीतियुक्त" अवस्था कर्मज्ञानावस्था की आवश्यकता है। जिसके अभाव के कारण ही संसाधनों के होते हुये भी बेरोजगारी, अपराधों का विकास, विखण्डन इत्यादि विनाशक स्थिति उत्पन्न हो रही है। इस कर्मज्ञान का आविष्कार सम्पूर्ण विश्व के मानवजाति के लिए महानतम उपलब्धि हैं।

08. राम मनोहर लोहिया
(23 मार्च, 1910 - 12 अक्टुबर, 1967)

परिचय -

डा0 राममनोहर लोहिया का जन्म 23 मार्च, 1910 को उत्तर प्रदेश के फैजाबाद जनपद में अकबरपुर नामक गाँव में हुआ था। पिताजी श्री हीरालाल पेशे से अध्यापक व हृदय से सच्चे राष्ट्रभक्त थे। ढाई वर्ष की आयु में ही उनकी माताजी (चन्दा देवी) का देहान्त हो गया। उन्हें दादी के अलावा सरयूदेई (परिवार की नाईन) ने पाला। टण्डन पाठशाला में चौथी तक पढ़ाई करने के बाद विश्वेश्वरनाथ हाईस्कूल में दाखिल हुए। उनके पिताजी गाँधीजी के अनुयायी थे। जब वे गाँधी जी से मिलने जाते तो राममनोहर को भी अपने साथ ले जाया करते थे। इसके कारण गाँधी जी के विराट व्यक्तित्व का उन पर गहरा असर हुआ। पिताजी के साथ 1918 में अहमदाबाद कांग्रेस अधिवेशन में पहली बार शामिल हुए। बम्बई के मारवाड़ी स्कूल में पढ़ाई की। लोकमान्य गंगाधर तिलक के मृत्यु के दिन विद्यालय के लड़कों के साथ 1920 में 1 अगस्त को हड़ताल की। गाँधी जी की पुकार पर 10 वर्ष की आयु में स्कूल त्याग दिया। पिताजी को विदेशी वस्तुओं के बहिष्कार के आन्दोलन के चलते सजा हुई। 1921 में फैजाबाद किसान आन्दोलन के दौरान जवाहरलाल नेहरू से मुलाकात हुई। 1924 में प्रतिनिधि के रूप में कांग्रेस के गया अधिवेशन में शामिल हुए। 1925 में मैट्रिक की परीक्षा दी। कक्षा में 61 प्रतिशत अंक लाकर प्रथम आये। इण्टर की 2 वर्ष की पढ़ाई काशी हिन्दू विश्वविद्यालय, वाराणसी में हुई। कालेज के दिनों से ही खद्दर पहनना शुरू कर दिया। 1926 में पिताजी के साथ गौहाटी कांग्रेस अधिवेशन में गये। 1927 में इण्टर पास किया तथा आगे की पढ़ाई के लिए कलकत्ता जाकर ताराचन्द दत्त स्ट्रीट पर स्थित पोद्दर छात्र हास्टल में रहने लगे। विद्यासागर कालेज में दाखिला लिया।

अखिल बंग विद्यार्थी परिषद् के सम्मेलन में सुभाष चन्द्र बोस के न पहुँचने पर उन्होंने सम्मेलन की अध्यक्षता की। 1928 में कलकत्ता में कांग्रेस अधिवेशन में शामिल हुए। 1928 से अखिल भारतीय विद्यार्थी संगठन में सक्रिय हुए। साइमन कमीशन के बहिष्कार के दिए छात्रों के साथ आन्दोलन किया। कलकत्ता में युवकों के सम्मेलन में जवाहरलाल नेहरू अध्यक्ष तथा सुभाष चन्द्र बोस और लोहिया जी विषय निर्वाचन समिति के सदस्य चुने गये। 1930 में द्वितीय श्रेणी में बी.ए. की परीक्षा पास की। 30 सितम्बर, 1967 को लोहिया को नई दिल्ली के विलिंग्डन अस्पताल अब जिसे लोहिया अस्पताल कहा जाता है, को पोरूष ग्रन्थि के आपरेशन के लिए भर्ती किया गया जहाँ 12 अक्टुबर, 1967 को उनका देहान्त 57 वर्ष की आयु में ही गया।

डा0 लोहिया का समाजवाद

लोहिया के समाजवादी आन्दोलन की संकल्पना के मूल में अनिवार्यतः "विचार और कर्म" की उभय उपस्थिति थी जिसके मूर्तिमंत स्वरूप स्वयं डा0 लोहिया थे और आजन्म उन्होंने "विचार और कर्म" की इस संयुक्ति को अपने आचरण से जीवन्त उदाहरण भी प्रस्तुत किया। अंग्रेजों के खिलाफ भारत के स्वाधीनता आन्दोलन में भाग लेने वाले तमाम व्यक्तियों की भाँति लोहिया भी प्रभावित थे। वे जेल भी गये और वैसी ही यातनाएँ भी सही। आजादी से पूर्व ही कांग्रेस के भीतर उनका सोशलिस्ट ग्रुप था, लेकिन 15 अगस्त, 1947 को अंग्रेजों से मुक्ति पाने पर वे उल्लसित तो थे लेकिन विभाजन की कीमत पर पाई गई इस स्वतन्त्रता के कारण नेहरू और नेहरू की कांग्रेस से उनका रास्ता हमेशा के लिए अलग हो गया। स्वतन्त्रता के नाम पर सत्ता की लिप्सा का यह खुला खेल लोहिया ने अपनी नंगी आँखों से देखा था और इसलिए स्वतन्त्रता के बाद की कांग्रेस पार्टी और कांग्रेसियों के प्रति उनमें इतना रोष और क्षोभ था कि उन्हें धुर दक्षिणपंथी और बामपंथियों को साथ लेना भी उन्हें बेहतर विकल्प ही प्रतीत हुआ। स्वतन्त्रता बाद के राजनेताओं में लोहिया मौलिक विचारक थे। लोहिया के मन में भारतीय गणतन्त्र को लेकर ठेठ देसी सोच थी। अपने इतिहास, अपनी भाषा के सन्दर्भ में वे कतई पश्चिम से कई सिद्धान्त उधार लेकर व्याख्या करने

को राजी नहीं थे। सन् 1932 में जर्मनी से पीएच.डी. की उपाधि प्राप्त करने वाले राममनोहर लोहिया ने साठ के दशक में देश से अंग्रेजी हटाने का जो आह्वान किया, वह अंग्रेजी हटाओ आन्दोलन की गणना अब तक के कुछ इने गिने आन्दोलनों में की जा सकती है। उनके लिए स्वभाषा राजनीति का मुद्दा नहीं बल्कि अपने स्वाभिमान का प्रश्न और लाखों-करोड़ों को हीन ग्रन्थि से उबारकर आत्मविश्वास से भर देने का स्वप्न था- "मैं चाहूँगा कि हिन्दुस्तान के साधारण लोग अपने अंग्रेजी के अज्ञान पर लजाएँ नहीं, बल्कि गर्व करें। इस सामंती भाषा को उन्हीं के लिए छोड़ दें जिनके माँ-बाप अगर शरीर से नहीं तो आत्मा से अंग्रेज रहें हैं।"

हालांकि लोहिया भी जर्मनी यानी विदेश से पढ़ाई कर के आये थे, लेकिन उन्हें उन प्रतीकों का अहसास था जिनसे इस देश की पहचान है। शिवरात्रि पर चित्रकूट में "रामायण मेला" उन्हीं की संकल्पना थी, जो सौभाग्य से अभी तक अनवरत चला आ रहा है। आज भी चित्रकूट के उस मेले में हजारों भूखे-नगें-निर्धन भारतवासीयों की भीड़ स्वयंमेव जुटती है तो लगता है कि ये ही हैं जिनकी चिंता लोहिया को थी, लेकिन आज इनकी चिंता करने के लिए लोहिया के लोग कहाँ है? लोहिया ही थे जो राजनीति की गंदी गली में शुद्ध आचरण की बात करते थे। वे एकमात्र ऐसे राजनेता थे जिन्होंने अपनी पार्टी की सरकार से खुलेआम त्यागपत्र की माँग की, क्योंकि उस सरकार के शासन में आन्दोलनकारियों पर गोली चलाई गई थी।

ध्यान रहे स्वाधीन भारत में किसी राज्य में यह पहली गैर कांग्रेसी सरकार थी- "हिन्दुस्तान की राजनीति में तब सफाई और भलाई आएगी जब किसी पार्टी के खराब काम की निन्दा उसी पार्टी के लोग करें। और मैं यह याद दिला दूँ कि मुझे यह कहने का हक है कि हम ही हिन्दुस्तान में एक राजनीतिक पार्टी हैं जिन्होंने अपनी सरकार की भी निन्दा की थी और सिर्फ निन्दा ही नहीं बल्कि एक मायने में उसको इतना तंग किया कि उसे हट जाना पड़ा।" गाँधी जी के साथ एक सप्ताह रहकर लोहिया ने गाँधी जी को वाइसराय के नाम पत्र लिखने के लिए प्रेरित किया। जिसमें गाँधी जी ने लिखा कि- "अहिंसानिष्ठ सोशलिस्ट डा0 लोहिया ने भारतीय शहरों को बिना पुलिस व फौज के शहर घोषित करने की कल्पना निकाली है।"

लोहिया जी के द्वारा दुनिया की सभी सरकारों को नई दुनिया की बुनियाद बनाने की योजना की कल्पना गाँधी जी के सामने रखी गई, जिसमें एक देश की दूसरे देश में जो पूँजी लगी है उसे जब्त करना, सभी लोगों को संसार में कहीं भी आने-जाने व बसने का अधिकार देना, दुनिया के सभी राष्ट्रों को राजनैतिक आजादी तथा विश्व नागरिकता की बात कही गई थी। गाँधी जी ने इसे "हरिजन" में छापा और अपनी ओर से समर्थन भी किया तथा अंग्रेजों के खिलाफ जल्दी लड़ाई छेड़ने को लेकर गाँधी जी ने दस दिन रूकने के लिए लोहिया को कहा। दस दिन बाद 7 अगस्त, 1942 को गाँधी जी ने तीन घंटे तक भाषण देकर कहा, कि "हम अपनी आजादी लड़कर प्राप्त करेंगे।" अगले दिन 8 अगस्त, 1942 को "भारत छोड़ो" प्रस्ताव बम्बई में बहुमत से स्वीकृत हुआ। गाँधी जी ने "करो या मरो" का सन्देश दिया।

एक समाजवादी विचारक। इनकी दिशा से शेष कार्य यह है कि समाजवाद कहने से नहीं बल्कि समाजवाद का बीज मानव के मन में विविधताओं के एकीकरण से उगता है। इसलिए मन के एकीकरण का सिद्धान्त प्रस्तुत कर समाजवाद के इनके सपने को पूरा करें।

श्री लव कुश सिंह "विश्वमानव" द्वारा स्पष्टीकरण

"समाजवाद", एक राजनीतिक शब्द। जिसका अर्थ है - एक समान भाव से रहन-सहन की पद्धति। यह फल है। जब तक मानव के अन्दर एकात्मक विचार का बीज नहीं बोया जायेगा, वह समाजवाद नामक फल नहीं दे सकता। इसके सम्बन्ध में स्वामी विवेकानन्द जी के निम्न विचार विचारणीय हैं-

"भारत और समाजवाद विषयक अथवा राजनितिक विचारों से प्लावित करने से पहले यह आवश्यक है कि उसमें आध्यात्मिक विचारों की बाढ़ ला दी जाये। सर्वप्रथम, हमारे उपनिषदों, पुराणों और अन्य सब शास्त्रों में जो अपूर्व सत्य निहित है, उन्हें इन सब ग्रंथों के पृष्ठों से बाहर लाकर, मठों की चहारदिवारियाँ भेदकर, वनों की नीरवता

से दूर लाकर, कुछ-सम्प्रदाय-विशेषों के हाथों से छीनकर देश में सर्वत्र बिखेर देना होगा, ताकि ये सत्य दावानल के समान सारे देश को चारो ओर से लपेट लें- उत्तर से दक्षिण और पूरब से पश्चिम तक सब जगह फैल जायें- हिमालय से कन्याकुमारी और सिन्धु से ब्रह्मपुत्रा तक सर्वत्र वे धधक उठे।"

- स्वामी विवेकानन्द

"भारत के शिक्षित समाज में मैं इस बात पर सहमत हूँ कि समाज का आमूल परिवर्तन करना आवश्यक है। पर यह किया किस तरह जाये? सुधारकों की सब कुछ नष्ट कर डालने की रीति व्यर्थ सिद्ध हो चुकी है। मेरी योजना यह है, हमने अतीत में कुछ बुरा नहीं किया। निश्चय ही नहीं किया। हमारा समाज खराब नहीं, बल्कि अच्छा है। मैं केवल चाहता हूँ कि वह और भी अच्छा हो। हमे असत्य से सत्य तक अथवा बुरे से अच्छे तक पहुँचना नहीं है। वरन् सत्य से उच्चतर सत्य तक, श्रेष्ठ से श्रेष्ठतर और श्रेष्ठतम तक पहुँचना है। मैं अपने देशवासियों से कहता हूँ कि अब तक जो तुमने किया, सो अच्छा ही किया है, अब इस समय और भी अच्छा करने का मौका आ गया है।"

- स्वामी विवेकानन्द

शासक और मार्गदर्शक आत्मा सर्वव्यापी है। इसलिए एकात्म का अर्थ संयुक्त आत्मा या सार्वजनिक आत्मा है। जब एकात्म का अर्थ संयुक्त आत्मा समझा जाता है तब वह समाज कहलाता है। जब एकात्म का अर्थ व्यक्तिगत आत्मा समझा जाता है तब व्यक्ति कहलाता है। व्यक्ति (अवतार) संयुक्त आत्मा का साकार रुप होता है जबकि व्यक्ति (पुनर्जन्म) व्यक्तिगत आत्मा का साकार रुप होता है। शासन प्रणाली में समाज का समर्थक दैवी प्रवृत्ति तथा शासन व्यवस्था प्रजातन्त्र या लोकतन्त्र या स्वतन्त्र या मानवतन्त्र या समाजतन्त्र या जनतन्त्र या बहुतन्त्र या स्वराज कहलाता है और क्षेत्र गण राज्य कहलाता है ऐसी व्यवस्था सुराज कहलाती है। शासन प्रणाली में व्यक्ति का समर्थक असुरी प्रवृत्ति तथा शासन व्यवस्था राज्यतन्त्र या राजतन्त्र या एकतन्त्र कहलाता है और क्षेत्र राज्य कहलाता है ऐसी व्यवस्था कुराज कहलाती है। सनातन से ही दैवी और असुरी प्रवृत्तियों अर्थात् दोनों तन्त्रों के बीच अपने-अपने अधिपत्य के लिए संघर्ष होता रहा है। जब-जब समाज में एकतन्त्रात्मक या राजतन्त्रात्मक अधिपत्य होता है तब-तब मानवता या समाज समर्थक अवतारों के द्वारा गणराज्य की स्थापना की जाती है। या यूँ कहें गणतन्त्र या गणराज्य की स्थापना-स्वस्थता ही अवतार का मूल उद्देश्य अर्थात् लक्ष्य होता है शेष सभी साधन अर्थात् मार्ग।

समाज व्यक्ति के शारीरिक-आर्थिक-मानसिक विकास केन्द्रित है जबकि राजनीति सत्ता प्राप्ति केन्द्रित है। उसके बाद वह विकास की बात करेगी। अब यह उस पर निर्भर है कि एक समान भाव से करती है या पक्षपातपूर्ण या केवल सत्ताधारी स्वंय के लिए। व्यक्तिवाद से बड़ा चक्र समाजवाद है। समाजवाद से बड़ा चक्र राष्ट्रवाद है। राष्ट्रवाद (यदि देश को राष्ट्र समझा जाय) से बड़ा चक्र विश्वराष्ट्रवाद है। यह व्यक्ति के अन्दर व्यापक सोच और मस्तिष्क का विस्तार भी है और व्यापक समाज का निर्माण भी। बढ़ते बौद्धिक-ज्ञान के इस युग में छोटे चक्र से निकलना मनुष्य की प्रकृति है। बड़े लक्ष्य के सामने हमेशा छोटा चक्र विलीन हो जाता है, यह प्राकृतिक नियम है।

सत्य समाजवाद लाने की एक प्रक्रिया ही है हमारा - "मानक ग्राम" और "मानक नगर वार्ड" का व्यावहारिक सिद्धान्त और उसका क्रियान्वयन।

09. आर. वेंकटरामन
(4 दिसम्बर, 1910 - 27 जनवरी, 2009)

परिचय -

रामस्वामी वेंकटरामन का जन्म 4 दिसम्बर, 1910 को तमिलनाडु में तंजौर के निकट पट्टुकोट्टय में हुआ था। उनकी ज्यादातर शिक्षा-दीक्षा राजधानी चेन्नई (तत्कालीन मद्रास) में ही हुई। उन्होंने अर्थशास्त्र से स्नातकोत्तर उपाधि मद्रास विश्वविद्यालय से प्राप्त की। इसके बाद उन्होंने मद्रास के ही ला कालेज से कानून की पढ़ाई की। शिक्षा पूरी करने के बाद उन्होंने मद्रास उच्च न्यायालय में सन् 1935 से वकालत शुरू की और 1951 से उन्होंने उच्चतम न्यायालय में वकालत शुरू की। वकालत के दौरान ही उन्होंने देश के स्वतन्त्रता आन्दोलन में भाग लिया और 1942 के भारत छोड़ो आन्दोलन में सक्रिय भूमिका निभाई। स्वतन्त्रता के बाद वकालत में उनकी श्रेष्ठता को देखते हुए भारत सरकार ने उन्हें देश के श्रेष्ठ वकीलों की टीम में स्थान दिया। 1947 से 1950 तक ये मद्रास प्रान्त की बार फेडरेशन के सचिव पद पर रहे। कानून की जानकारी और छात्र राजनीति में सक्रिय होने के कारण वे जल्द ही राजनीति में आ गये। सन् 1950 में उन्हें आजाद भारत की अस्थायी संसद के लिए चुना गया। उसके बाद 1952 से 1957 तक वे देश की पहली संसद के सदस्य रहे। वे सन् 1953 से 1954 तक कांग्रेस पार्टी में सचिव पद पर भी रहे। 1957 में संसद के लिए चुने जाने के बावजूद रामस्वामी वेंकटरमन ने लोकसभा सीट से इस्तीफा देकर मद्रास सरकार में एक मंत्री पद भार ग्रहण किया। इस दौरान उन्होंने उद्योगों, समाज, यातायात, अर्थव्यवस्था व जनता की भलाई के लिए कई विकासपूर्ण कार्य किये। 1967 में उन्हें योजना आयोग का सदस्य नियुक्त किया गया और उन्हें उद्योग, यातायात व रेलवे जैसे प्रमुख विभागों का उत्तरदायित्व सौंपा गया। 1977 में दक्षिण मद्रास की सीट से उन्हें लोकसभा का सदस्य चुना गया। जिसमें उन्होंने विपक्षी नेता की भूमिका निभाई। 1980 में वे लोकसभा का सदस्य चुने जाने के बाद इन्दिरा गाँधी सरकार में उन्हें वित्त मंत्रालय का कार्यभार सौंपा गया और उसके बाद उन्हें रक्षा मंत्री बनाया गया। उन्होंने पश्चिमी और पूर्वी यूरोप के साथ ही सोवियत यूनियन, अमेरिका, कनाडा, दक्षिण-पश्चिम एशिया, जापान, आस्ट्रेलिया, न्यूजीलैण्ड, यूगोस्लाविया और मारीशस की आधिकारिक यात्राएँ कीं। वे अगस्त 1984 में देश के उप राष्ट्रपति बने। इसके साथ ही वे राज्यसभा के अध्यक्ष भी रहे। इस दौरान वे इन्दिरा गाँधी शान्ति पुरस्कार व जवाहरलाल नेहरू अवार्ड फार इन्टरनेशनल अण्डरस्टैण्डिग के निर्णायक पीठ के अध्यक्ष रहे। उन्होंने 25 जुलाई 1987 को देश के 8वें राष्ट्रपति के रूप में शपथ ली। उनका कार्यकाल 1987 से 1992 तक रहा। राष्ट्रपति पद पर आसीन होने से पूर्व वेंकटरामन 4 वर्ष देश के उपराष्ट्रपति भी रहे। 98 वर्ष की अवस्था में मंगलवार, 27 जनवरी, 2009 को लम्बी बीमारी के बाद उनका निधन हो गया।

"भारत के लिए फ्रांस की राष्ट्रपति प्रणाली ज्यादा उपयुक्त"

- श्री आर0 वेंकटरामन,
साभार - दैनिक जागरण, वाराणसी, दि0-13-7-98

लव कुश सिंह "विश्वमानव" द्वारा स्पष्टीकरण

लोकतन्त्र विचारों को बद्ध कर सार्वजनिक सत्य को उपर करने का तन्त्र है जो विश्व व्यवस्था का अन्तिम सफल तन्त्र है। प्रणाली कोई भी हो जब तक समष्टि मन (विश्वमन या संयुक्तमन या लोकतन्त्र मन) के सभी तन्त्रों को विवादमुक्त करके शिक्षा द्वारा व्यक्ति में स्थापित नहीं किया जाता, तब तक न ही स्वस्थ समाज, स्वस्थ उद्योग और स्वस्थ लोकतन्त्र की प्राप्ति हो सकती है, न ही कोई भी प्रणाली सफल हो सकती है। प्रणाली कोई भी

हो, वर्तमान की कार्यप्रणाली-कार्य के उपरान्त ज्ञान प्राप्त करने पर आधारित है, इसलिए यह आवश्यक नहीं है कि प्रत्येक विकास का कार्य विकास की ओर ही जाता हो, वह विनाश की ओर भी जा सकता है। इसलिए यह आवश्यक है कि नैतिक उत्थान, आत्मनिर्भरता, नेतृत्व क्षमता, प्रबन्धकीय क्षमता इत्यादि गुणों पर आधारित कार्यप्रणाली - ज्ञान के उपरान्त कार्य करने पर आधारित को स्थापित किया जाये जिससे प्रणाली और नेतृत्वकर्ता चाहे जैसे भी क्यों न हों, विकास को सतत विकास की ओर तथा भविष्य के नेतृत्वकर्ताओं को नैतिकता युक्त बनाया जा सके। इसके लिए आवश्यक है कि विकास दर्शन या विश्व व्यवस्था का न्यूनतम एवम् अधिकतम साझा कार्यक्रम या क्रियाकलपों का विश्वमानक या विश्वमानक-शून्य श्रृंखला: मन की गुणवत्ता का विश्वमानक की स्थापना भारत तथा विश्व में हों।

10. पं0 दीन दयाल उपाध्याय
(25 सितम्बर, 1916 - 11 फरवरी, 1968)

परिचय -

दीनदयाल उपाध्याय का जन्म 25 सितम्बर, 1916 को मथुरा जिले के छोटे से गाँव नगला चन्द्रभान में हुआ था। इनके पिता का नाम भगवती प्रसाद उपाध्याय था। माता रामप्यारी धार्मिक वृत्ति की थीं। रेल की नौकरी होने के कारण उनके पिता का अधिक समय बाहर बीतता था। कभी-कभी छुट्टी मिलने पर ही घर आते थे। थोड़े समय बाद ही दीनदयाल के भाई ने जन्म लिया जिसका नाम शिवदयाल रखा गया। पिता भगवती प्रसाद ने बच्चों को ननिहाल भेज दिया। उस समय उनके नाना चुन्नीलाल शुक्ल धनकिया में स्टेशन मास्टर थे। मामा का परिवार बहुत बड़ा था। दीनदयाल अपने ममेरे भाईयों के साथ खाते-खेलते बड़े हुए। 3 वर्ष की मासूम उम्र में दीनदयाल पिता के प्यार से वचिंत हो गये। पति की मृत्यु से माँ रामप्यारी को अपना जीवन अंधकारमय लगने लगा। वे अत्यधिक बीमार रहने लगी। उन्हें क्षय रोग लग गया। 8 अगस्त, 1924 को माँ रामप्यारी बच्चों को अकेला छोड़कर ईश्वर को प्यारी हो गयीं। 7 वर्ष की कोमल अवस्था में दीनदयाल माता-पिता के प्यार से वंचित हो गये। उपाध्याय जी ने पिलानी, आगरा तथा प्रयाग में शिक्षा प्राप्त की। बी.एससी., बी.टी. करने के बाद उन्होंने नौकरी नहीं की। छात्र जीवन से ही वे राष्ट्रीय स्वयंसेवक संघ के सक्रिय कार्यकर्ता हो गये थे। अतः कालेज छोड़ने के तुरन्त बाद वे उक्त संस्था के प्रचारक बना दिये गये और एकनिष्ठ भाव से अपने दल का संगठन कार्य करने लगे। सन् 1951 ई. में अखिल भारतीय जनसंघ का निर्माण होने पर वे उसके मंत्री बनाए गये। दो वर्ष बाद सन् 1953 ई. में उपाध्याय जी अखिल भारतीय जनसंघ के महामंत्री निर्वाचित हुए और लगभग 15 वर्ष तक इस पद पर रहकर उन्होंने अपने दल की अमूल्य सेवा की। दिसम्बर, 1967 ई. में हुए कालीकट अधिवेशन में वे अखिल भारतीय जनसंघ के अध्यक्ष निर्वाचित हुए। पं. दीनदयाल उपाध्याय महान चिंतक और संगठक थे। वे भारतीय जनसंघ के अध्यक्ष भी रहे। उन्होंने भारत की सनातन विचारधारा को युगानूकूल रूप में प्रस्तुत करते हुए देश को "एकात्म मानव दर्शन" जैसी प्रगतिशील विचारधारा दी। उपाध्याय जी नितांत सरल और सौम्य स्वभाव के व्यक्ति थे। राजनीति के अतिरिक्त साहित्य में भी उनकी गहरी अभिरूचि थी। उनके हिन्दी और अंग्रेजी के लेख विभिन्न पत्र-पत्रिकाओं में प्रकाशित होते रहते थे। केवल एक बैठक में ही उन्होंने "चन्द्रगुप्त नाटक" लिख डाला था। 11 फरवरी, 1968 की रात में रेलयात्रा के दौरान उनकी हत्या कर दी गई थी और उनका शरीर मुगलसराय के रेलवे यार्ड में पायी गई थी।

दीनदयाल उपाध्याय के विचार

"स्वराज्य" और "एकात्म मानवतावाद" के उद्घोषक जिन्होंने "स्व" के तन्त्रों पर आधारित होकर भारत के निर्माण का सपना देखा था। इनकी दिशा से शेष कार्य यह है कि "स्व" के वैश्विक, ब्रह्माण्डीय, सार्वभौम रुप को व्यक्त करें तभी "स्वराज्य", "एकात्म मानवतावाद", "स्वदेशी", "स्वतन्त्र" का स्वस्थ स्वरुप स्थापित हो सकेगा अन्यथा नहीं। इनके मुख्य विचार निम्नवत् हैं-

1- मनुष्य पशु नहीं है केवल पेट भर जाने से वह सुखी और संतुष्ट हो जायेगा। उसकी जीवन यात्रा "पेट" से आगे "परमात्मा" तक जाती है। उसके मन उसकी बुद्धि और उसकी आत्मा का भी कुछ तकाजा है। इस तकाजे को ध्यान में रखे बिना बनाई गई प्रत्येक व्यवस्था अल्पकालिक ही नही घातक भी होगी।

2- पूंजीवादी और समाजवादी व्यवस्था परस्पर प्रेम और ममता पर नहीं, स्वार्थ, लोभ और कुतर्क पर आधारित विखण्डित व्यवस्थायें है। इनमें एकात्मता और परस्पर पूरकता नहीं प्रतिद्वन्द्विता शोषक वृत्तियों की प्रबलता और प्रभाव है।

3- कम्युनिस्टों के नारे "कमाने वाला खायेगा" - यह नारा यद्यपि कम्युनिस्ट लगाते है। किन्तु पूंजीवादी भी इस नारे के मूल में निहित सिद्वान्त से असहमत नहीं हैं। यदि दोनों में झगड़ा है तो केवल इस बात का कि कौन कितना कमाता है, कौन कितना कमा सकता है। पूंजीवादी साहस और पूंजी को महत्व देते है तो कम्युनिस्ट श्रम को। पूंजीवादी स्वयं के लिए अधिक हिस्सा माँगते है और कम्युनिस्ट अपने लिए। यह नारा अनुचित, अन्यायपूर्ण और समाजघाती है। हमारा नारा होना चाहिए- "कमाने वाला खिलायेगा और जो जन्मा है वह खायेगा।" खाने का अधिकार जन्म से प्राप्त होता है कमाने की पात्रता शिक्षा से आती है। यदि केवल कमाने वाला ही खायेगा तो बच्चों, बूढ़ों, रोगियों और अपाहिजों का क्या होगा? "कमाने वाला खायेगा" का दृष्टिकोण आसुरी और "कमाने वाला खिलायेगा" का विचार मानवीय है।

4- समाजिकता और संस्कृति का मापदण्ड समाज में कमाने वाला द्वारा अपने कर्तव्य के निर्वाह की तत्परता है। अर्थव्यवस्था का कार्य इस कर्तव्य के निर्वाह की क्षमता पैदा करना है। मात्र धन कमाने के साधन तथा तरीके बताना-पढ़ाना ही अर्थव्यवस्था का कार्य नहीं है। यह मानवता बढ़ाना भी उसका काम है। कि कर्तव्य भावना के साथ कमाने वाला खिलाये भी। यहाँ यह स्पष्ट समझ लिया जाना चाहिए कि वह कार्य और दायित्व की भावना से करें कि दान देने या चंदा देने की भावना से।

5- पूंजीवादी व्यवस्था ने केवल अर्थपरायण मानव का विचार किया तथा अन्य क्षेत्रों से उसे स्वतन्त्र छोड़ दिया तो समाजवादी व्यवस्था केवल "जाति वाचक मानव" का ही विचार करती है। उसमें व्यक्ति की रूचि, प्रकृति गुणों की विविधता और उसके आधार पर विकास करने के लिए कोई स्थान नहीं है इन दोनों अवस्थाओं-व्यवस्थाओं में मनुष्य के सत्य और उसकी पूर्णता को नहीं समझा गया। एक व्यवस्था उसे स्वार्थी, अर्थपरायण, संघर्षशील, प्रतिस्पर्धी, प्रतिद्वन्दी और मात्स्यन्याय प्रवण प्राणी मानती है तो दूसरी उसे व्यवस्थाओं और परिस्थितियों का दास बेचारा और नास्तिक- अनास्थामय प्राणी। शाक्तियों का केन्द्रिकरण दोनों व्यवस्थाओं में अभिप्रेत है। अतएव पूंजीवादी एवम् समाजवादी दोनों ही अमानवीय व्यवस्थाएँ हैं।

6- धन का अभाव मनुष्य को निष्करूण और क्रूर बना देता है। तो धन का प्रभाव उसे शोषक सामाजिक दायित्व निरपेक्ष, दम्भी और दमनकारी।

7- भारत और विश्व की समस्याओं का समाधान और प्रश्नों का उत्तर विदेशी राजनीतिक नारों या वादों (समाजवादी, पूंजीवादी आदि) में नहीं अपितु स्वयं भारत के सनातन विचार परम्परा में से उपजे हिन्दूत्व अर्थात भारतीय जीवन दर्शन में है। केवल यही एक ऐसा जीवन दर्शन है जो मनुष्य जीवन का विचार करते समय उसे टुकड़ों में नही बाँटता उसके सम्पूर्ण जीवन को इकाई मानकर उसका विचार करता है।

8- यह समझना भारी भूल होगी कि हिन्दूत्व वर्तमान वैज्ञानिक उन्नति का विरोधी है। आधुनिक विज्ञान और प्रौद्योगिक का प्रयोग इस पद्धति से होना चाहिए कि वे हमारे सामाजिक और सांस्कृतिक जीवन पद्धति के प्रतिकूल नहीं, अनुकूल हो। हमारा राष्ट्रीय लक्ष्य धर्मराज्य, जिसे गाँधी जी रामराज्य कहा करते थे, लोकतन्त्र, सामाजिक समरसता और राजनीतिक आर्थिक शाक्तियों के विकेन्द्रियकरण का होना चाहिए। आप इसे हिन्दूत्ववाद, मानवता अथवा अन्य कोई भी नया "वाद" या किसी भी नाम से पुकारें किन्तु केवल यही ही भारत की आत्मा के अनुकूल होगा। यही देशवासियों में नवीन उत्साह संचारित कर सकेगा। विनाश और विभ्रन्ति के चैराहे पर खड़े विश्व के लिए भी यह मार्गदर्शक का काम करेगा।

9- यदि धर्म का आधार त्याग दिया जाय तो अर्थ का अनर्थ हो सकता है। और धर्म उसमें जोड़ दिया जायेगा तो "अर्थ" हमारे "काम" की प्राप्ति का भी साधन बन जायेगा। धर्म और अर्थ दोनों एक दुसरे के पोषक और पूरक हो सकता है।

10-अपने "स्व" को विस्मृत करेंगे तो हम पुनः परतन्त्र हो जायेंगे। स्वदेशी को भावात्मक रूप से समझ कर उसे ही हमें अर्थ सृजन का आधार एवम् अवलम्ब बनाना चाहिए।

11-ग्रामों और वनांचलों में वास करने वाले मैले-कुचैले, अनपढ़ और पिछड़े बन्धु हमारे देवता है। हमें इनकी सेवा करनी है। यह हमारा सामाजिक दायित्व अर्थात धर्म है। जिस दिन हम इनके लिए अच्छे सुविधाजनक घर बनाकर देंगे, जिस दिन इनके बच्चों और स्त्रियों को जीवन दर्शन का ज्ञान देंगे जिस दिन हम इनके हाथ और पाँव के विवाइयों को भरेंगे और जिस दिन इनको उद्योग धन्धों की शिक्षा देकर इनकी आय को उँचा उठा देगें उसी दिन हमारा मातृ भाव व्यक्त होगा। आर्थिक योजनाओं तथा आर्थिक प्रगति की माप समाज की उपर की पीढ़ी पर पहुँचे व्यक्ति से नहीं बल्कि सबसे नीचे की सीढ़ी पर विद्यमान व्यक्ति से होगी। ग्रामों में जहाँ समय अचल खड़ा है जहाँ माता और पिता अपने बच्चों के भविष्य को बनाने में असमर्थ है, वहाँ जब तक हम आशा और पुरूषार्थ का संदेश नहीं पहुँचायेंगे तब तक राष्ट्र का चैतन्य जागृत नहीं होगा।

श्री लव कुश सिंह "विश्वमानव" द्वारा स्पष्टीकरण

जब-जब व्यक्ति अपने मन को एकात्मवाद के सर्वोच्च स्तर पर केन्द्रित कर उसे सत्यार्थ करने का प्रयत्न किया तब-तब वह व्यक्ति महापुरूष के रूप में व्यक्त हुए। जबकि औषधि आधारित अर्थववेद में इस एकात्मवाद की उपयोगिता का ज्ञान पहले से ही विद्यमान है। जिसके सम्बन्ध में स्वामी विवेकानन्द जी कहते हैं- "अतः यदि भारत को महान बनाना है, तो इसके लिए आवश्यकता है संगठन की, शक्ति संग्रह की और बिखरी हुई इच्छाशक्ति को एकत्र कर उसमें समन्वय लाने की। अथर्ववेद संहिता की एक विलक्षण ऋचा याद आ गयी जिसमें कहा गया है, "तुम सब लोग एक मन हो जाओ, सब लोग एक ही विचार के बन जाओ। एक मन हो जाना ही समाज गठन का रहस्य है बस इच्छाशक्ति का संचय और उनका समन्वय कर उन्हें एकमुखी करना ही सारा रहस्य है।" (देखें "नया भारत गढ़ो" पृष्ठ संख्या-55) एकात्म भाव के सम्बन्ध में स्वामी विवेकानन्द जी कहते हैं- "यह भी न भूलना चाहिए कि हमारे बाद जो लोग आएंगे, वे उसी तरह हमारे धर्म और ईश्वर सम्बन्धी धारणा पर हँसेंगे, जिस तरह हम प्राचीन लोगों के धर्म और ईश्वर की धारणा पर हँसते हैं। यह सब होने पर भी, इन सब ईश्वर सम्बन्धित धारणाओं का संयोग करने वाला एक स्वर्ण सूत्र है और वेदान्त का उद्देश्य है - इस सूत्र की खोज करना। भगवान कृष्ण ने कहा है-"भिन्न भिन्न मणियाँ जिस प्रकार एक सूत्र में पिरोयी जा सकती हैं, उसी प्रकार इन सब विभिन्न भावों के भीतर भी एक सूत्र विद्यमान है।" (देखें "ज्ञानयोग", पृष्ठ संख्या - 65) और स्वर्ण सूत्र के सम्बन्ध में स्वामी जी कहते हैं - एक शब्द में वेदान्त का आदर्श है - मनुष्य के सच्चे स्वरूप को जानना।" (देखें "विवेकानन्द राष्ट्र को आह्वान", पृष्ठ सं0 - 48)। पं0 दीनदयाल उपाध्याय जी की अनुभूति भी एकात्मभाव के सर्वोच्च स्तर पर केन्द्रित थी जिसे "एकात्म मानवतावाद" के रूप में जाना जाता है।

श्री लव कुश सिंह "विश्वमानव" द्वारा इस सम्बन्ध में अधिक स्पष्ट कहा गया है- "यदि तुम समग्र जगत के ज्ञान से पूर्ण होना चाहते हो तो पाँच भाव- विचार एवं साहित्य, विषय एवं विशेषज्ञ, ब्रह्माण्ड (स्थूल एवं सूक्ष्म) के प्रबन्ध और क्रियाकलाप, मानव (स्थूल एवं सूक्ष्म) के प्रबन्ध और क्रियाकलाप तथा उपासना स्थल का सामंजस्य कर एक मुखी कर लो। यही समग्र जगत का ज्ञान है, भविष्य है, रहस्य है, पूर्ण ज्ञान है, समाज गठन है, पुस्तकालय के ज्ञान से सर्वोच्च है।" विचार के सम्बन्ध में कहा गया है- "यह अद्वैत (एकत्व) ही धर्मनिरपेक्ष है, सर्वधर्मसमभाव है। वेदान्त तथा मानव का सर्वोच्च दर्शन है। जहाँ से मानव विशिष्टाद्वैत, द्वैत एवं वर्तमान में मतवाद के मानसिक गुलामी

में गिरा है परन्तु मानव पुनः इसी के उल्टे क्रम से उठकर अद्वैत में स्थापित हो जायेगा। तब वह धर्म में स्थापित एवं विश्वमन से युक्त होकर पूर्ण मानव अर्थात् ईश्वरस्थ मानव को उत्पन्न करेगा।" साहित्य के सम्बन्ध में कहा गया है कि- "मानव एवं प्रकृति के प्रति निष्पक्ष, संतुलित एवं कल्याणार्थ कर्म ज्ञान के साहित्य से बढ़कर आम आदमी से जुड़ा साहित्य कभी भी आविष्कृत नहीं किया जा सकता। यही एक विषय है जिससे एकता, पूर्णता एवं रचनात्मकता एकात्म भाव से लाई जा सकती है। संस्कृति से राज्य नहीं चलता कर्मज्ञान से राज्य चलता है। संस्कृति तभी तक स्वस्थ बनी रहती है जब तक पेट में अन्न हो, व्यवस्थाएं सार्वभौम सत्य-सिद्धान्त युक्त हों, दृष्टि पूर्ण मानव निर्माण पर केन्द्रित हो। संस्कृति कभी एकात्म नहीं हो सकती लेकिन रचनात्मक दृष्टिकोण एकात्म होता है जो कालानुसार कर्म ज्ञान और कर्म है। अदृश्य काल में अनेकात्म तथा दृश्य काल में एकात्म कर्म ज्ञान अर्थात् एकात्म रचनात्मक दृष्टिकोण होता है यही कर्म आधारित भारतीय संस्कृति है जो प्रारम्भ में भी था और अन्त में पुनः स्पष्ट हो रहा है यही सभी संस्कृतियों का मूल भी है।" काल के सम्बन्ध में कहा गया है- "जब व्यष्टिमन की शान्ति अन्तः विषयों जो सिर्फ अदृश्य विषय मन द्वारा ही प्रमाणित होता है, पर केन्द्रित होती है तो उसे व्यष्टि अदृश्य काल कहते हैं तथा जब व्यष्टि मन की शान्ति दृश्य विषयों अर्थात् वाह्य विषयों, जो सार्वजनिक रुप से प्रमाणित है पर केन्द्रित होता है तो उसे व्यष्टि दृश्यकाल कहते हैं इसी प्रकार सम्पूर्ण समाज का मन जब अदृश्य विषयों पर केन्द्रित होती है तो उसे समष्टि अदृश्य काल कहते हैं तथा जब सम्पूर्ण समाज का मन जब दृश्य विषयों पर केन्द्रित होता है तो उसे समष्टि दृष्यकाल कहते हैं" कर्मज्ञान के सम्बन्ध में कहा गया है कि- "व्यक्ति जब सम्पूर्ण समष्टि अदृश्य काल में हो तो उसे अदृश्य कर्मज्ञान के अनुसार तथा जब सम्पूर्ण समष्टि दृश्य काल में हो तो उसे दृश्य कर्मज्ञान के अनुसार कर्म करने चाहिए तभी वह ब्रह्माण्डीय विकास के लिए धर्मयुक्त या एकताबद्ध होकर कार्य करेगा।" स्वर्ण सूत्र के सम्बन्ध में कहा गया है कि- "मानक अर्थात् आत्मा अर्थात् सत्य-धर्म-ज्ञान स्थिर रहता है लेकिन मन को इस ओर लाने वाले सूत्र भिन्न-भिन्न होंगे क्योंकि जो उत्पन्न है वह स्थिर नहीं है। अदृश्य काल में यह सूत्र अनेक होंगे लेकिन दृश्य काल के लिए हमेशा एक ही होगा क्योंकि वह सार्वजनिक प्रमाणित होगा।" स्वर्ण सूत्र के गुण के सम्बन्ध में कहा गया है कि- "अतः यदि भारत को महान बनना है, विश्वगुरु बनाना है, भारतीय संविधान को विश्व संविधान में परिवर्तित करना है तो एकात्मकर्मवाद पर आधारित दृश्य काल के लिए एक शब्द चाहिए जो परिचित हो, केवल उसकी शक्ति का परिचय कराना मात्र हो, स्वभाव से हो, स्थिर हो, समष्टि हो, दृश्य हो, सम्पूर्ण हो, विवादमुक्त हो, विश्वभाषा में हो, आध्यात्मिक एवं भौतिक कारण युक्त हो, सभी विश्वमन के तन्त्रों, व्यक्ति से संयुक्त राष्ट्र संघ के सच्चे स्वरुप एवं विश्व के न्यूनतम एवं अधिकतम साझा कार्यक्रम को प्रक्षेपित करने में सक्षम हो, मानव एवं प्रकृति के विकास में एक कड़ी के रुप में निर्माण के लिए सक्षम हो, मानव एवं प्रकृति के विकास के कल्याणार्थ, निष्पक्ष, सर्वोच्च दृश्य ज्ञान व दृश्य कर्म ज्ञान का संगम हो अदृश्य काल के विकास के सात चक्रों (पाँच अदृश्य कर्म चक्र एवं दो अदृश्य ज्ञान कर्म चक्र जो सभी सम्प्रदायों और धर्मों का मूल है) को दृश्य काल के सात चक्रों (पाँच दृश्य कर्म चक्र, एक दृश्य ज्ञान कर्म चक्र और एक अदृश्य ज्ञान कर्म चक्र) को प्रक्षेपित करने में सक्षम हो, को स्थापित करना पड़ेगा। यह भारत सहित नव विश्व निर्माण का सूत्र है, अन्तिम रास्ता है और उसका प्रस्तुतीकरण प्रथम प्रस्तुतीकरण होगा।"

वर्तमान समय में विवादास्पद शब्द "सेक्युलर" को स्पष्ट करते हुए लव कुश सिंह "विश्वमानव" द्वारा कहा गया है कि- "जब सभी सम्प्रदायों को धर्म मानकर हम एकत्व की खोज करते हैं तब दो भाव उत्पन्न होते हैं। पहला-यह कि सभी धर्मों को समान दृष्टि से देखें तब उस एकत्व का नाम सर्वधर्मसमभाव होता है। दूसरा-यह कि सभी धर्मों को छोड़कर उस एकत्व को देखें तब उसका नाम धर्मनिरपेक्ष होता है। जब सभी सम्प्रदायों को सम्प्रदाय की दृष्टि से देखते हैं तब एक ही भाव उत्पन्न होता है और उस एकत्व का नाम धर्म होता है। इन सभी भावों में हम सभी उस एकत्व के ही विभिन्न नामों के कारण विवाद करते हैं अर्थात् सर्वधर्मसमभाव, धर्मनिरपेक्ष एवं धर्म विभिन्न मार्गों से भिन्न-भिन्न नाम के द्वारा उसी एकत्व की अभिव्यक्ति है। दूसरे रुप में हम सभी सामान्य अवस्था में दो विषयों पर नहीं सोचते, पहला- वह जिसे हम जानते नहीं, दूसरा- वह जिसे हम पूर्ण रुप से जान जाते हैं। यदि हम नहीं जानते तो उसे धर्मनिरपेक्ष या सर्वधर्मसमभाव कहते हैं जब जान जाते हैं तो धर्म कहते हैं। इस प्रकार आई0 एस0 ओ0/डब्ल्यू0 एस0- शून्य श्रृंखला उसी एकत्व का धर्मनिरपेक्ष एवं सर्वधर्मसमभाव नाम तथा कर्मवेदः प्रथम,

अन्तिम तथा पंचमवेदीय श्रृंखला उसी एकत्व का धर्मयुक्त नाम है तथा इन समस्त कार्यों को सम्पादित करने के लिए जिस शरीर का प्रयोग किया जा रहा है उसका धर्मयुक्त नाम-लव कुश सिंह है तथा धर्मनिरपेक्ष एवं सर्वधर्मसमभाव सहित मन स्तर का नाम विश्वमानव है जब कि मैं (आत्मा) इन सभी नामों से मुक्त है।"

विचार प्रसार एवं विचार स्थापना के लिए कहा गया है कि- "विचार प्रसार एवं विचार स्थापना में एक मुख्य अन्तर है। विचार प्रसार, विचाराधीन होता है। वह सत्य हो भी सकता है और नहीं भी हो सकता परन्तु विचार स्थापना सत्य होता है। विचार स्थापना में नीति प्रयोग की जाती है जिससे उसका प्रभाव सत्य के पक्ष में बढ़ता रहता है और यह विचार स्थापक एवं समाज पर निर्भर करता है जबकि विचार प्रसार में किसी नीति का प्रयोग नहीं होता है जिससे उसका प्रभाव पक्ष पर एवं विपक्ष दोनों ओर हो सकता है और वह सिर्फ समाज के उपर निर्भर करता हैै।"

इस प्रकार एकात्मकर्मवाद सत्य अर्थों में प्राच्य एवं पाश्चात्य, समाज एवं राज्य, धर्म, धर्मनिरपेक्ष एवं सर्वधर्मसमभाव की एकता के साथ स्वस्थ लोकतन्त्र, स्वस्थ समाज, स्वस्थ उद्योग, नैतिक उत्थान, विश्व व्यवस्था, विश्वएकता, विश्व शान्ति, विश्व विकास, विश्व के भविष्य और उसके नवनिर्माण का प्रथम माडल है जो वर्तमान समाज की आवश्यकता ही नहीं अन्तिम मार्ग है।

11. इन्दिरा गाँधी
(19 नवम्बर, 1917 - 31 अक्टुबर, 1984)

परिचय -

इन्दिरा प्रियदर्शिनी गाँधी वर्ष 1966 से 1977 तक लगातार 3 पारी के लिए भारत गणराज्य की प्रधानमंत्री रहीं और उसके बाद चौथी पारी में 1980 से लेकर 1984 में उनकी राजनैतिक हत्या तक भारत की प्रधानमंत्री रहीं। वे भारत की प्रथम और अब तक की एकमात्र महिला प्रधानमंत्री रहीं।

इन्दिरा प्रियदर्शिनी का जन्म 19 नवम्बर, 1917 में पं0 जवाहर लाल नेहरू और उनकी पत्नी कमला नेहरू के यहाँ हुआ। वे उनकी एक मात्र संतान थीं। नेहरू परिवार अपने पुरखों की खोज जम्मू और कश्मीर तथा दिल्ली के ब्राह्मणों में कर सकते हैं। इन्दिरा के पितामह मोती लाल नेहरू, उत्तर प्रदेश के इलाहाबाद से एक धनी बैरिस्टर थे। जवाहर लाल नेहरू पूर्व समय में भारतीय राष्ट्रीय कांग्रेस के बहुत प्रमुख सदस्यों में से थे। उनके पिता मोती लाल नेहरू भारतीय स्वतन्त्रता संग्राम के एक लोकप्रिय नेता रहे। इन्दिरा के जन्म के समय महात्मा गाँधी के नेतृत्व में जवाहर लाल नेहरू का प्रवेश स्वतन्त्रता आन्दोलन में हुआ।

उनकी परवरिश अपनी माँ की सम्पूर्ण देखरेख में, जो बीमार रहने के कारण नेहरू परिवार के गृह सम्बन्धी कार्यों से अलग रहीं, होने से इन्दिरा में मजबूत सुरक्षात्मक प्रवृत्तियों के साथ-साथ एक निःसंग व्यक्तित्व विकसित हुआ। इन्दिरा ने युवा लड़के-लड़कियों के लिए वानर-सेना बनाई, जिसने विरोध, प्रदर्शन और झण्डा जुलूस के साथ-साथ कांग्रेस के नेताओं की मदद में संवेदनशील प्रकाशनों तथा प्रतिबन्धित सामग्रीयों का परिसंचरण कर भारतीय स्वतन्त्रता संग्राम में छोटी लेकिन उल्लेखनीय भूमिका निभाई थी। सन् 1936 में उनकी माँ कमला नेहरू तपेदिक से एक लम्बे संघर्ष के बाद अंततः स्वर्गवासी हो गई। इन्दिरा तब 18 वर्ष की थीं और इस प्रकार अपने बचपन में उन्हें कभी भी एक स्थिर पारिवारिक जीवन का अनुभव नहीं मिल पाया था। उन्होंने प्रमुख भारतीय, यूरोपीय तथा ब्रिटीश स्कूलों में अध्ययन किया, जैसे शान्तिनिकेतन, बैडमिंटन स्कूल और आक्सफोर्ड। 1930 के दशक के अन्तिम चरण में आक्सफोर्ड विश्वविद्यालय, इंग्लैण्ड के सोमरविल्ले कालेज में अपनी पढ़ाई के दौरान वे लन्दन में आधारित स्वतन्त्रता के प्रति कट्टर समर्थक भारतीय लीग की सदस्य बनीं।

महाद्वीप यूरोप और ब्रिटेन में रहते समय उनकी मुलाकात एक पारसी कांग्रेस कार्यकर्ता फिरोज गाँधी से हुई और अंततः 16 मार्च, 1942 को आनन्द भवन, इलाहाबाद में एक नीजी आदि धर्म ब्रह्म वैदिक समारोह में उनसे विवाह किया। ठीक भारत छोड़ो आन्दोलन की शुरूआत से पहले जब महात्मा गाँधी और कांग्रेस पार्टी द्वारा चरम एवं पुरजोर राष्ट्रीय विद्रोह शुरू की गई। सितम्बर 1942 में वे ब्रिटीश अधिकारियों द्वारा गिरफ्तार की गई और बिना कोई आरोप के हिरासत में डाल दिये गये थे। अंततः 243 दिनों से अधिक जेल में बिताने के बाद उन्हें 13 मई 1943 को रिहा किया गया। 1944 में उन्होंने फिरोज गाँधी के साथ राजीव गाँधी और इसके दो साल बाद संजय गाँधी को जन्म दिया। गाँधीगण बाद में इलाहाबाद में बस गये, जहाँ फिरोज ने एक कांग्रेस पार्टी समाचार पत्र और एक बीमा कम्पनी के साथ काम किया। उनका वैवाहिक जीवन प्रारम्भ ठीक रहा लेकिन बाद में जब इन्दिरा अपने पिता के पास नई दिल्ली चली गयीं, उनके प्रधानमंत्रीत्व काल में जो अकेले तीन मूर्ति भवन में एक उच्च मानसिक दबाव के माहौल में जी रहे थे, वे उनकी विश्वस्त, सचिव और नर्स बनीं। उनके बेटे उनके साथ रहते थे लेकिन वो अंततः फिरोज से स्थायी रूप से अलग हो गईं, यद्यपि विवाहित का तमगा जुटा रहा। तनाव की चरम सीमा की स्थिति में इन्दिरा अपने पति से अलग हुईं। हालांकि सन् 1958 में उप निर्वाचन के थोड़े समय के बाद फिरोज को दिल का दौरा पड़ा जो नाटकीय ढंग से उनके टूटे हुए वैवाहिक बंन्धन का अंत किया। कश्मीर में उन्हें स्वास्थोद्धार में साथ देते हुए उनकी परिवार निकटवर्ती हुई परन्तु 8 सितम्बर, 1960 को जब इन्दिरा अपने पिता के साथ एक विदेश दौरे पर गयीं थी, फिरोज की मृत्यु हुई।

जब भारत का पहला आम चुनाव 1951 में समीपवर्ती हुआ, इन्दिरा अपने पिता एवं अपने पति जो रायबरेली निर्वाचन क्षेत्र से चुनाव लड़ रहे थे, दोनों के प्रचार प्रबन्ध में लगी रहीं। फिरोज अपने प्रतिद्विवंदिता चयन के बारे में नेहरू से सलाह मशविरा नहीं किये थे और यद्यपि वह निर्वाचित हुए, दिल्ली में अपना अलग निवास का विकल्प चुना। फिरोज ने बहुत ही जल्द एक राष्ट्रीयकृत बीमा उद्योग में घटे प्रमुख घोटोले को उजागर कर अपने राजनैतिक भ्रष्टाचार के विरूद्ध लड़ाकू होने की छवि को विकसित किया जिसके परिणामस्वरूप नेहरू के एक सहयोगी वित्तमंत्री को इस्तीफा देना पड़ा। 1959 और 1960 के दौरान इन्दिरा चुनाव लड़ी और भारतीय राष्ट्रीय कांग्रेस की अध्यक्ष चुनी गईं। उनका कार्यकाल घटनाविहीन था। वो अपने पिता के कर्मचारियों के प्रमुख की भूमिका निभा रहीं थीं। नेहरू का देहांत 27 मई, 1964 को हुआ और इन्दिरा नए प्रधानमंत्री लाल बहादुर शास्त्री के प्रेरणा पर चुनाव लड़ी और तत्काल सूचना और प्रसारण मंत्री के लिए नियुक्त हो सरकार में शामिल हुई।

ताशकन्द में सावियत मध्यस्थता में पाकिस्तान के अयूब खान के साथ शान्ति समझौते पर हस्ताक्षर करने के कुछ घंटे बाद ही लाल बहादुर शास्त्री का निधन हो गया। तब कांग्रेस पार्टी के अध्यक्ष के. कामराज ने इन्दिरा गाँधी के प्रधानमंत्री बनने में महत्वपूर्ण भूमिका निभाई थी। गाँधी ने शीघ्र ही चुनाव जीतने के साथ-साथ जनप्रियता के माध्यम से विराधियों के ऊपर हावी होने की योग्यता दर्शायी। वह अधिक बामवर्गी आर्थिक नीतियाँ लायीं ओर कृषि उत्पादकता को बढ़ावा दिया। 1971 के भारत-पाक युद्ध में एक निर्णायक जीत के बाद की अवधि में अस्थिरता की स्थिति में उन्होंने सन् 1975 में आपातकाल लागू किया। उन्होंने एवं कांग्रेस पार्टी ने 1977 के आम चुनाव में पहली बार हार का सामना किया। शुरू में संजय गाँधी उनका वारिस चुना गया था लेकिन एक उड़ान दुर्घटना में उनकी मृत्यु के बाद, उनकी माँ ने अनिच्छुक राजीव गाँधी को पायलट की नौकरी परित्याग कर फरवरी, 1981 में राजनीति में प्रवेश के लिए प्रेरित किया। सन् 1980 में सत्ता में लौटने के बाद वह अधिकतर पंजाब के अलगाववादियों के साथ बढ़ते हुए द्वन्द में उलझी रहीं जिसमें आगे चलकर 31 अक्टुबर, सन् 1984 में अपने ही अंगरक्षकों द्वारा उनकी राजनैतिक हत्या हुई। उनका अन्तिम संस्कार 3 नवम्बर, 1984 को राजघाट के समीप हुआ और यह जगह शक्ति स्थल के रूप में जानी गई। उनके मौत के बाद नई दिल्ली के साथ-साथ भारत के अन्य शहरों, जिनमें कानपुर, आसनसोल और इन्दौर शामिल है में साम्प्रदायिक अशांति घिर गई और हजारों सिखों के मौत दर्ज किये गये।

इन्दिरा गाँधी के मृत्यु के बाद राजीव गाँधी प्रधानमंत्री बनें। मई 1991 में उनकी भी राजनैतिक हत्या लिबरेशन टाइगर्स आफ तमिल ईलम के आतंकवादियों के हाथों हुई। राजीव की विधवा सोनिया गाँधी ने संयुक्त प्रगतिशील गंठबंधन को 2004 के लोकसभा निर्वाचन में एक आश्चर्य चुनावी जीत का नेतृत्व दिया। सोनिया गाँधी ने प्रधानमंत्री कार्यालय का अवसर को अस्वीकार कर दिया लेकिन कांग्रेस की राजनैतिक उपकरणों पर उनका लगाम है। राजीव के सन्तान राहुल गाँधी और प्रियंका गाँधी भी राजनीति में प्रवेश कर चुके हैं। संजय गाँधी की विधवा मेनका गाँधी, के पुत्र वरूण गाँधी राजनीति में भारतीय जनता पार्टी में सक्रिय हैं।

"राष्ट्र के आधुनिकीकरण के लिए मानकीकरण एवं गुणता नियन्त्रण अनिवार्य है। ये उत्पाद को उसकी सामग्री और मानवीय साधनों के पूर्ण उपभोग में सहायता करते हैं उपभोक्ता का बचाव करते हैं और आंतरिक व्यवहार तथा निर्यात का स्तर ऊँचा उठाते हैं। इस प्रकार से ये आर्थिक विकास में भागीदार बनते हैं।"

- श्रीमती इन्दिरा गाँधी

(भारतीय मानक ब्यूरो त्रैमासिकी- "मानक दूत", वर्ष-19, अंक- 1'1999 से साभार)

श्री लव कुश सिंह "विश्वमानव" द्वारा स्पष्टीकरण

दो या दो से अधिक माध्यमों से उत्पादित एक ही उत्पाद के गुणता के मापांकन के लिए मानक ही एक मात्र उपाय है। सतत् विकास के क्रम में मानकों का निर्धारण अतिआवश्यक कार्य है। उत्पादों के मानक के अलावा सबसे जरुरी यह है कि मानव संसाधन की गुणता का मानक निर्धारित हो क्योंकि राष्ट्र के आधुनिकीकरण के लिए प्रत्येक व्यक्ति के मन को भी आधुनिक अर्थात् वैश्विक-ब्रह्माण्डीय करना पड़ेगा। तभी मनुष्यता के पूर्ण उपयोग के साथ मनुष्य द्वारा मनुष्य के सही उपयोग का मार्ग प्रशस्त होगा। उत्कृष्ट उत्पादों के लक्ष्य के साथ हमारा लक्ष्य उत्कृष्ट मनुष्य के उत्पादन से भी होना चाहिए जिससे हम लगातार विकास के विरुद्ध नकारात्मक मनुष्यों की संख्या कम कर सकें। भूमण्डलीकरण सिर्फ आर्थिक क्षेत्र में कर देने से समस्या हल नहीं होती क्योंकि यदि मनुष्य के मन का भूमण्डलीकरण हम नहीं करते तो इसके लाभों को हम नहीं समझ सकते। आर्थिक संसाधनों में सबसे बड़ा संसाधन मनुष्य ही है। मनुष्य का भूमण्डलीकरण तभी हो सकता है जब मन के विश्व मानक का निर्धारण हो। ऐसा होने पर हम सभी को मनुष्यों की गुणता के मापांकन का पैमाना प्राप्त कर लेंगे, साथ ही स्वयं व्यक्ति भी अपना मापांकन भी कर सकेगा। जो विश्व मानव समाज के लिए सर्वाधिक महत्व का विषय होगा। विश्व मानक शून्य श्रृंखला मन का विश्व मानक है जिसका निर्धारण व प्रकाशन हो चुका है जो यह निश्चित करता है कि समाज इस स्तर का हो चुका है या इस स्तर का होना चाहिए। यदि यह सार्वभौम सत्य-सिद्धान्त आधारित होगा तो निश्चित ही अन्तिम मानक होगा।

मानव एवम् संयुक्त मानव (संगठन, संस्था, ससंद, सरकार इत्यादि) द्वारा उत्पादित उत्पादों का धीरे-धीरे वैश्विक स्तर पर मानकीकरण हो रहा है। ऐसे में संयुक्त राष्ट्र संघ को प्रबन्ध और क्रियाकलाप का वैश्विक स्तर पर मानकीकरण करना चाहिए। जिस प्रकार औद्योगिक क्षेत्र अन्तर्राष्ट्रीय मानकीकरण संगठन (International Standardisation Organization-ISO) द्वारा संयुक्त मन (उद्योग, संस्थान, उत्पाद इत्यादि) को उत्पाद, संस्था, पर्यावरण की गुणवत्ता के लिए ISO प्रमाणपत्र जैसे- ISO-9000 श्रृंखला इत्यादि प्रदान किये जाते है उसी प्रकार संयुक्त राष्ट्र संघ को नये अभिकरण विश्व मानकीकरण संगठन (World Standardisation Organization-WSO) बनाकर या अन्त्रराष्ट्रीय मानकीकरण संगठन को अपने अधीन लेकर ISO/WSO-0 का प्रमाण पत्र योग्य व्यक्ति और संस्था को देना चाहिए जो गुणवत्ता मानक के अनुरूप हों। भारत को यही कार्य भारतीय मानक व्यूरो (Bureau of Indiand Standard-BIS) के द्वारा IS-0 श्रृंखला द्वारा करना चाहिए। भारत को यह कार्य राष्ट्रीय शिक्षा प्रणाली (National Education System-NES) व विश्व को यह कार्य विश्व शिक्षा प्रणाली (World Education System-WES) द्वारा करना चाहिए। जब तक यह शिक्षा प्रणाली भारत तथा संयुक्त राष्ट्र संघ द्वारा जनसाधारण को उपलब्ध नहीं हो जाती तब तक यह "पुनर्निर्माण" द्वारा उपलब्ध करायी जा रही है।

12. शंकर दयाल शर्मा
(19 अगस्त, 1918 - 26 दिसम्बर, 1999)

परिचय -

शंकर दयाल शर्मा का जन्म 19 अगस्त 1998 को हुआ था, वे भारत के 9 वें राष्ट्रपति थे। आपका विवाह विमला शर्मा से हुआ था। इनका कार्यकाल 25 जुलाई, 1992 से 25 जुलाई, 1997 तक रहा। राष्ट्रपति बनने से पूर्व आप भारत के 8 वें उपराष्ट्रपति भी थे। डा0 शर्मा ने सेंट जान्स कालेज आगरा, आगरा कालेज, इलाहाबाद विश्वविद्यालय, लखनऊ विश्वविद्यालय, फित्जविलियम कालेज, कैम्ब्रिज विश्वविद्यालय, जिंकोन इन तथा हावर्ड ला स्कूल से शिक्षा प्राप्त की। इन्होंने हिन्दी, अंग्रेजी, संस्कृत साहित्य में एम.ए. की डिग्री विश्वविद्यालय में प्रथम स्थान के साथ प्राप्त की। आपने एल.एल.एम. की डिग्री भी लखनऊ विश्वविद्यालय से प्रथम स्थान के साथ प्राप्त की थी। विधि में पीएच.डी. की डिग्री कैम्ब्रिज से प्राप्त की। आपको लखनऊ विश्वविद्यालय से समाज सेवा में चक्रवर्ती स्वर्ण पदक भी प्राप्त हुआ था। इन्होंने लखनऊ विश्वविद्यालय तथा कैम्ब्रिज में विधि का अध्यापन कार्य भी किया। कैम्ब्रिज में रहते समय आप टैगोर सोसायटी तथा कैम्ब्रिज मजलिस के कोषाध्यक्ष रहे। आपने लिंकोन इन से बैरिस्टर एट ला की डिग्री ली। आपको वहाँ पर मानद बैचलर तथा मास्टर चुना गया था। आप फित्जविलियम कालेज के मानद फैलो रहे। कैम्ब्रिज विश्वविद्यालय ने आपको मानद डाक्टर आफ ला की डिग्री देकर सम्मानित किया। 1940 के दशक में वे भारत के स्वतन्त्रता आन्दोलन में शामिल हो गये, इस हेतू उन्होंने कांग्रेस पार्टी की सदस्यता ले ली, 1952 में भोपाल के मुख्यमन्त्री बन गए, इस पद पर 1956 तक रहे, जब भेपाल का विलय अन्य राज्यों में कर मध्यप्रदेश की रचना हुई। मध्य प्रदेश राज्य में कैबिनेट स्तर के मंत्री के रूप में उन्होंने शिक्षा, विधि, सार्वजनिक निर्माण कार्य, उद्योग तथा वाणिज्य मंत्रालय का कामकाज संभाला था। केन्द्र संरकार में वे संचार मंत्री के रूप में 1974-1977 तक रहे। इस दौरान भारतीय राष्ट्रीय कांग्रेस के अध्यक्ष 1972-1974 भी रहे। 1960 के दशक में उन्होंने इन्दिरा गाँधी को कांग्रेस पार्टी का नेतृत्व प्राप्त करने में सहायता दी। 1984 से वे आन्ध्र प्रदेश में नियुक्ति के दौरान दिल्ली में उनकी पुत्री गीतांजलि तथा दामाद ललित माकन की हत्या सिख चरमपंथीयों ने कर दी। 1985 से 1986 तक वे पंजाब के राज्यपाल रहे, अन्तिम राज्यपाल दायित्व उन्होंने 1986 से 1987 तक महाराष्ट्र में निभाया। इसके बाद उन्हें उप राष्ट्रपति तथा राज्य सभा के सभापति के रूप में चुन लिया गया। इस पद पर वे 1992 में राष्ट्रपति बनने तक रहे। शर्मा संसदीय मानकों का सख्ती से पालन करते थे, राज्य सभा में एक एक मौके पर वे इसलिए रो पड़े थे कि राज्य सभा के सदस्यों ने एक राजनैतिक मुद्दे पर सदन को जाम कर दिया था।

राष्ट्रपति चुनाव उन्होंने जार्ज स्वेल को हरा कर जीता था। इसमें उन्हें 66 प्रतिशत मत मिले थे। अपने अन्तिम कार्य वर्ष में उन्होंने 3 प्रधानमंत्रीयों को शपथ दिलाई। अपने जीवन के अन्तिम 5 वर्षों में वे बीमार रहे, 9 अक्टुबर 1999 को उन्हें दिल का दौरा पड़ने पर दिल्ली के एक अस्पताल में भर्ती करवाया गया, जहाँ उनकी मृत्यु हो गई।

"आम आदमी से दूर हटकर साहित्य तो रचा जा सकता है, लेकिन वह निश्चित तौर पर भारतीय जन जीवन का साहित्य नहीं हो सकता। आम आदमी से जुड़ा साहित्य ही समाज के लिए कल्याकाणकारी हो सकता हैं।"

-श्री शंकर दयाल शर्मा,
साभार - दैनिक जागरण, वाराणसी, दि0-25-9-97

लव कुश सिंह "विश्वमानव" द्वारा स्पष्टीकरण

"मानव एवम् प्रकृति के प्रति सन्तुलित कर्मज्ञान के साहित्य से बढ़कर आम आदमी से जुड़ा कोई साहित्य कभी भी आविष्कृत नहीं किया जा सकता। यही एक विषय है जिससे एकता, पूर्णता एवम् रचनात्मकता एकात्म भाव से लायी जा सकती है। कर्मवेदः प्रथम, अन्तिम तथा पंचमवेद आम आदमी से जुड़ा साहित्य ही है। कर्मवेदः प्रथम, अन्तिम तथा पंचवेद धार्मिक साहित्य है जिसकी स्थापना धर्मनिरपेक्ष या सर्वधर्मसमभाव भारतीय संविधान के अनुसार नहीं हो सकती। इसलिए अब विश्वमानक -शून्य श्रंखलाः मन की गुणवत्ता का विश्वमानक के रूप में व्यक्त किया गया है जो धर्मनिरपेक्ष भी है और सर्वधर्मसमभाव भी है।"

13. जान पाल, द्वितीय
(18 मई, 1920 - 2 अप्रैल 2005)

परिचय -

पोप जान पाल द्वितीय, 18 मई, 1920 को करोल जोजेफ वोजटाइला के रूप में वाडोवाइस, पोलैण्ड में जन्म लिये थे। जान पाल का प्रारम्भिक जीवन बहुत दुःखदायी रहा है। वे जब 9 वर्ष के थे तब उनकी माँ की मृत्यु हो गयी थी और जब वे 12 वर्ष के थे तब उनके बड़े भाई एडमण्ड की मृत्यु हो गयी थी। 20 वर्ष की उम्र तक वे अपने सभी पारीवारिक करीबी लोगों को खो चुके थे।

जान पाल अपने उम्र के बढ़ते समय में स्कीइंग और तैराकी में रूचि लेते थे। वे 1938 में क्राको के जेगिल्लोनियन विश्वविद्यालय में प्रवेश लिये जहाँ वे थियेटर और कविता में रूचि दिखाई। जर्मन नाजी सैनिकों द्वारा पोलैण्ड पर कब्जे से स्कूल अगले वर्ष बन्द करा दिया गया। वे एक पुजारी बनना चाहते थे। वे क्राको के एक आर्कविशप द्वारा गुप्त रूप से चलाये जा रहे धार्मिक अध्ययन केन्द्र में धार्मिक अध्ययन शुरू किये। द्वितीय विश्व युद्ध समाप्त होने के साथ ही उनका धार्मिक अध्ययन समाप्त हो गया और 1946 में वे आर्डिनाइड हो गये। जान पाल रोम में दो वर्ष अध्ययन कर वे धर्मशास्त्र में डाक्टर की उपाधि प्राप्त की। इस समय के दौरान वे 12 विदेशी भाषाओं को भी सीखे। वे 1948 में अपने पैतृक स्थान क्राको, पोलैण्ड लौटे और आसपास के कई पारिशों में सेवा की। जान पाल 1958 में ओम्बी के बिशप बने और उसके 6 वर्ष बाद क्राको के आर्कबिशप जो कैथोलिक चर्च के प्रमुख विचारकों में से एक माना जाता है। वे वेटिकन के दूसरे परिषद् में भाग लिये जिसे वेटिकन द्वितीय कहा जाता है। 1962 में कौंसिल ने चर्च के सिद्धांतों की समीक्षा शुरू की और अगले कई वर्षों तक कई सत्र आयोजित किये गये। कौसिंल के एक सदस्य के रूप में वे दुनियाँ में चर्च के लिए योगदान देने वालों में पहचाने गये। 1967 में वे छठें पोप पाल द्वारा कार्डिनल बनाये गये।

पोप के 400 वर्षों के इतिहास में 1978 में वे पोप बनकर गैर इतालवी पोप बनने का इतिहास बनायें। कैथोलिक चर्च के पोप के रूप में वे दुनिया भर की 100 से अधिक देशों के यात्रा के दौरान अपने विश्वास और शान्ति का सन्देश फैलायें। वे अपने यात्रा के दौरान सभी धर्मों के धार्मिक नेताओं से मुलाकात की और सामूहिम रूप से कार्यक्रमों में भागीदारी भी की। 14वें दलाई लामा ने उनसे कुल 8 मुलाकातें की। अपने निवास स्थान पर रहते हुये वे बहुत खतरे का समाना किये। 1981 में सेंट पीटर स्क्वायर, वेटिकन सीटी में गोली मारी गई जिससे उनकी हालत गम्भीर हो गई लेकिन वे बचने में सफल हुये और बाद में वे उस हमलावर को माफ कर दिये।

मानव अधिकारों के अधिवक्ता की भाँति वे दुनिया में दुखियों व सताये गये लोगों के बारे में आवाज उठाई। वे मौत की सजा सहित अन्य कई विषयों पर दृढ़ता के साथ काम किये। एक करिश्माई व्यक्तित्व की भाँति वे राजनीतिक परिवर्तन लाने और अपने जन्मभूमि पोलैण्ड में समाम्यवाद के पतन का श्रेय पाते हैं। परन्तु वे आलोचना से मुक्त नहीं थे। बाद के वर्षों में धीरे-धीरे उनका स्वास्थ्य गिरने लगा और सर्वाजनिक उपस्थिति में वे अपने पैरों से भी चलने में असमर्थ होने लगे। 2001 से वे रोग से पिड़ित हो चुके थे लेकिन कोई भी आधिकारिक घोषणा नहीं की गई थी। उनका निधन 2 अप्रैल 2005 को वेटिकन सिटी के निवास स्थल पर हो गया। 8 अप्रैल को उनके अन्तिम संस्कार कार्यक्रम में 3 लाख लोगों ने हिस्सा लिया और अपने प्रिय धार्मिक नेता को श्रद्धाजंलि अर्पित की।

"विश्व का रूपान्तरण तभी सम्भव है जब सभी राष्ट्र मान ले कि मानवता के सामने एक मात्र विकल्प शान्ति, परस्पर समभाव, प्रेम और एकजुटता है। भारतीय धर्मों के प्रतिनिधियों से मित्रवत् सूत्रपात होगा। तीसरी सहस्त्राब्दि में एशियाई भूमि पर ईसाइयत की जड़े मजबूत होंगी। इस सहस्त्राब्दि को मनाने का अच्छा तरीका वही होगा। कि हम धर्म के प्रकाश की ओर अग्रसर हो और समाज के प्रत्येक स्तर पर न्याय और समानता के बहाल के

लिए प्रयासरत हो। हम सबको विश्व का भविष्य सुरक्षित रखने और उसे समृद्ध करने के लिए एकजुट होना चाहिए। विज्ञान और तकनीकी के क्षेत्र में प्रगति के साथ-साथ आध्यात्मिक उन्नति भी उतनी ही आवश्यक है। धर्म को कदापि टकराव का बहाना नहीं बनाना चाहिए-भारत को आशीर्वाद" (भारत यात्रा पर)

-पोप जान पाल, द्वितीय,
साभार - अमर उजाला, इलाहाबाद, दि0 - 08-11-99

लव कुश सिंह "विश्वमानव" द्वारा स्पष्टीकरण

आपको जानना चाहिए कि सन् 1893 में भारत का एक युवा सन्यासी स्वामी विवेकानन्द अमेरिका और युरोपीय देशों में अन्य धर्मावलम्बीयों के विरोध और बाधा खड़ी करने के बावजुद जो विचार समझाने का प्रयत्न कर रहा था वह था- 'विश्वबन्धुत्व', 'करूणावश दूसरों की भलाई करना अच्छा है पर शिव ज्ञान से जीव सबसे उत्तम", "मैं उसी को महात्मा कहता हूँ कि जिसका हृदय गरीबों के लिए रोता है"। उस समय वह विचार लोगों को कितना प्रभावित किया यह बात अलग है परन्तु 111 वर्ष बाद वर्तमान में जो भी भारत की यात्रा पर आता है या विश्व एकता पर विचार करता है उसकी वाणी में ही विश्व-बन्धुत्व ही अन्य रूपों में व्यक्त होता है। और यही विचार ईसाइयत के भारत सहित एशिया में जड़ मजबूत करने का आधार है। स्वामी विवेकानन्द जी ने कहा था- "यदि कभी कोई सार्वभौमिक धर्म हो सकता है, तो वह ऐसा ही होगा, जो देश-काल से मर्यादित न हो, जो उस अनन्त भगवान के समान ही अनन्त हो, जिस भगवान के सम्बन्ध में वह उपदेश देता है, जिसकी ज्योति श्रीकृष्ण के भक्तों पर और ईसा के प्रेमियों पर, सन्तों पर या पापियों पर समान रूप से प्रकाशित होती है, जो न तो ब्राह्मणों का हो, न बौद्धों का, न ईसाइयों का और न मुसलमानों का वरन् इन सभी वर्गों का समष्टि स्वरूप होते हुये भी जिसमें उन्नति का अनन्तपथ खुला रहे, जो इतना सर्वव्यापक हो कि अपनी असंख्य बाहुओं द्वारा सृष्टि के प्रत्येक मनुष्य का प्रेम पूर्वक आलिंगन करें। वह विश्व धर्म ऐसा होगा कि उसमें किसी के प्रति विद्वेष अथवा अत्याचार के लिए स्थान न रहेगा, वह प्रत्येक स्त्री और पुरूष के ईश्वरीय स्वरूप को स्वीकार करेगा और उसका सम्पूर्ण बल मनुष्य मात्र को उसकी सच्ची ईश्वरीय प्रकृति का साक्षात्कार करने के लिए सहायता देने में ही केन्द्रीत रहेगा। सभी समाजिक उत्थान करने वाले कम से कम उसके नेतागण, यह प्रयत्न कर रहे हैं कि उनके समस्त साम्यवाद या समानता स्थापित करने वाले सिद्धान्तों का आधार आध्यात्मिक हो और वह आध्यात्मिक आधार केवल वेदान्त में है। मेरे व्याख्यानों में उपस्थित होने वाले नेताओं ने मुझसे कहा है कि नई रचना के आधार के लिए उन्हें वेदान्त की आवश्यकता है। इस सामंजस्य को लाने के लिए दोनों को ही आदान-प्रदान करना होगा, त्याग करना पड़ेगा, यही नहीं कुछ दुःखद बातों को भी सहन करना पड़ेगा। मैं हिन्दू हूँ, मैं अपने क्षुद्र कुएँ में बैठा यही समझता हूँ कि मेरा कुआँ सम्पूर्ण संसार है। ईसाई भी अपने क्षुद्र कुएँ में बैठा यही समझता है कि सारा संसार उसी के कुएँ में है और मुसलमान भी अपने क्षुद्र कुएँ में बैठा उसी को सारा ब्रह्माण्ड मानता है। क्या मैं यह चाहता हूँ। कि ईसाई लोग हिन्दू हो जाये? कदापि नहीं, ईश्वर ऐसा न करें। क्या मेरी इच्छा है कि हिन्दू और बौद्ध लोग ईसाई हो जाय? ईश्वर इस इच्छा से बचाएँ! प्रतिकूल परिस्थितियों को वीरता पूर्वक पराभूति करने में ही आत्मोन्नति की कूंजी है। आध्यात्मिक उन्नति के नियमों को आत्मसात् करना ही जीवन का उद्देश्य है। हिन्दूओं से ईसाई लोग ज्ञान प्राप्त करें। और ईसाई लोग से हिन्दू। संसार के ज्ञान भण्डार में प्रत्येक का बहुमूल्य योग है। एक सच्चा ईसाई, सच्चा हिन्दू होता है और एक सच्चा हिन्दू, सच्चा ईसाई। आज़ हमें आवश्यकता है वेदान्त युक्त पाश्चात्य विज्ञान की ब्रह्मचर्य के आदर्श और श्रद्धा तथा आत्मविश्वास की। वेदान्त का सिद्धान्त है कि मनुष्य के अन्तर में- एक अबोध शिशु में भी- ज्ञान का समस्त भण्डार निहित है, केवल उसे जागृत होने की आवश्यकता है और यही आचार्य का काम है। पर इस सब का मूल है धर्म- वही मुख्य है । धर्म तो भात के समान है, शेष सब वस्तुएँ तरकारी और चटनी जैसी है। केवल तरकारी और चटनी, चाटने से अपथ्य हो जाता है, और केवल भात खाने से भी। पिछले महापुरूष अब कुछ प्राचीन हो चले है अब नवीन भारत है जिसमें नीवन ईश्वर, नवीन धर्म और नवीन वेद है। हे भगवान, भूतकाल का निरन्तर ध्यान रखने की आदत से हमारा देश कब मुक्त

होगा?’ मात्र इतना ही समझने के लिए काफी होगा। भारतीय धर्मों से नये मित्रवत् सूत्रों को प्रस्तुत किया जा चुका है। जिसे आपकी भाषा में शब्दवेद या सत्यवेद कहते है। धर्म के प्रकाश की ओर शुद्ध सत्य अन्तिम आध्यात्म से जाने के लिए मार्ग वर्तमान व्यवस्था प्रणाली द्वारा ही प्रशस्त है इसलिए सभी धर्मों और देशों की विवशता भी है। भारत, भौतिक रूप से अपनी सीमा तक है परन्तु आध्यात्मिक रूप से विश्व भारत है। भारत, विश्व है। इसलिए इसका प्राकृतिक रूप से ही दो नाम-भारतीय भाषा में- भारत तथा विश्व भाषा में- इण्डिया है। भारत, अपने आपको विश्वरूप में सिद्व करने लिए ही सम्पूर्ण मानवता के दर्शन को सर्वधर्मसमभाव या धर्मनिरपेक्ष ईश्वर नाम- TRADE CENTRE में स्थापित कर दिया है जो विश्व भाषा, आपकी भाषा और आपकी ही संस्कृति द्वारा आविष्कृत है। इसलिए अब मानव शरीर में उसका सत्यरूप वेदान्त रहेगा अर्थात मन-मस्तिष्क वेदान्ती होगा सिर्फ बाह्य आडम्बर अपने-अपने धर्मों के होंगे। भारत तो सनातन से विश्व के लिए आशीर्वाद स्वरूप ही है। उसे आशीर्वाद की क्या आवश्यकता। और यदि कोई आशीर्वाद देता है तो हमारी संस्कृति के अनुसार उसे अपने आर्शीवाद की सत्यता प्रमाणित करने के लिए कर्म करना पड़ता है क्योंकि आशीर्वाद देने वाला अपने वाणी को असत्य नहीं देखना चाहता, चाहे उसके लिए उसे कई जन्म ही क्यों न लेने पड़े। प्रत्यक्ष को प्रमाण की क्या आवश्यकता है?

14. के.आर.नारायणन
(27 अक्टुबर, 1920 - 9 नवम्बर, 2005)

परिचय -

कोच्चेरील रामन नारायणन (के.आर.नारायणन), भारत के 10वें राष्ट्रपति थे। साथ ही पहले मलयाली और पहले दलित राष्ट्रपति थे। आपकी गणना कुशल राजनीतिज्ञों में की जाती है। आपका कार्यकाल भारत की अस्थिर राजनीति के कारण सबसे पेचीदा रहा।

आपका जन्म केरल राज्य के कोट्टायम जिले के पेरूमथ्नम् उझावुर गांव के एक छोटे से फूस की झोपड़ी में 27 अक्टुबर, 1920 को हुआ था। वे अपने सिद्ध और आयुर्वेद के पारम्परिक भारतीय चिकित्सा प्रणालियों के अभ्यास चिकित्सक पिता कोच्चेरिल रमन वैद्यार और माता पुनाथ्थुरावेट्टील पाप्पियम्मा के सात बच्चों में चौथे थे। उनका परिवार नारीयल तोड़ने का कार्य करने वाले जाति से सम्बन्धित और गरीब था। उनकी प्राथमिक शिक्षा गांव के ही सरकारी स्कूल में हुई। उच्च प्राथमिक शिक्षा के लिए उन्हें धान के खेतों के बीच से होकर 15 किलोमीटर जाना पड़ता था और मामूली फीस के भुगतान के लिए भी उनका परिवार असमर्थ होता था। फीस के बकाये के स्थिति में वे कक्षा के बाहर खड़े कर दिये जाते थे, वे वहीं से सुनकर शिक्षा ग्रहण कर लेते थे। किताबें खरीदने के लिए पैसे नहीं थे। वे अन्य छात्रों के पुराने किताबों से पढ़ते थे। उनके बड़े भाई अस्थमा से पीड़ित थे। उन्होंने 10वीं, सेंट मैरी हाईस्कूल से तथा छात्रवृत्ति की सहायता से सी.एम.एस कालेज, कोट्टायम से 12वीं की पढ़ाई की। त्रावणकोर विश्वविद्यालय से वे बी.ए. (आनर्स) और अंग्रेजी साहित्य में एम.ए. करके इस डिग्री को प्रथम श्रेणी में प्राप्त करने वाले विश्वविद्यालय के पहले दलित बनें।

उनका परिवार आर्थिक कठिनाइयों का सामना कर रहा था। वे दिल्ली आकर द हिन्दू और द टाइम्स आफ इण्डिया में कुछ समय के लिए पत्रकार का काम किये। इस दौरान वे महात्मा गाँधी का साक्षात्कार भी लिये। 1945 में वे इंगलैण्ड जाकर लंदन स्कूल आफ इकोनामिक्स में राजनीतिक विज्ञान का अध्ययन किये। जे.आर.डी.टाटा से एक छात्रवृत्ति पाकर वे राजनीति विज्ञान में विशेषज्ञता के साथ बी.एससी (अर्थशास्त्र) की डिग्री प्राप्त किये। लंदन में रहने के दौरान वे साथी छात्र के.एन.राज और वी.के.मेनन के साथ भारत लीग में सक्रिय हुये।

नारायणन एक स्वतन्त्र और मुखर राष्ट्रपति के रूप में जाने जाते हैं। वे खुद को "काम के राष्ट्रपति" जो संविधान के नियमों को स्वतन्त्र रूप से लागू करने के लिए जाने जाते हैं। वे राष्ट्रपति के रूप में अपने विवेकाधीन शक्तियों का प्रयोग भी करते थे जिससे वे राष्ट्रपति के "रबर स्टैम्प" वाली छवि से बाहर निकल सके। उन्होंने भारतीय स्वतन्त्रता की स्वर्ण जयंती समारोह की अध्यक्षता भी की। वे 1998 के आम चुनाव में अपने कार्यालय में वोट कर एक नई मिसाल भी रखी।

भारत आकर 1948 में वे सार्वजनिक सेवा में विदेश सेवा से अपना कैरियर शुरू किये जिसमें पं0 नेहरू का विशेष योगदान था। वे रंगून, टोक्यो, लंदन, कैनबरा और हनोई में भारतीय दूतावास में राजनयिक के रूप में कार्य किये। वे थाईलैण्ड, तुर्की और चीनी गणराज्य के लिए भी राजदूत बनें। वे दिल्ली स्कूल आफ इकोनामिक्स में भी पढ़ाये और विदेश मंत्रालय में सचिव भी रहे। 1978 में वे सेवानिवृत्त हो गये। उसके बाद वे 1978 से 1980 तक जवाहर लाल नेहरू विश्वविद्यालय के कुलपति भी रहे। 1980-1984 के इन्दिरा गाँधी शासन के दौरान वे अमेरिका में भारतीय राजदूत भी बने। वे देश के सबसे अच्छे राजनयिक के रूप में भी जाने जाते हैं। इन्दिरा गाँधी के अनुरोध पर राजनीति में प्रवेश कर वे 1984, 1989, 1991 में तीन बार वे लोकसभा के लिए चुने भी गये। वे केन्द्रिय मन्त्रिमण्डल में राजीव गाँधी के साथ राज्य मंत्री भी रहे। भारत के उपराष्ट्रपति के रूप में 21 अगस्त, 1992 को निर्वाचित हुए। फिर वे 14 जुलाई, 1997 को राष्ट्रपति बने। राष्ट्रपति चुनाव में उनके विरूद्ध केवल पूर्व चुनाव आयुक्त टी.एन.शेषन थे जिनसे वे 95 प्रतिशत वोट से जीते थे।

जब वे रंगून में कार्य कर रहे थे, उनकी मुलाकात मा टिंट टिंट से मुलाकात हुई जो वाई.डब्ल्यू.सी.ए. में सक्रिय थी। उनसे वे बाद में 8 जून, 1951 को विवाह किये। बाद में मा टिंट टिंट का नाम उषा नारायणन (1923-2008) हुआ और वे भारतीय नागरिक बन गई। उषा नारायणन ने भारत में महिलाओं और बच्चों के लिए कई सामाजिक कल्याण कार्यक्रमों पर कार्य किया। वे कई बर्मा के लघु कथाओं का अनुवाद भी कीं।

85 वर्ष की उम्र में सेना के रिसर्च और रेफरल अस्पताल नई दिल्ली में निमोनिया और गुर्दे की विफलता के साथ उनका निधन 9 नवम्बर, 2005 को हो गया। उनका अन्तिम संस्कार उनके भतीजे डा0 पी.वी.रामचन्द्रन द्वारा अगले दिन पूरे राजकीय सम्मान के साथ उनके संरक्षक जवाहर लाल नेहरू के स्मारक, यमुना किनारे, शान्ति वन, एकता स्थल, नई दिल्ली में किया गया।

उनके आदर्शों के प्रचार और उनकी स्मृति बनाये रखने के लिए दिसम्बर, सन् 2005 में के.आर.नारायणन् फाउण्डेशन की स्थापना की गई। जो मुख्यतः निम्र उद्देश्यों पर कार्य करती है- 1. ग्रामीण प्रौद्योगिकी पर आधारित गरीबों के विकास के लिए विज्ञान और प्रौद्योगिकी पर अनुसंधान और विकास।, 2. मानव संसाधन विकास, 3. व्यवहार परिवर्तन और आत्म प्रबन्धन, 4. गरीबों का आर्थिक सशक्तिकरण। सार्वजनिक जीवन में सत्यनिष्ठा जैसे राष्ट्रीय महत्व के क्षेत्रों जैसे पत्रकारिता, सिविल सेवा, चिकित्सा विज्ञान, समाज सेवा, साहित्य, खेल, मनोरंजन, राजनीति आदि में सबसे अच्छा सम्मान है।

''हमारी संस्कृति कभी एकात्म नहीं रही। भारतीय संस्कृति की विशेषता विभिन्न संस्कृतियों को स्वीकार करने और उनके प्रति रचनात्मक दृष्टिकोण अपनाने की रही है।''

- श्री के0 आर0 नारायणन,
साभार - आज, वाराणसी, दि0. 23-9-97

लव कुश सिंह "विश्वमानव" द्वारा स्पष्टीकरण

स्वामी विवेकानन्द जी ने कहा है - "अथर्ववेद संहिता की एक विलक्षण ऋचा याद आ गई, जिसमें कहा गया है, तुम सब लोग एक मन हो जाओ, सब लोग एक ही विचार के बन जाओ। एक मन हो जाना ही समाज गठन का रहस्य है। बस इच्छाशक्ति का संचय और उनका समन्वय कर उन्हें एक मुखी करना ही वह सारा रहस्य है।"("नया भारत गढ़ो", रामकृष्ण मिशन, पृष्ठ संख्या-55)

संस्कृति से राज्य नहीं चलता। कर्म से राज्य चलता हैं। संस्कृति तभी तक स्वस्थ बनी रहती है, जब पेट मे अन्न हो, व्यवस्थायें सत्य-सिद्धान्त युक्त हों, दृष्टि पूर्ण मानव के निर्माण पर केन्द्रित हो। संस्कृति एकात्म कभी भी नहीं हो सकती लेकिन रचनात्मक दृष्टिकोण एकात्म होता है जो कालानुसार कर्मज्ञान और ज्ञान है। अदृश्यकाल में अनेकात्म और दृश्यकाल में एकत्म कर्म ज्ञान होता है और यही भारतीय संस्कृति है। जो प्रारम्भ में थी और पुनः व्यक्त हो रही है। जो सभी संस्कृतियों का मूल है। विश्वमानक शून्यः मन की गुणवत्ता का विश्व मानक श्रृंखला उसी एकात्म कर्मज्ञान का शास्त्र साहित्य है। वर्तमान समय कर्म करने का है न कि विचार प्रस्तुत करने का। क्योंकि सभी कुछ व्यक्त किये जा चुके है। सोचने का विषय है- मनुष्य नियमों को बनाता है या नियम, मनुष्य को बनाते हैं।''

15. अशोक सिंघल
(27 सितम्बर 1926 - 17 नवम्बर 2015)

परिचय -

डा0 हेडगेवार जी द्वारा सन् 1925 की विजयादशमी के दिन राष्ट्रीय स्वयंसेवक संघ की स्थापना करते समय संघ का उद्देश्य राष्ट्रीय स्वाधीनता था। जो स्वाधीनता प्राप्त होने के बाद दार्शनिक हिन्दू, हिन्दू राष्ट्रवाद, हिन्दूत्व, एकात्ममानववाद, राम जन्मभूमि, अविभाजित भारत (अखण्ड भारत), समान नागरिक संहिता जैसे उद्देश्यों में परिवर्तित हो गया। जिसके प्राप्ति हेतू संघ परिवार में अनेक संगठन बने जैसे- राष्ट्रीय स्वयंसेवक संघ, राष्ट्र सेविका समिति, भारतीय जनता पार्टी, विश्व हिन्दू परिषद्, बजरंग दल, मुस्लिम राष्ट्रीय मंच, राष्ट्रीय सिख संगत, अखिल भारतीय विद्यार्थी परिषद्, भारतीय मजदूर संघ, हिन्दू मुन्नानी, हिन्दू स्वयंसेवक संघ, स्वदेशी जागरण मंच, दुर्गा वाहिनी, सेवा भारती, भारतीय किसान संघ, बालागोकुलम्, विद्या भारती, वनवासी कल्याण आश्रम, हिन्दू विवेक केन्द्र, राम जन्मभूमि न्यास। जिसमें डा0 के.बी.हेडगेवार, माधव सदाशिव गोलवलकर, श्यामा प्रसाद मुखर्जी, दीनदयाल उपाध्याय, मधुकर दत्तात्रेय देवरस, अटल बिहारी वाजपेयी, लाल कृष्ण आडवाणी, राजेन्द्र सिंह, अशोक सिंघल, के.एस.सुदर्शन, प्रवीण तोगड़िया, मोहन भागवत, नरेन्द्र मोदी जैसे नेतृत्वकर्ताओं ने नेतृत्व किया। संघ परिवार की अनेक पत्र-पत्रिकाएँ हैं जिसे पान्चजन्य, देवपुत्र (बाल पत्रिका) तथा आब्जर्वर प्रमुख हैं।

अशोक सिंघल, विश्व हिन्दू परिषद् के अन्तर्राष्ट्रीय अध्यक्ष हैं। सिंघल अग्रवाल वैश्य परिवार में बिजौली, अतरौली, जिला अलीगढ़ उत्तर प्रदेश में जन्म लिये। राम जन्मभूमि आन्दोलन में वे प्रमुख थे। उन्हें राष्ट्रीय स्वयंसेवक संघ से प्रेरित माना जाता है क्योंकि विश्व हिन्दू परिषद्, संघ परिवार का ही संगठन है।

"हिन्दू-बौद्ध एकता से विश्व में बढ़ते ईसाइयों और इस्लाम के विस्तारवादी मनोवृत्ति को रोकने में निश्चित रूप से सफलता" (लुम्बीनी में आयोजित सभा में)

- श्री अशोक सिंघल, अन्तर्राष्ट्रीय कार्याध्यक्ष, विश्व हिन्दू परिषद
साभार - दैनिक जागरण, वाराणसी दि- 20-01-2000

लव कुश सिंह "विश्वमानव" द्वारा स्पष्टीकरण

महोदय, हिन्दूभाव और धर्म सार्वभौम सत्य-सिद्धान्त आधारित है। सत्य सर्वव्यापक, सर्वविद्यमान और सर्वशक्तिमान होता है परिणामस्वरूप हिन्दू धर्म भी सर्वशक्तिमान है। बस अन्तर होता है उसकी व्यापकता के प्रक्षेपण में। आप सब हिन्दू-हिन्दू चिल्लाते हैं उससे कहीं कम समय चिन्तन, मनन, कालानुसार रूपान्तरण पर प्रयत्न किये होते तो धर्मों की एकता और दूसरे धर्मों को रोकने की उन्मादी प्रवृत्ति से युक्त शब्द वेदी वक्तव्य बोलने की आवश्यकता ही न पड़ती वरन् वर्तमान समय में स्थापित करने की आवश्यकता पड़ती। किसी धर्म को रोकने की आवश्यकता नहीं, सभी को आत्मसात् अर्थात अपने व्यापक स्वरूप में लपेट लेने की आवश्यकता है। अब तो कालानुसार रूपान्तरण भी हो चुका है। अब तो कम से कम स्थापना के लिए कर्मों से न सही शब्दों से ही सही, लग तो जाइये।

हिन्दू - बौद्ध एकता के सम्बन्ध में ही स्वामी विवेकानन्द जी ने अपने अन्तिम समय में जो कहा था वह पूर्ण हो चुका है और सार्वभौम एकीकरण के लिए सार्वभौम सत्य-सिद्धान्त आधारित नव हिन्दू धर्म अपने शास्त्र - विश्वशास्त्र के साथ व्यक्त है।

"बौद्ध धर्म और नव हिन्दू धर्म के सम्बन्ध के विषय में मेरे विचारों में क्रांतिकारी परिवर्तन हुआ है। उन विचारों को निश्चित रुप देने के लिए कदाचित् मैं जिवित न रहूँ परन्तु उसकी कार्य प्रणाली का संकेत मैं छोड़ जाऊँगा और तुम्हें और तुम्हारे भातृ-गणों को उस पर काम करना होगा। (पत्रावली भाग-2, पृष्ठ-310)

- स्वामी विवेकानन्द

16. चन्द्रशेखर
(1 जुलाई, 1927 - 8 जुलाई, 2007)

परिचय -

चन्द्रशेखर सिह का जन्म 1 जुलाई, 1927 ई0 को पूर्वी उत्तर प्रदेश के बलिया जिले के इब्राहिम पट्टी के एक कृषक परिवार में हुआ था। उन्होंने एम.ए. डिग्री इलाहाबाद विश्वविद्यालय से प्राप्त की। उन्हें छात्र राजनीति में एक "फायर ब्राण्ड" के नाम से जाना जाता था। विद्यार्थी जीवन के पश्चात् वे समाजवादी राजनीति में सक्रिय हुए। 1962 से 1967 ई. तक वह भारत के ऊपरी सदन राज्य सभा के सदस्य थे। उन्होंने 1984 में भारत की पदयात्रा की, जिससे उन्होंने भारत को अच्छी तरह से समझने की कोशिश की। इस पदयात्रा से इन्दिरा गाँधी को थोड़ी घबराहट हुई। आप ने पहले के नेता विश्वनाथ प्रताप सिंह के राजीनामा के बाद जनता दल के कुछ नेता को लेकर "समाजवादी जनता पार्टी" की स्थापना की। कांग्रेस के समर्थन से वे सन् 1990 ई. में वे कुछ माह के लिए प्रधानमंत्री भी बने। चन्द्रशेखर जी संसदीय वार्तालाप के लिए बहुत चर्चित थे। उन्हें 1995 ई. में "आउटस्टैण्डिग पार्लियामेण्ट्री अवार्ड" भी मिला था। सन् 1977 ई. से वे लोकसभा का बलिया, उत्तर प्रदेश संसदीय क्षेत्र का चुनाव 8 बार जीते थे। वे 1984 ई. में इन्दिरा गाँधी की बड़ी सहानुभूतिक समर्थन के समय केवल एक बार ही चुनाव हारे थे। चन्द्रशेखर जी को मल्टिपल मायलोमा, एक प्रकार का प्लाज्मा कोश कैन्सर हो गया था। 3 मई, 2007 को उनको गम्भीर अवस्था में अस्पताल में भर्ती कराया गया जहाँ वे अन्त में 8 जुलाई, 2007 को नई दिल्ली के एक अस्पताल में उनका देहावसान हो गया।

"लोकनायक जयप्रकाश के सम्पूर्ण क्रान्ति का नारा साकार नहीं हुआ, वे लोक साहित्य को जिवित रखने का प्रयास कर रहे थे।" (लोकनायक जयप्रकाश नारायण जन्म शताब्दी समारोह, जय प्रकाश नगर, बलिया (उ0 प्र0), 11 अक्टूबर'2001)

-चन्द्रशेखर (पूर्व प्रधानमन्त्री, भारत)

लव कुश सिंह "विश्वमानव" द्वारा स्पष्टीकरण

महोदय, आपकी सत्य दृष्टि ने ठीक पहचाना है। सम्पूर्ण क्रान्ति का अर्थ है- सभी विषयों के नये और अन्तिम अर्थों की स्थापना। और यह मनुष्य जाति के जीवन में सिर्फ एक बार और अन्तिम बार ही घटित होती है। क्योंकि अलग-अलग विषयों का नया अर्थ बार-बार परिष्कृत हो सकता है परन्तु एक ही सार्वजनिक प्रमाणित सिद्धान्त से सभी विषयों का सर्वोच्च अन्तिम सत्य अर्थ सिर्फ एक ही बार और अन्तिम बार ही सम्भव है। क्योंकि उसके बाद उसकी परिभाषा परिष्कृत नहीं की जा सकती। लोक साहित्य उसे कहते हैं जो सर्वव्यापी-सार्वभौम हो और प्रत्येक व्यक्ति चाहे जिस जाति-धर्म-देश का हो, से जुड़ा हो। और उसके लिए आवश्यक हो। यह साहित्य ही लोकतन्त्र में से गायब लोक का साकार रुप होगा। जो शुद्धात्माओं के अन्तः में स्थित रहता है। और जो अब विश्वमानक शून्य: मन (मानव संसाधन) की गुणवत्ता का विश्वमानक के विश्वव्यापी स्थानार्थ आधुनिक नाम से व्यक्त हो चुका है।

17. रोमेश भण्डारी
(29 मार्च, 1928 - 7 सितम्बर, 2013)

परिचय -

श्री रोमेश भण्डारी का जन्म 29 मार्च, 1928 को लाहौर में हुआ था। उनके पिता स्व0 श्री अमर नाथ भण्डारी पंजाब उच्च नयायालय के मुख्य न्यायाधीश थे। उनका विवाह पटियाला के महाराजा भूपेन्द्र सिंह की पुत्री कुमुदेश भण्डारी से हुआ। जिनसे एक पुत्र और एक पुत्री हैं।

श्री रोमेश भण्डारी ने स्कूली शिक्षा एचिशन कालेज, लाहौर पूरी की जहाँ उन्हें कैम्ब्रिज हायर स्कूल प्रमाण पत्र परीक्षा में प्रथम आने के लिए चर्चिल हाउस पदक से सम्मानित किया गया। वे पंजाब विश्वविद्यालय के बी.ए. की परीक्षा 1947 में सर्वप्रथम आये थे। 1947 में अर्थशास्त्र के अध्ययन के लिए कैम्ब्रिज विश्वविद्यालय में प्रवेश लिये और पूर्ण किये। 1948-49 में वे कैम्ब्रिज भारतीय मजीलस के अध्यक्ष थे। भारत में वे विदेश सेवा में आ गये। उत्तर प्रदेश के राज्यपाल के रूप में उनका कार्यकाल 19 जुलाई 1996 से 17 मार्च, 1998 तक रहा।

"शिक्षा प्रक्रिया मे व्यापक सुधारों की जरूरत है। 'यह रास्ता दिल्ली की ओर जाता है' लिखा साइन बोर्ड पढ़ लेना मात्र शिक्षा नहीं है। इसके बारे में चिन्तन करना पड़ेगा और कोई लक्ष्य निर्धारित करना पड़ेगा। सामाजिक परिवर्तन किस तरह से, इसकी प्राथमिकताये क्या होगीं? यह तय करना पड़ेगा। इक्कीसवीं शताब्दी के लिए हमें कार्यक्रम तय करने पड़ेंगे। मौजूदा लोकतन्त्र खराब नहीं है परन्तु इसको और बेहतर बनाने की आवश्यकता है।''

- पूर्व राज्यपाल, उ0 प्र0, श्री रोमेश भण्डारी,
साभार - दैनिक जागरण, वाराणसी, दि0 11-9-97

लव कुश सिंह "विश्वमानव" द्वारा स्पष्टीकरण

जब तक समष्टि तंत्रों (विश्वमन या संयुक्त मन या लोकतन्त्र मन या समाज मन का तन्त्र) को विवाद मुक्त कर उसे व्यष्टि (व्यक्ति) में शिक्षा के माध्यम से स्थापित नहीं किया जाता तब तक स्वस्थ समाज, स्वस्थ लोकतन्त्र, स्वस्थ उद्योग तो दूर, बेहतर भी नहीं बल्कि बदतर अवस्था को प्राप्त होता रहेगा। यह कार्य इक्कीसवीं शताब्दी और भविष्य का कार्यक्रम, लगातार विकास को विकास की ओर गति देने का लक्ष्य, शिक्षा को पूर्ण बनाने इत्यादि का ही कार्य है।

18. के. एस. सुदर्शन
(18 जून, 1931 - 15 सितम्बर, 2012)

परिचय -

श्री के. एस. सुदर्शन (कुप्पाहाली सीतारमैया सुदर्शन) का जन्म 18 जून, 1931 को रायपुर, छत्तीसगढ़ प्रदेश के एक कन्नड़भाषी परिवार में हुआ था। वे जबलपुर के राजकीय इंजिनियरिंग महाविद्यालय (सागर विश्वविद्यालय) से दूरसंचार प्रौद्योगिकी में स्नातक की डिग्री प्राप्त किये। 16 जनवरी 2009 को मेरठ के शोभित विश्वविद्यालय ने उनको डाक्टर आफ आर्ट्स की मानद उपाधि से विभूषित किया।

वे 9 वर्ष के थे तब पहली बार राष्ट्रीय स्वयंसेवक संघ, जो एक हिन्दू राष्ट्रवादी एवं सामाजिक कल्याण का संगठन है, के सम्पर्क में आये। 1954 में उन्हें संघ के प्रचारक के रूप में रायगढ़ जिले में भेजा गया। 1964 में प्रान्त प्रचारक बनें। 1969 में वे अखिल भारतीय संगठनों के प्रमुखों के संयोजक नियुक्त हुए। 1979 में वे बौद्धिक प्रमुख के रूप में पदभार ग्रहण किये। 1990 के बाद वे संगठन के संयुक्त महासचिव बनें। वे विभिन्न अवसरों पर शारीरिक व बौद्धिक दोनों पदों पर एक साथ रहने का गौरव प्राप्त कर चुके हैं।

श्री सुदर्शन, राष्ट्रीय स्वयं सेवक संघ के 5वें सरसंघचालक थे। मार्च 2009 में श्री मोहन भागवत को 6वाँ सरसंघचालक नियुक्त कर स्वेच्छा से पदमुक्त हो गये। श्री सुदर्शन अपने पैतृक कन्नड़ के अलावा मराठी, हिन्दी, अंग्रेजी, छत्तीसगढ़ी और कुछ उत्तर-पूर्व और बंगाल की भाषाओं में भी बोलते हैं।

"हिन्दू चिन्तन पर आधारित नई आचार संहिता बने।"

-श्री के. एस. सुदर्शन, प्रमुख राष्ट्रीय स्वयं सेवक संघ,
साभार - अमर उजाला, इलाहाबाद दि0 16-03-2000

लव कुश सिंह "विश्वमानव" द्वारा स्पष्टीकरण

"हिन्दू धर्म में जब भी कोई महापुरूष व्यक्त होता है और वर्तमान से भूतकाल में चला जाता है तब वह राष्ट्रीय स्वयं संघ के अधीन पेटेण्ट हो जाता है। सिर्फ जपने के लिए। संघ का बुद्धि 75 वर्षों के अपने कार्यकाल के बाद हिन्दू धर्म के लिए सिर्फ यह व्यक्त करता है, वह भी स्वामी विवेकानन्द के 100 वर्षों बाद और द्वारिकापीठाधीश्वर जगद्गुरू शंकराचार्य स्वामी स्वरूपानन्द जी के मई 1997 में वही व्यक्त करने के बाद कि हिन्दू चिन्तन पर आधारित नई आचार संहिता बने' तो कोई नई बात नहीं और संघ को क्या कहा जाय। सिर्फ यही कहा जा सकता है कि भूतकाल को जपने वाले अन्ततः भूतकाल की ही बातें करते रहते हैं। फिर आप लोग कहते किससे है? भारतीय संस्कृति का ज्ञाता संघ को ही आचार संहिता बनाना चाहिए। नई आचार संहिता की बात पुरानी हो चुकी है वह भूतकाल बन आपके समक्ष है। अब आपको क्या करना है? यह सोचें। महोदय इसमें आपकी गलती नहीं है। एक ही स्थिति, एक ही विषय, एक ही चिन्तन इत्यादि में लम्बे अवधि तक पड़े रहने से बुद्धिबद्ध हो जाती है। सोचिये संघ ने देश में कितने बुद्धि बद्धों का निर्माण कर दिया है सर्वप्रथम संघ, हिन्दू को भारत की सीमारेखा से परे भी देखना प्रारम्भ करें। आप सभी तो अनेक मत-सम्प्रदायों के समन्वयक-समन्वयाचार्य श्रृंखला के श्रीकृष्ण, रामकृष्ण परमहंस और स्वामी विवेकानन्द के भी चित्र लगाते है और जपते है। सोचिये ऐसा क्यों हुआ? और भारत के इस अन्तिम कार्य में कौन किसके समक्ष समर्पण करेगा या कोई किसी के समक्ष समर्पण न करते हुये "एक तरफ में रहूँ और दूसरी तरफ मेरी सेना रहे" द्वारा कार्य सम्पन्न किया जाय। क्योंकि श्रेय को संघ तो खो चुका है ध्येय वह निश्चित रूप से प्राप्त करेगा यह मेरा आशीर्वाद है"

19. विश्वनाथ प्रताप सिंह
(25 जून, 1931 - 27 नवम्बर, 2008)

परिचय -

विश्वनाथ प्रताप सिंह, भारत गणराज्य के 8वें प्रधानमंत्री थे। उनका शासन काल 2 दिसम्बर, 1989 से 10 नवम्बर, 1990 तक ही चला। वे उत्तर प्रदेश के मुख्यमंत्री भी रह चुके हैं और वे माण्डा, उत्तर प्रदेश के 41वें राजा बहादुर थे।

विश्वनाथ प्रताप सिंह का जन्म 25 जून, 1931 को गढ़वाली राजपूत (राठौड़) दैया के राजा भगवती प्रसाद सिंह के परिवार में हुआ था और 1936 में माण्डा के राजा बहादुर राम गोपाल सिंह द्वारा गोद लिए गये फिर 1941 में राजा बहादुर बनें। वे 5 वर्ष देहरादून के कर्नल ब्राउन कैम्ब्रिज स्कूल में शिक्षा प्राप्त किये। उन्होंने नेहरू युग के दौरान इलाहाबाद से राजनीति में प्रवेश लिया। देवगढ़, उदयपुर के रावत संग्राम सिंह की 1936 में जन्मी द्वितीय पुत्री रानी सीता कुमारी के साथ उनका विवाह 25 जून, 1955 को हुआ। जल्द ही वे राज्य कांग्रेस पार्टी में अपना एक स्थान बना लिए। वे इन्दिरा गाँधी द्वारा सन् 1980 में उत्तर प्रदेश के मुख्य मन्त्री नियुक्त किये गये। उन्होंने उत्तर प्रदेश के दक्षिण-पश्चिम क्षेत्र के ग्रामीण क्षेत्रों से डकैती उन्मूलन के लिए घोषणा की। 1983 में कुछ डकैतों के आत्म समर्पण के बावजूद वे खुद को लक्ष्य में सफल नहीं समझें और उन्होंने पद से इस्तीफा देने की पेशकश की जिससे उन्हें राष्ट्रीय स्तर पर व्यापक प्रचार मिला। 1984 में राजीव गाँधी के भारी बहुमत से जीतने के बाद उन्हें केन्द्र में बुलाकर वित मंत्री बनाया गया। अपने कार्यकाल के दौरान वे सोने की तस्करी को कम किये और भूरे लाल की अध्यक्षता में प्रवर्तन निदेशालय को शक्तिशाली बनाया। परिणामस्वरूप उच्चस्तरीय व्यक्तियों जिसमें धीरूभाई अम्बानी और अमिताभ बच्चन भी थें, के यहाँ कर के मामले में छापे पड़े। जिससे उनकी लोकप्रियता और बढ़ी फिर उन्हें रक्षा मंत्रालय का मंत्री बनाया गया। बोफोर्स रक्षा सौदे में घोटाले से उत्पन्न स्थिति में उन्हें रक्षा मंत्री से हटाया गया, जबाब में उन्होंने कांग्रेस पार्टी और लोकसभा की सदस्यता से इस्तीफा दे दिया।

अपने सहयोगियों अरूण नेहरू और आरिफ मोहम्मद खान के साथ मिलकर उन्होंने एक विपक्षी पार्टी- जन मोर्चा का गठन किया। वे इलाहाबाद से सुनील शास्त्री को हराकर फिर लोकसभा के लिए चुन लिये गये। वर्ष 1988 में मूल जनता दल के आध्यात्मिक नेता जय प्रकाश नारायण के जन्मदिन 11 अक्टुबर के दिन उन्होंने जनता पार्टी, लोकदल और कांग्रेस (एस) के विलय के साथ जनता दल जन मोर्चा का गठन किया। राजीव गाँधी सरकार के विरोधी दलों को एक साथ लाने के लिए उन्होंने नेशनल फ्रंट नाम से गठबन्धन बनाया जिसके संयोजक स्वयं और अध्यक्ष एन.टी.रामाराव थे। इस गठबन्धन में जनता दल, द्रमुक, तेदेपा और अगप सहित अनेक क्षेत्रीय राजनीतिक दल साथ थे। 1989 में नेशनल फ्रन्ट ने लोकसभा में साधारण बहुमत हासिल की और सरकार बनाने का निर्णय किया जिसमें वे थोड़े से कार्यकाल के लिए प्रधानमंत्री बनें। इनके कार्यकाल में गृहमंत्री मुफ्ती मोहम्मद सईद की पुत्री का अपहरण हुआ था जिसके बदले आतंकवादीयों को रिहा करने के लिए सहमत होना पड़ा था।

विश्वनाथ प्रताप सिंह, सामाजिक न्याय के लिए ऐतिहासिक रूप से अन्य पिछड़े वर्गों के लिए सार्वजनिक क्षेत्र के सभी नौकरियों में मण्डल आयोग के सिफारिशों को लागू कराने के लिए आन्दोलन किये, जो पूरे देश में काफी विरोध के बाद लागू हुआ। विश्वनाथ प्रताप सिंह का गुर्दे की विफलता से लम्बे संघर्ष के बाद 27 नवम्बर, 2008 को निधन हो गया। उनके बेटे अजय सिंह द्वारा इलाहाबाद में गंगा तट पर 29 नवम्बर को अन्तिम संस्कार किया गया। उसके बाद जनमोर्चा को जून, 2009 में राष्ट्रीय जन मोर्चा का नाम दिया गया जिसे राष्ट्रीय राजनीति में तीसरा विकल्प बनाने के लिए नाम दिया गया था परन्तु एक महीने बाद उसका भारतीय राष्ट्रीय कांग्रेस में विलय की घोषणा कर दी गई।

लव कुश सिंह "विश्वमानव" द्वारा स्पष्टीकरण

स्वस्थ समाज, स्वस्थ लोकतंत्र और स्वस्थ उद्योग सहित एकता, समता, शान्ति, स्थिरता युक्त सार्वभौम सत्य-सिद्धान्त द्वारा भारत को इन कठिन चुनौतियों के दिनों में विश्व को नई दिशा देने का दायित्व और विश्व के नेतृत्व के लिए शक्तिशाली बना सके वह सब सर्वाभौम सत्य-सिद्धान्त यहाँ है। और मैं न नेता हूँ, न ही आन्दोलन कर्ता। मैं हूँ एक, भारत सहित विश्व का आम नागरिक, जिसने अपना कर्तव्य समझकर देश की ओर से विश्व को कुछ देने के लिए थोड़ा प्रयत्न, स्वयं को कठिन परिस्थितियों में डालकर भी कर रहा हूँ। परिणामस्वरूप स्थिर सरकार प्राप्त होकर भी व्यवस्था परिवर्तन, तन्त्र परिवर्तन, विचार परिवर्तन और कर्मज्ञान जैसा मूल आवश्यक विषय स्थापित नहीं हो पायेगी। जिससे भारत की स्थिति में कोई विशेष परिवर्तन की सम्भावना नहीं दिखाई पड़ती। वर्तमान संसद की हालत भी तो यह है कि 'मृत्यु' जैसा सत्य विषय जिसे व्यक्ति प्रतिदिन देखता है यदि यह मुद्दा कि 'मृत्यु सत्य है' मानने के लिए संसद में प्रस्ताव आये तो वह भी विवाद में पड़कर पारित नहीं हो पायेगा। इसलिए आवश्यक है कि या तो सभी दल मिलकर सार्वजनिक सत्य पर आधारित धर्मनिरपेक्ष एवम् सर्वधर्मसमभाव विश्वमानक-शून्य श्रृंखला: मन की गुणवत्ता का विश्वमानक की विश्वव्यापी स्थापना प्राथमिकता के आधार पर करें। या किसी एक दल को यह सर्वोच्च मुद्दा सौंपकर भयंकर राजनीतिक ज्वार भाटा ला दिया जाये।

जाति आधारित आरक्षण पर समाजिक समानता लाने का प्रयत्न सामयिक होना चाहिए या उसका लाभ प्राप्त हो जाने के उपरान्त जीवन स्तर उठ जाने के बाद उससे वंचित करने का भी प्राविधान होना चाहिए। देश के स्वतन्त्रता के समय जातिगत आरक्षण की आवश्यकता थी और वह सीमित समय के लिए ही लागू किया गया था परन्तु राजनीतिक लाभ के कारणों से वह वर्तमान तक लागू है। हम समाज से मनुवादी व्यवस्था को समाप्त करने की बात करते हैं परन्तु एक तरफ आज समाज इससे धीरे-धीरे मुक्त हो रहा है और दूसरी तरफ संविधान ही इसका समर्थक बनता जा रहा है। ऐसी स्थिति में आरक्षण व्यवस्था का मापदण्ड जाति आधारित से शारीरिक, आर्थिक और मानसिक आधारित कर देनी चाहिए जो धर्मनिरपेक्ष और सर्वधर्मसमभाव भी है और लोकतन्त्र का धर्म भी धर्मनिरपेक्ष और सर्वधर्मसमभाव है।

किसी व्यक्ति के बौद्धिक विकास के लिए आवश्यक है कि उसे भोजन, स्वास्थ्य और निर्धारित आर्थिक आय को सुनिश्चित कर दिया जाय और यह यदि उसके शैक्षिक जीवन से ही कर दिया जाय तो शेष सपने को वह स्वयं पूरा कर लेगा। यदि वह नहीं कर पाता तो उसका जिम्मेदार भी वह स्वयं होगा, न कि अभिभावक या ईश्वर। और यही सबसे बड़ा आरक्षण होगा।

20. ए.पी.जे. अब्दुल कलाम
(15 अक्टुबर, 1931 - 27 जुलाई 2015)

परिचय -

अवुल पाकिर जैनुलाअबदीन अब्दुल कलाम, जिन्हें आमतौर पर डा0 ए.पी.जे. अब्दुल कलाम के नाम से जाना जाता है, भारत के पूर्व राष्ट्रपति और जाने माने वैज्ञानिक और अभियंता हैं।

तमिलनाडु प्रदेश के धनुषकोडी गाँव के एक मध्यमवर्ग मुस्लिम परिवार में 15 अक्टुबर, 1931 को जन्में कलाम ने 1958 में मद्रास इंस्टीट्यूट आफ टेक्नालाजी से अंतरीक्ष विज्ञान में स्नातक उपाधि प्राप्त की। स्नातक होने के बाद उन्होंने हावरक्राफ्ट परियोजना पर काम करने के लिए भारतीय रक्षा अनुसंधान एवं विकास संस्थान में प्रवेश किया। 1962 में भारतीय अंतरिक्ष अनुसंधान केन्द्र में आये जहाँ उन्होंने सफलतापूर्वक कई उपग्रह प्रक्षेपण परियोजनाओं में अपनी भूमिका निभाई। परियोजना निदेशक के रूप में भारत के पहले स्वदेशी उपग्रह प्रक्षेपण यान एस.एल.वी-3 के निर्माण में महत्वपूर्ण भूमिका निभाई जिससे जुलाई 1980 में रोहिणी उपग्रह सफलतापूर्वक अंतरिक्ष में प्रक्षेपित किया गया था। 1982 में वे भारतीय रक्षा अनुसंधान एवं विकास संस्थान में वापस निदेशक के तौर पर आये और उन्होंने अपना सारा ध्यान “गाइडेड मिसाइल” के विकास पर केन्द्रित किया। अग्नि मिसाइल और पृथ्वी मिसाइल का सफल परीक्षण का श्रेय काफी कुछ उन्हीं को है। जुलाई 1992 में वे भारतीय रक्षा मंत्रालय में वैज्ञानिक सलाहकार नियुक्त हुये। उनकी देखरेख में भारत ने 1998 में पोखरण में अपना दूसरा सफल परमाणु परीक्षण किया और भारत परमाणु शक्ति सम्पन्न राष्ट्रों की सूची में शामिल हुआ।

अब्दुल कलाम को भारत सरकार द्वारा 1981 में प्रशासकीय सेवा के क्षेत्र में पद्म भूषण से, 1990 में पद्म विभूषण तथा 1997 में भारत के सर्वोच्च नागरिक सम्मान भारत रत्न से सम्मानित किया गया था। 18 जुलाई, 2002 को डा0 कलाम को 90 प्रतिशत बहुमत द्वारा भारत का राष्ट्रपति चुना गया और उन्होंने 25 जुलाई, 2002 को अपना पदभार ग्रहण किये। इस पद पर आने वाले वे पहले अविवाहित थे। इस पद के लिए उनका नामांकन उस समय सत्तासीन राष्ट्रीय प्रजातान्त्रिक गठबन्धन की सरकार ने किया था जिसे भारतीय राष्ट्रीय कांग्रेस का समर्थन हासिल हुआ था। वामपंथी दलों ने अपनी तरफ से 87 वर्षीया श्रीमती लक्ष्मी सहगल का नामांकन किया था जो सुभाषचन्द्र बोस के आजाद हिन्द फौज में और द्वितीय विश्व युद्ध में अपने योगदान के लिए जानी जाती हैं।

डा0 कलाम अपने व्यक्तिगत जीवन में पूरी तरह अनुशासन, शाकाहार और ब्रह्मचर्य का पालन करने वालों में से हैं। ऐसा कहा जाता है कि वे कुरान और भगवद्गीता दोनों का अध्ययन करते हैं। कलाम ने कई स्थानों पर उल्लेख किया है कि वे तिरूक्कुराल का भी अनुसरण करते हैं। राजनैतिक स्तर पर कलाम की चाहत है कि अन्तर्राष्ट्रीय स्तर पर भारत की भूमिका का विस्तार हो और भारत ज्यादा से ज्यादा महत्वपूर्ण भूमिका निभाये। भारत को महाशक्ति बनने की दिशा में कदम बढ़ाते देखना उनकी दिली चाहत है। उन्होंने कई प्रेरणास्पद पुस्तकों की भी रचना की है और वे तकनीकी को भारत के जनसाधारण तक पहुँचाने की हमेशा वकालत करते रहें हैं। बच्चों और युवाओं के बीच डा0 कलाम अत्यधिक लोकप्रिय हैं।

“अच्छी शिक्षा व्यवस्था ही प्रबुद्ध नागरिक पैदा करती है, बच्चों को नैतिक शिक्षा प्रदान की जाय और रोजगार के नये अवसर पैदा किये जायें, राष्ट्रीय शान्ति व सार्वभौमिक सद्भाव के लिए सभी धर्म आध्यात्मिक आन्दोलन में शामिल हो जायें”

-श्री ए.पी.जे, अब्दुल कलाम, पूर्व राष्ट्रपति, भारत

साभार - दैनिक जागरण, सम्पादकीय, वाराणसी, दि0 8 दिसम्बर 2002

लव कुश सिंह "विश्वमानव" द्वारा स्पष्टीकरण

अच्छी शिक्षा व्यवस्था नहीं बल्कि अच्छा "शिक्षा पाठ्यक्रम" प्रबुद्ध नागरिक पैदा करती है। जब शिक्षा पाठ्यक्रम ही ऐसा रहेगा कि शिक्षार्थी के जीवन से तालमेल ही न मिले तो प्रबुद्ध नहीं बल्कि बुद्धि-बद्ध प्रकार के नागरिक पैदा होंगे। शिक्षा क्षेत्र का यह दुर्भाग्य है कि जीवन से जुड़ा इतना महत्वपूर्ण विषय "व्यापार", को हम एक अनिवार्य विषय के रूप में पाठ्यक्रम में शामिल नहीं कर सकें। इसकी कमी का अनुभव उस समय होता है जब कोई विद्यार्थी 10वीं या 12वीं तक की शिक्षा के उपरान्त किसी कारणवश जैसा कि अधिकतर होता है, आगे की शिक्षा ग्रहण नहीं कर पाता। फिर उस विद्यार्थी द्वारा पढ़े गये विज्ञान व गणित के वे कठिन सूत्र उसके जीवन में अनुपयोगी लगने लगते है। यदि वहीं वह व्यापार के ज्ञान से युक्त होता तो शायद वह जीवकोपार्जन का कोई मार्ग सुगमता से खोजने में सक्षम होता।

अच्छा "शिक्षा पाठ्यक्रम" नहीं बल्कि अब "पूर्ण शिक्षा पाठ्यक्रम" अर्थात "सत्य मानक शिक्षा" की आवश्यकता आ गई है। जिससे शिक्षक और शिक्षार्थी दोनों ही प्रबुद्ध हों जिससे अपने आप ही प्रबुद्ध नागरिक और नैतिक शिक्षा दोनों का ही कार्य सम्पन्न हो जाये। प्रबुद्ध नागरिक पैदा होने से स्वतः ही रोजगार के नये-नये क्षेत्र रचनात्मक-सकारात्मक दिशा से उत्पन्न होने लगेंगे। मनुष्य की व्यस्तता बढ़ती जा रही है। सभी को कम समय में बहुत कुछ चाहिए। तो ऐसी शिक्षा की भी जरूरत है जो कम समय में पूर्ण शिक्षित बना दे। एक व्यक्ति सामान्यतः यदि स्नातक (ग्रेजुएशन) तक पढ़ता है तो वह कितने पृष्ठ पढ़ता होगा और क्या पाता है? विचारणीय है। एक व्यक्ति इंजिनियर व डाक्टर बनने तक कितना पृष्ठ पढ़ता है? यह तो होती है कैरियर की पढ़ाई इसके अलावा कहानी, कविता, उपन्यास, फिल्म इत्यादि के पीछे भी मनुष्य अपना समय मनोरंजन के लिए व्यतीत करता है। और सभी एक चमत्कार के आगे नतमस्तक हो जाते हैं तो पूर्ण मानसिक स्वतन्त्रता और पूर्णता कहाँ है? विचारणीय विषय है।

कुल मिलाकर जो व्यक्ति या देश केवल आर्थिक उन्नति को ही सर्वस्व मानता है वह व्यक्ति या देश एक पशुवत् जीवन निर्वाह के मार्ग पर है-जीना और पीढ़ी बढ़ाना। दूसरे रूप में इसे ऐसे समझा जा सकता है कि ऐसे व्यक्ति जिनका लक्ष्य धन रहा था वे अपने धन के बल पर अपनी मूर्ति अपने घर पर ही लगा सकते हैं परन्तु जिनका लक्ष्य धन नहीं था, उनका समाज ने उन्हें, उनके रहते या उनके जाने के बाद अनेकों प्रकार से सम्मान दिया है और ये सार्वजनिक रूप से सभी के सामने प्रमाणित है। पूर्णत्व की प्राप्ति का मार्ग शारीरिक-आर्थिक उत्थान के साथ-साथ मानसिक-बौद्धिक उत्थान होना चाहिए और यही है ही। इस प्रकार भारत यदि पूर्णता व विश्व गुरूता की ओर बढ़ना चाहता है तब उसे मात्र कौशल विकास ही नहीं बल्कि राष्ट्रीय बौद्धिक विकास की ओर भी बढ़ना होगा। बौद्धिक विकास, व्यक्ति व राष्ट्र का इस ब्रह्माण्ड के प्रति दायित्व है और उसका लक्ष्य है।

राष्ट्र के पूर्णत्व के लिए पूर्ण शिक्षा निम्नलिखित दो शिक्षा का संयुक्त रूप है-

अ - सामान्यीकरण (Generalisation) शिक्षा - यह शिक्षा व्यक्ति और राष्ट्र का बौद्धिक विकास कराती है जिससे व्यक्ति व राष्ट्रीय सुख में वृद्धि होती है।

ब - विशेषीकरण (Specialisation) शिक्षा - यह शिक्षा व्यक्ति और राष्ट्र का कौशल विकास कराती है जिससे व्यक्ति व राष्ट्रीय उत्पादकता में वृद्धि होती है।

वर्तमान समय में विशेषीकरण की शिक्षा, भारत में चल ही रहा है और वह कोई बहुत बड़ी समस्या भी नहीं है। समस्या है सामान्यीकरण शिक्षा की। व्यक्तियों के विचार से सदैव व्यक्त होता रहा है कि - मैकाले शिक्षा पद्धति बदलनी चाहिए, राष्ट्रीय शिक्षा नीति व पाठ्यक्रम बनना चाहिए। ये तो विचार हैं। पाठ्यक्रम बनेगा कैसे?, कौन बनायेगा? पाठ्यक्रम में पढ़ायेगें क्या? ये समस्या थी। और वह हल की जा चुकी है। जो भारत सरकार के सामने

सरकारी-निजी योजनाओं जैसे ट्रांसपोर्ट, डाक, बैंक, बीमा की तरह निजी शिक्षा के रूप में पुनर्निर्माण - सत्य शिक्षा का राष्ट्रीय तीव्र मार्ग द्वारा पहली बार इसके आविष्कारक द्वारा प्रस्तुत है।

"राष्ट्रीय शान्ति व सार्वभौमिक सद्भाव के लिए सभी धर्म आध्यात्मिक आन्दोलन में शामिल हो", आपका यह कथन सत्य आवश्यकता है परन्तु यह सबसे अधिक कठिन कार्य है। एक व्यक्ति का समर्थन वोट द्वारा पूरा विश्व कर सकता है परन्तु धार्मिक-राजनीतिक नेताओं का साथ आकर आध्यात्मिक आन्दोलन करना असम्भव है। क्योंकि आध्यात्मिक आन्दोलन का अर्थ है - आजादी या स्वतन्त्रता। वर्तमान की स्थिति यह है कि व्यक्ति के उपर व्यक्ति, समाज, मत, सम्प्रदाय, राजनीतिक दल इत्यादि अपने स्वयं के उद्देश्य के लिए व्यक्ति के मन का निर्माण कर रहे हैं। और उनका उपयोग/दुरूपयोग अपने उद्देश्य की पूर्ति के लिए कर रहे हैं। ऐसे में कौन समाज, मत, सम्प्रदाय, राजनीतिक दल चाहेगा कि उसके अनुयायी, समर्थक, भक्त मानसिक स्वतन्त्रता की ओर गति करें। यहाँ तो समाज, मत, सम्प्रदाय के नेतागण दूसरे के साहित्य को भी पढ़ने से मना कर रखे हैं। इसलिए "पूर्ण शिक्षा पाठ्यक्रम" अर्थात "सत्य मानक शिक्षा" ही आध्यात्मिक आन्दोलन एक मात्र उपाय है, जो राष्ट्र की विवशता भी है।

21. स्वामी शिवानन्द
(माघ शुक्ल बसन्त पंचमी, सरस्वती जन्मोत्सव, 1932 ई0 में -)

परिचय -

दण्डी स्वामी शिवानन्द सरस्वती जी बीसवीं शताब्दी के सुविख्यात सन्त धर्म सम्राट स्वामी हरिहरानन्द सरस्वती स्वामी करपात्री जी महाराज (सन् 1902-1982) के कृपापात्र शिष्य हैं और आपने सनातन धर्म के प्रचार-प्रसार में युगान्तकारी योगदान किया है। दण्डी स्वामी शिवानन्द जी का जन्म सन् 1932 ई0 में माघ शुक्ल बसन्त पंचमी, सरस्वती जन्मोत्सव के दिन प्रातः 7 बजे काशी के मणिकर्णिका घाट पर हुआ। दण्डी स्वामी शिवानन्द सरस्वती जी के बचपन का नाम शिवनारायण उपाध्याय था। इनके पिता अयोध्या हनुमानगढ़ी के रहने वाले थे। पिता का नाम भोला नाथ व माता का नाम उमा देवी था। सन् 1948 में इन्होंने करपात्री जी से दीक्षा ग्रहण की। स्वामी शिवानन्द सरस्वती जी ने अपने अथक परिश्रम से काशी की वृहद चौरासी कोस यात्रा की खोज की है। रूद्र प्रताप गौतम जी ने अपनी पुस्तक "काशी यात्रा" में लिखा है कि मुगल शासन काल में लुप्त हुई अनेक यात्रा के समान यह यात्रा भी लुप्त हो गई थी। चौरासी कोस परिक्रमा दर्शन यात्रा स्वामी शिवानन्द जी प्रतिवर्ष फाल्गुन शुक्ल प्रतिपदा के दिन प्रातः 8 बजे अपने भक्तों के साथ करते हैं।

दण्डी स्वामी शिवानन्द सरस्वती द्वारा रचित पुस्तकें-

1. काशी की महिमा, 2. काशी मोक्ष निर्णय, 3. काशी का इतिहास, 4. वाराणसी प्रदक्षिणा यात्रा, 5. पंचकोशी यात्रा, 6. काशी दर्शन, 7. काश्यां मरणान्मुक्ति, 8. सिद्ध सन्तों का चमत्कार, 9. काशी में सिद्ध शिवलिंगो का चमत्कार, 10. काशी में सोमवार से रविवार तक के वार यात्रा, 11. काशी का लघु माहात्म्य, 12. काशी की वार्षिक यात्रा, 13. राम नाम की महिमा, 14. एक दिव्य जीवन दर्शन, 15. काशी की पंचकोशी यात्रा महात्म्य, 16. काशी में प्रत्येक तिथि के दिन के एक वर्ष तक नेम से दर्शन यात्रा महात्म्य, 17. धर्म सम्राट स्वामी करपात्री जी महाराज के यज्ञ चमत्कार और जीवन दर्शन, 18. सन्यास ग्रहण पद्धति, 19. काशी गौरव, 20. वाराणसी महात्म्य, 21. काशी दिव्य दर्शन, 22. काशी का महात्म्य, 23. कामधेनु कलि काशी पंचकोशी माहात्म्य, 24. लोलार्क कुण्ड दर्शन स्नान महिमा, 25. काशी खण्डोक्त काशी दर्शन, 26. काशी की चैरासी कोस परिक्रमा यात्रा, दर्शन-पूजन माहात्म्य, 27. काशी वैभव, 28. काशी दर्शन, 29. काशी रहस्य भाषा टीका हिन्दी, 30. शिव रहस्य हिन्दी भाषा टीका, 31. स्वामी शिवानन्द सरस्वती का जीवन दर्शन

पुस्तक प्राप्ति का स्थान -

1- करपात्री धाम मठ, केदारघाट, वाराणसी (उ0 प्र0)
2- काशी विश्वेश्वर (व्यक्तिगत) मन्दिर, मीरघाट, चैखम्बा संस्कृत भवन, वाराणसी (उ0 प्र0)
3- संकठा प्रसाद, कचैड़ी गली, चैक, वाराणसी (उ0 प्र0)

"काशी की प्राचीन सीमा से बाहर 'नयी काशी' की स्थापना आध्यात्मिक व धार्मिक दानों दृष्टिकोण से अनुचित है क्योंकि सृष्टि की उत्पत्ति से लेकर प्रलयकाल तक काशी का स्थान भिन्न नहीं हो सकता "

- स्वामी शिवानन्द महाराज,
साभार - राष्ट्रीय सहारा, वाराणसी, दि0 8-9-98

लव कुश सिंह "विश्वमानव" द्वारा स्पष्टीकरण

"स्वामी जी काशी क्या है ? काशी सत्य का प्रतीक है। इसके सत्य अर्थ को समझने के लिए सार्वभौम सत्य-सिद्धान्त आधारित सृष्टि के उत्पत्ति से प्रलय को व्यक्त करने वाला शिव-शंकर अधिकृत कर्मवेदः प्रथम, अन्तिम तथा पंचम वेद को समझना पड़ेगा। कालभैरव जन्म कथा इसका प्रमाण है। सर्वोच्च मन सें व्यक्त यह पौराणिक कथा स्पष्ट रुप से व्यक्त करती है कि ब्रह्मा और विष्णु से सर्वोच्च शिव-शंकर हैं। चारो वेदों को प्रमाणित करने वाले शिव-शंकर हैं। चार सिर के चार मुखों से चार वेद व्यक्त करने वाले ब्राह्मण ब्रह्मा जब पाँचवे सिर के पाँचवे मुख से अन्तिम वेद पर अधिपत्य व्यक्त करने लगे तब शिव-शंकर के द्वारा व्यक्त उनके पूर्ण रुप कालभैरव ने उनका पाँचवा सिर काट डाला जिससे यह स्पष्ट होता है कि काल ही सर्वोच्च है, काल ही भीषण है, काल ही सम्पूर्ण पापों का नाशक और भक्षक है, काल से ही काल डरता है। अर्थात् पाँचवा वेद काल आधारित ही होगा। पुराणों में ही व्यक्त शिव-शंकर से विष्णु तथा विष्णु से ब्रह्मा को बहिर्गत होते अर्थात् ब्रह्मा को विष्णु के समक्ष तथा विष्णु को शिव-शंकर के समक्ष समर्पित और समाहित होते दिखाया गया है। जिससे यह स्पष्ट होता है कि शिव-शंकर ही आदि और अन्त हैं। अर्थात् जो पंचम वेद होगा वह अन्तिम वेद होगा, साथ ही प्रथम वेद भी होगा। शिव-शंकर ही प्रलय, स्थिति और सृष्टिकर्ता हैं। चूँकि वेद शब्दात्मक होते हैं इसलिए पंचम वेद शब्द से ही प्रलय, स्थिति और सृष्टिकर्ता होगा। पुराण-शास्त्र को रचने वाले व्यास हैं तो पुराण जिस कला से रची गयी है वह व्यास ही बता सकते हैं या जो शास्त्र रचने की योग्यता रखता हो। सृष्टि की उत्पत्ति और प्रलय या प्रलय और उत्पत्ति की क्रिया उसी भाँति है जैसे जन्म के बाद मृत्यु, पुनः मृत्यु के बाद जन्म अर्थात् उत्पत्ति और प्रलय या जन्म और मृत्यु एक ही विषय हैं इसलिए ही कहा जाता है कि जो प्रथम है वही अन्तिम है। कर्मवेद में सृष्टि की उत्पत्ति से प्रलय को व्यक्त किया गया है जिसके बीच सात चरण है और यही सात काशी है। यदि गिने तो प्रलय प्रथम तथा उत्पत्ति अन्तिम व सातवाँ चरण है। इस प्रकार उत्पत्ति व प्रलय अलग-अलग दिखाई पड़ते हुए भी एक हैं। सृष्टि के विकास क्रम में ही मनुष्य की सृष्टि है यह जैसे-जैसे प्राकृतिक नियम से दूर होता जाता है वह पतन की अवस्था को प्राप्त होता जाता है जिसकी निम्नतम अवस्था पशुमानव अर्थात् पूर्णतः इन्द्रिय के वश में संचालित होने वाली अवस्था है। अब यदि यह पशुमानव अवस्था चरम शिवत्व की स्थिति तक उठना चाहे तो उसे मानवीय व प्राकृतिक मूल पाँच चरणों को पार करना पड़ता है। यदि वह अन्तः जगत अर्थात् सार्वभौम सत्य ज्ञान से सृष्टि की उत्पत्ति की ओर जाता है तब वह योगेश्वर की अवस्था प्राप्त करता है। यदि वह वाह्य जगत् अर्थात् सार्वभौम सत्य-सिद्धान्त ज्ञान से सृष्टि के प्रलय की ओर जाता है तब वह भोगेश्वर की अवस्था प्राप्त करता है। योगेश्वर व भोगेश्वर एक ही हैं बस एक अवस्था में दूसरा प्राथमिकता पर नहीं होता है। इस प्रकार सृष्टि के आदि में काशी और अन्त में सत्यकाशी व्यक्त होता है। इनके बीच पाँच अन्य काशी होती हैं। इस क्रमानुसार काशीः पंचम, प्रथम तथा सप्तम काशी तथा सत्यकाशीः पंचम, अन्तिम तथा सप्तमकाशी की स्थिति में होता है। योगेश्वर अवस्था ही अदृश्य विश्वेश्वर की अवस्था है तथा भोगेश्वर अवस्था ही दृश्य विश्वेश्वर की अवस्था है जबकि दोनों एक हैं और प्रत्येक वस्तु की भाँति एक-दूसरे के दृश्य और अदृश्य रुप हैं। इसलिए ही विष्णु और शिव-शंकर को एक दूसरे का रुप कहते हैं।

स्वामी जी, बिना गुण के अन्य काशीयों की स्थापना तो आध्यात्मिक एवं धार्मिक दोनों दृष्टिकोण से निश्चित ही अनुचित है परन्तु गुण-धर्म से युक्त स्थान व सीमा में काशी की स्थापना अनुचित नहीं उचित है। अब जबकि पाँच मुख वाले महादेव शिव-शंकर का वेद-कर्मवेद व्यक्त हो चुका है। सभी काशीयों का व्यक्त होना भी अतिआवश्यक है। क्योंकि अनेक तीर्थस्थलों को व्यक्त करने से मनुष्य की सृष्टि में कैसे-कैसे लाभ होते हैं यह तो आप सब भली-भाँति जानते हैं। आद्य शंकराचार्य जी ने भी भारत के चारों दिशाओं में चार पीठों की स्थापना उसी लाभ के लिए किये थे। सम्पूर्ण ब्रह्माण्ड में सभी वस्तु का प्रसार हो रहा है इसलिए अब समय आ गया है कि काशी का भी प्रसार हो क्योंकि प्रसार ही जीवन है। संकुचन ही मृत्यु है। 'नयी काशी' योजना का उचित स्थान (रामनगर से पड़ाव) पर निर्माण किसी भी दृष्टि से अनुचित नहीं है। क्योंकि रामनगर में शिवभक्त और शिव के अवतार माने जाने वाले महाराजा काशी नरेश तथा पड़ाव में शिव की एक धारा- अघोर के अवधूत भगवान राम का आश्रम व समाधि

स्थल है तथा काशी का सम्बन्ध सत्य-धर्म-ज्ञान से है। सृष्टि की उत्पत्ति से लेकर प्रलयकाल तक काशी का स्थान भिन्न नहीं हो सकता परन्तु काशी एक नहीं बल्कि सात काशियों का संयुक्त रूप है, जो पुराणों में वर्णित भी है और सम्पूर्ण ब्रह्माण्ड के उत्पत्ति और अन्त को प्रदर्शित करता शिव अधिकृत कर्मवेदः प्रथम, अन्तिम तथा पंचमवेद में सात सत्य चक्र भी है जो सात काशियों को व्यक्त करते हैं जिसके अनुसार काशी (वाराणसी) पंचम, प्रथम तथा सप्तम एवं (वाराणसी)-विन्ध्याचल-शिवद्वार-सोनभद्र के बीच का सत्यकाशी-पंचम, अन्तिम तथा सप्तम काशी है जो शिव-शक्ति क्षेत्र है और पौराणिक भूमि भी है। सम्पूर्ण विश्व को मार्गदर्शन देने की ज्ञान बुद्धि भी अब सत्यकाशी क्षेत्र से व्यक्त हो चुका है। काशी मोक्षदायिनी जरुर है परन्तु विश्व को जीवन देने वाली जीवनदायिनी तो सत्यकाशी ही है क्योंकि इसी क्षेत्र से जीवन शास्त्र "विश्वशास्त्र" व्यक्त हुआ है। मोक्ष तभी मिलता है जब जीवन मिलता है और जीवन तभी मिलता है जब मोक्ष मिलता है। इसलिए काशी और सत्यकाशी एक ही है अन्तर मात्र प्रसार का है। यह सत्य है कि अदृश्य शिव अकेले रह सकते हैं परन्तु दृश्य शिव-शंकर तो शक्ति के बिना रह नहीं सकते इसका ही परिणाम है शक्ति क्षेत्र-सत्यकाशी में दृश्य शिव-शंकर का व्यक्त होना।

स्वामी जी, आपने भविष्य पुराण का उदाहरण देते हुए कहा है कि- "ग्यारह टोपी (राष्ट्रपति) तक मतपत्रों का राज्य चलेगा इसके बाद किसी पार्टी को बहुमत प्राप्त नहीं होगा। माता-पिता, साधु-सन्त, ब्राह्मण-विद्वान अपमानित होंगे। तब भयानक युद्ध होगा। भारत पुनः अपने अस्तित्व में आकर विश्वगुरु पद पर स्थापित होगा।" वह समय तो वर्तमान में चल रहा है जो भी अपना गुण-धर्म त्यागता है वह अपमानित होने का रास्ता स्वयं निर्माण करता है। ऐसे ही अपमानित कोई भी नहीं करता बल्कि वे जिस पद जैसे- माता-पिता, साधु-सन्त, ब्राह्मण-विद्वान पर बैठे रहते हैं। उसका भी धर्म निर्वहन नहीं करते परिणामस्वरुप सत्य-धर्म-ज्ञानियों के लिए वे न तो सम्मान के योग्य होंगे न ही अपमान के। भारत पुनः अपने अस्तित्व में आकर विश्व गुरु पद पर स्थापित होगा। यह बात तो सत्य है परन्तु यह स्वतः नहीं हो जायेगा कोई न कोई तो इसका माध्यम अवश्य बनेगा और वह अन्तिम माध्यम ही शिव-शंकर के पूर्णावतार के रूप में होगा क्योंकि ब्रह्मा के पूर्णावतार श्रीराम तथा विष्णु के पूर्णावतार श्रीकृष्ण हो चुके हैं। इसलिए तीसरे नेत्र की दृष्टि से सत्यकाशी के निर्माण में काशी को ही अग्रसर होना चाहिए। यह काशी के लिए सम्मानजनक होगा।

काशी का स्थान, निर्माण, रक्षा और प्रसार महादेव विश्वेश्वर भगवान भोले शंकर के अधीन है और उनकी पहचान है-अनासक्त एकात्म ज्ञान, एकात्म कर्म एवं एकात्म ध्यान के संगम की व्यक्त अवस्था अर्थात् ऐसा सर्वोच्च और अन्तिम ज्ञान तथा कर्म जो सम्पूर्ण ब्रह्माण्ड (तीनों लोकों) के काल्याणार्थ अन्तिम रास्ता हो, समस्त विश्व एक मात्र कर्म के लिए बद्ध हो और ज्ञान से मुक्त हो। दर्शन के मुख्य तीन स्तर-अद्वैत, विशिष्टाद्वैत तथा द्वैत की स्थिति अदृश्य काल में अदृश्य तथा दृश्य काल में दृश्य की स्थिति होती है। वर्तमान समय चक्र की स्थिति दृश्य काल के दृश्य विशिष्टाद्वैत की स्थिति की ओर है। ऐसी स्थिति में सम्पूर्ण दृश्य जगत को ही सत्य मानकर व्यक्ति कार्य करते हैं। यही भौतिकवाद की स्थिति भी है। ध्यान का विषय है-शिव से काशीवासी और काशी है या काशीवासी और काशी से शिव हैं। यह भी ध्यान रहे कि व्यासजी द्वारा काशी को शाप देने के कारण विश्वेश्वर ने व्यासजी को काशी से निष्कासित कर दिया था। तब व्यासजी लोलार्क मन्दिर के आग्नेय कोण में गंगाजी के पूर्वी तट पर स्थित हुए। इस घटना का उल्लेख काशी खण्ड में इस प्रकार है-

लोलार्कादं अग्निदिग्भागे, स्वर्धुनी पूर्वरोधसि।
स्थितो ह्यद्यापि पश्चेत्सः काशीप्रासाद राजिकाम्।।

- स्कन्दपुराण, काशी खण्ड 96/201

और गंगा पार क्षेत्र से ही जीवन शास्त्र "विश्वशास्त्र" व्यक्त हुआ है। ध्यान का विषय है-शिव से काशीवासी और काशी है या काशीवासी और काशी से शिव हैं"

22. राजीव गाँधी
(20, अगस्त, 1944 - 21 मई, 1991)

परिचय -

राजीव गाँधी का जन्म 20, अगस्त, 1944 को हुआ था। वे श्रीमती इन्दिरा गाँधी के पुत्र और जवाहरलाल नेहरू के पौत्र थे। राजीव का विवाह एन्टोनिया मैनो से हुआ जो उस समय इटली की नागरिक थीं। विवाहोपरान्त उनकी पत्नी ने नाम बदलकर सोनिया गाँधी कर लिया। कहा जाता है कि राजीव गाँधी से मुलाकात तब हुई जब राजीव कैम्ब्रिज में पढ़ने गये थे। उनकी शादी 1968 ई. में हुई जिसके बाद वे भारत में रहने लगी। राजीव व सोनिया के दो बच्चे हैं- पुत्र राहुल गाँधी (जन्म 19 जून, 1970) और पुत्री प्रियंका गाँधी (जन्म 12 जनवरी, 1972) जिनका विवाह राबर्ट वड्रा से हुआ है। राजीव गाँधी की राजनीति में कोई रूचि नहीं थी और वो एक एयरलाइन पायलट की नौकरी करते थे। आपातकाल के उपरान्त जब इन्दिरा गाँधी को सत्ता छोड़नी पड़ी थी, तब कुछ समय के लिए राजीव परिवार के साथ विदेश में रहने चले गये थे। परन्तु 1980 ई. में अपने छोटे भाई संजय गाँधी की एक हवाई जहाज दुर्घटना में असामयिक मृत्यु के बाद माता इन्दिरा को सहयोग देने के लिए सन् 1982 में राजीव गाँधी ने राजनीति में प्रवेश लिया, वो अमेठी उ0प्र0 से लोकसभा का चुनाव जीत कर सांसद बने। 31 अक्टुबर, 1984 ई. को सिख आतंकवादीयों द्वारा प्रधानमंत्री इन्दिरा गाँधी का हत्या किये जाने के बाद उनके पुत्र राजीव गाँधी प्रधानमंत्री बनें। और अगले चुनावों में भारी बहुमत के साथ भारत के 9वें प्रधानमंत्री बने थे। उनके प्रधानमंत्रीत्व काल में भारतीय सेना द्वारा बोफोर्स तोप की खरीददारी में लिये गये किकबैक (कमीशन या घूस) का मुद्दा उछला, जिसका मुख्य पात्र इटली का एक नागरिक ओटावियो क्वात्रोची था, जो कि सोनिया गाँधी का मित्र था। उसके बाद 1989 ई. के आम चुनावों में कांग्रेस की हार हुई और पार्टी 2 वर्ष तक विपक्ष में रही। अगले चुनावों में कांग्रेस के जीतने और राजीव गाँधी के पुनः प्रधानमंत्री बनने की पूरी सम्भावना थी, परन्तु 21 मई, 1991 ई. को तमिल आतंकवादीयों ने राजीव गाँधी की एक बम विस्फोट में हत्या कर दी।

"यह समय की माँग है कि जीवन के सभी क्षेत्रों में गुणता के प्रति राष्ट्रीय प्रतिबद्धता हो। हमारी संतुष्टि किसी भी प्रकार के उत्पादन से नहीं अपितु हमारे द्वारा उत्पादित उत्कृष्ट वस्तुओं और दी जाने वाली उत्कृष्ट सेवाओं से हो।"

- श्री राजीव गाँधी

(भारतीय मानक ब्यूरो त्रैमासिकी- "मानक दूत", वर्ष-20, अंक- 1-2, 2000 से साभार)

श्री लव कुश सिंह "विश्वमानव" द्वारा स्पष्टीकरण

दो या दो से अधिक माध्यमों से उत्पादित एक ही उत्पाद के गुणता के मापांकन के लिए मानक ही एक मात्र उपाय है। सतत् विकास के क्रम में मानकों का निर्धारण अतिआवश्यक कार्य है। उत्पादों के मानक के अलावा सबसे जरुरी यह है कि मानव संसाधन की गुणता का मानक निर्धारित हो क्योंकि राष्ट्र के आधुनिकीकरण के लिए प्रत्येक व्यक्ति के मन को भी आधुनिक अर्थात् वैश्विक-ब्रह्माण्डीय करना पड़ेगा। तभी मनुष्यता के पूर्ण उपयोग के साथ मनुष्य द्वारा मनुष्य के सही उपयोग का मार्ग प्रशस्त होगा। उत्कृष्ट उत्पादों के लक्ष्य के साथ हमारा लक्ष्य उत्कृष्ट मनुष्य के उत्पादन से भी होना चाहिए जिससे हम लगातार विकास के विरुद्ध नकारात्मक मनुष्यों की संख्या कम कर सकें। भूमण्डलीकरण सिर्फ आर्थिक क्षेत्र में कर देने से समस्या हल नहीं होती क्योंकि यदि मनुष्य के मन का भूमण्डलीकरण हम नहीं करते तो इसके लाभों को हम नहीं समझ सकते। आर्थिक संसाधनों में सबसे बड़ा

संसाधन मनुष्य ही है। मनुष्य का भूमण्डलीकरण तभी हो सकता है जब मन के विश्व मानक का निर्धारण हो। ऐसा होने पर हम सभी को मनुष्यों की गुणता के मापांकन का पैमाना प्राप्त कर लेंगे, साथ ही स्वयं व्यक्ति भी अपना मापांकन भी कर सकेगा। जो विश्व मानव समाज के लिए सर्वाधिक महत्व का विषय होगा। विश्व मानक शून्य श्रृंखला मन का विश्व मानक है जिसका निर्धारण व प्रकाशन हो चुका है जो यह निश्चित करता है कि समाज इस स्तर का हो चुका है या इस स्तर का होना चाहिए। यदि यह सार्वभौम सत्य-सिद्धान्त आधारित होगा तो निश्चित ही अन्तिम मानक होगा।

मानव एवम् संयुक्त मानव (संगठन, संस्था, ससंद, सरकार इत्यादि) द्वारा उत्पादित उत्पादों का धीरे-धीरे वैश्विक स्तर पर मानकीकरण हो रहा है। ऐसे में संयुक्त राष्ट्र संघ को प्रबन्ध और क्रियाकलाप का वैश्विक स्तर पर मानकीकरण करना चाहिए। जिस प्रकार औद्योगिक क्षेत्र अन्तर्राष्ट्रीय मानकीकरण संगठन (International Standardization Organisation-ISO) द्वारा संयुक्त मन (उद्योग, संस्थान, उत्पाद इत्यादि) को उत्पाद, संस्था, पर्यावरण की गुणवत्ता के लिए ISO प्रमाणपत्र जैसे- ISO-9000 श्रृंखला इत्यादि प्रदान किये जाते है उसी प्रकार संयुक्त राष्ट्र संघ को नये अभिकरण विश्व मानकीकरण संगठन (World Standardization Organisation-WSO) बनाकर या अन्तर्राष्ट्रीय मानकीकरण संगठन को अपने अधीन लेकर ISO/WSO-0 का प्रमाण पत्र योग्य व्यक्ति और संस्था को देना चाहिए जो गुणवत्ता मानक के अनुरूप हों। भारत को यही कार्य भारतीय मानक ब्यूरो (Bureau of Indiand Standard-BIS) के द्वारा IS-0 श्रृंखला द्वारा करना चाहिए। भारत को यह कार्य राष्ट्रीय शिक्षा प्रणाली (National Education System-NES) व विश्व को यह कार्य विश्व शिक्षा प्रणाली (World Education System-WES) द्वारा करना चाहिए। जब तक यह शिक्षा प्रणाली भारत तथा संयुक्त राष्ट्र संघ द्वारा जनसाधारण को उपलब्ध नहीं हो जाती तब तक यह "पुनर्निर्माण" द्वारा उपलब्ध करायी जा रही है।

भाग-2

भारत के स्वतन्त्रता (सन् 1947 ई0) के बाद जन्में भूतपूर्व नेतृत्वकर्ता

01. राजीव दीक्षित (30 नवम्बर 1967 - 30 नवम्बर 2010)

भाग – 08. भूतपूर्व धार्मिक–राजनैतिक–सामाजिक नेतृत्वकर्ता चक्र मार्ग से
(भारत तथा विश्व के नेत्तृत्वकर्त्ताओं के चिंतन पर दिये गये वक्तव्य का स्पष्टीकरण)
ब. भारत के स्वतन्त्रता (सन् 1947 ई0) के बाद जन्में भूतपूर्व नेतृत्वकर्ता

01  राजीव दीक्षित (30 / 11 / 1967–30 / 11 / 2010)	02	03	04
05	06	07	08
09	10	11	12
13	14	15	16

पहले विभिन्न भूतपूर्व धार्मिक – राजनैतिक – सामाजिक नेतृत्वकर्ता
और
अब अन्त में मैं

01. राजीव दीक्षित
(30 नवम्बर 1967 - 30 नवम्बर 2010)

परिचय -

राजीव दीक्षित (30 नवम्बर 1967 - 30 नवम्बर 2010) एक भारतीय वैज्ञानिक, प्रखर वक्ता और आजादी बचाओ आन्दोलन के संस्थापक थे। बाबा रामदेव ने उन्हें भारत स्वाभिमान (ट्रस्ट) के राष्ट्रीय महासचिव का दायित्व सौंपा था, जिस पद पर वे अपनी मृत्यु तक रहे। वे राजीव भाई के नाम से अधिक प्रसिद्ध थे।

राजीव दीक्षित का जन्म उत्तर प्रदेश के अलीगढ़ जनपद की अतरौली तहसील के नाह गाँव में राधेश्याम दीक्षित एवं मिथिलेश कुमारी के यहाँ 30 नवम्बर 1967 को हुआ था। वे अविवाहित थे। फिरोजाबाद से इण्टरमीडिएट तक की शिक्षा प्राप्त करने के उपरान्त उन्होंने इलाहाबाद से बी० टेक० तथा भारतीय प्रौद्योगिकी संस्थान कानपुर से एम० टेक० की उपाधि प्राप्त की। उन्होंने कुछ समय भारत के सी.एस.आई.आर तथा फ्रांस के टेलीकम्यूनीकेशन सेण्टर में काम भी किया। तत्पश्चात् वे भारत के पूर्व राष्ट्रपति डॉ0 ए. पी. जे. अब्दुल कलाम के साथ जुड़ गये। इसी बीच उनकी प्रतिभा के कारण सी.एस.आई.आर में कुछ परियोजनाओं पर काम करने और विदेशों में शोध पत्र पढने का मौका भी मिला। वे भगतसिंह, उधमसिंह, और चंद्रशेखर आजाद जैसे महान क्रांतिकारियों से प्रभावित रहे। बाद में जब उन्होंने गांधीजी को पढ़ा तो उनसे भी प्रभावित हुए।

राजीव दीक्षित ने 20 वर्षों में लगभग 12000 से अधिक व्याख्यान दिये। भारत में 5000 से अधिक विदेशी कम्पनियों के खिलाफ उन्होंने स्वदेशी आन्दोलन की शुरुआत की। उन्होंने 9 जनवरी 2009 को भारत स्वाभिमान ट्रस्ट का दायित्व सँभाला।

राजीव दीक्षित ने स्वदेशी आन्दोलन तथा आजादी बचाओ आन्दोलन की शुरुआत की तथा इनके प्रवक्ता बने। उन्होंने जनवरी 2009 में भारत स्वाभिमान न्यास की स्थापना की तथा इसके राष्ट्रीय प्रवक्ता एवं सचिव बने।

30 नवम्बर 2010 को दीक्षित को अचानक दिल का दौरा पड़ने के बाद पहले भिलाई के सरकारी अस्पताल ले जाया गया उसके बाद अपोलो बी०एस०आर० अस्पताल में दाखिल कराया गया। उन्हें दिल्ली ले जाने की तैयारी की जा रही थी लेकिन इसी दौरान स्थानीय डाक्टरों ने उन्हें मृत घोषित कर दिया। डाक्टरों का कहना था कि उन्होंने एलोपैथिक इलाज से लगातार परहेज किया। चिकित्सकों का यह भी कहना था कि दीक्षित होम्योपैथिक दवाओं के लिये अड़े हुए थे। अस्पताल में कुछ दवाएँ और इलाज से वे कुछ समय के लिये बेहतर भी हो गये थे मगर रात में एक बार फिर उनको गम्भीर दौरा पड़ा जो उनके लिये घातक सिद्ध हुआ।

लव कुश सिंह "विश्वमानव" द्वारा स्पष्टीकरण

एक आकर्षक, निर्भिक, सत्य स्वरूप, ज्ञानी, बालमन व्यक्तित्व। जिन्होंने अपने जीवन के कम समय में ही बहुत सारे अलग-अलग विषयों से सम्बन्धित सत्य विचार व्यक्त कर दिये। स्वदेश व स्वाभिमान के लिए उनका जीवन समर्पित था। आयें और अपना कर्तव्य पूरा किये।

शायद वो जन्म का ग्रह-नक्षत्र, काल अवधि ही ऐसी रही होगी जिसने बाबा रामदेव (25 दिसम्बर, 1965), मैं लव कुश सिंह "विश्वमानव" (16 अक्टुबर 1967) और राजीव दीक्षित (30 नवम्बर 1967) का जन्म भारत में हुआ। जो अपने-अपने क्षेत्र में राष्ट्र के लिए विशेष योगदान दिये।

राजीव भाई से सीधा मेरा कोई परिचय नहीं था लेकिन आजादी बचाओ आन्दोलन के बारे में मैं जानता था। मैं उस समय की एक घटना को बताना चाहूँगा, जब भारत देश में वैट (वैल्यू एडेड टैक्स) लागू किया जाना था और हथुआ मार्केट, लहुराबीर (वाराणसी) के सामने उनका व्याख्यान चल रहा था। हल्की बारिश हो रही थी और मैं

उधर से चेतगंज पैदल जा रहा था। मैं रूका और उनके व्याख्यान को सुनने लगा। वहाँ मैं उनके निम्नलिखित 3 बिन्दुओं पर गौर किया जिस पर साधारणतया: आम जनता खुद को सम्बन्धित नहीं समझती परन्तु विचारणीय है-

1. उनका कहना था कि बहुत कम लोग जानते हैं कि प्रधानमंत्री बनने गईं श्रीमती सोनिया गाँधी, राष्ट्रपति भवन से निकलते ही त्यागमूर्ति कैसे बन गईं। भारत के संविधान के अनुसार भारत देश में जन्म न लेने वाले किसी व्यक्ति के प्रधानमंत्री बनने पर सेना उसके आदेश को मानने के लिए बाध्य नहीं हैं। ऐसा तत्कालीन राष्ट्रपति श्री ए.पी.जे.अब्दुल कलाम जी ने उन्हें बताया था। और प्रधानमंत्री बनने गईं श्रीमती सोनिया गाँधी, राष्ट्रपति भवन से निकलते ही त्यामूर्ति बन गईं। और श्री मनमोहन सिंह जी को वो प्रधानमंत्री बना दीं। त्यागमूर्ति भी बन गईं और श्रीमती इन्दिरा गाँधी हत्या काण्ड के समय से कांग्रेस से नाराज सिख समुदाय भी खुश हो गया।

2. उनका कहना था कि एक प्रधानमंत्री (नाम नहीं लिये थे) जी से मैंने यह कहा कि अनेक प्रकार के टैक्स लगाने से अच्छा है कि देश के नाम पर जनता से दान माँग लिया जाय। भारत की जनता इस प्रवृत्ति की है कि आपके टैक्स वसूली से ज्यादा आपको दान दे देगी। वैसे भी देश पर आये विपत्ति के समय सरकार से पहले और सरकार से ज्यादा तो जनता और व्यावसायिक संगठन पहुँचती भी है और देती भी है। तो उन प्रधानमंत्री जी का सीधा जबाब था कि तब हम उन पर डण्डा कैसे चलायेगें? डण्डा चलाने के लिए ये सब टैक्स आवश्यक है।

3. उनका कहना था कि मेरे एक मित्र मुम्बई के हैं जिनका व्यवसाय बहुत बड़ा है और वे 30 सी.ए. (चार्टड एकाउण्टेन्ट) टैक्स बचाने के लिए लगा रखे थे। मैंने उनसे कहा कि ये 30 सी.ए. पर जितना खर्च आ रहा है उससे तो अच्छा ये है कि टैक्स ही दे दिया जाये। तो मेरे व्यवसायी मित्र ने कहा कि ये 30 सी.ए. को जो मैं दे रहा हूँ वो उनके मेहनत का है पर जो टैक्स चला जायेगा वो उनके पास जायेगा जो हमारे ही दिये पैसे पर ऐश करते हैं।

वाह, राजीव भाई वाह। अमर रहें आप। विचारों का बीज आपने बो दिया है। वह वृक्ष अवश्य बनेगा। समय अपनी कढ़ाही में उसे पकायेगा अवश्य।

भाग-3
परिवर्तन

सीधी समझ

नये भारत में, नये मनुष्य के उदय के लिए

व्यवस्था के परिवर्तन या सत्यीकरण का पहला प्रारूप और उसकी कार्य विधि

वे शब्द जिसके बिना युग परिवर्तन सम्भव नहीं

उपाधियाँ मिलती है- पीएच0 डी0, डी0 लिट0 और डी0 फिल0 और उनका बड़ा सम्मान होता है। उनका काम क्या है? उनका काम यह है कि वे तय करते हैं कि गोरखनाथ कब पैदा हुए थे। कोई कहता है दसवीं सदी के अंत में, कोई कहता है ग्यारहवीं सदी के प्रारम्भ में। इस पर बड़ा विवाद चलता है। बड़े-बड़े विश्वविद्यालयों के ज्ञानी सिर खपा कर खोज में लगे रहते हैं। शास्त्रों की, प्रमाणों की, इसकी, उसकी। उनकी पूरी जिन्दगी इसी में जाती है। इससे बड़ा अज्ञान और क्या होगा? गोरख कब पैदा हुए, इसे जानकर करोगे क्या? इसे जान भी लिया तो पाओगे क्या? गोरख न भी पैदा हुए, यह भी सिद्ध हो जाये, तो भी क्या फायदा? हुए हों या न हुए हों, अर्थहीन है। गोरख ने क्या जिया उसका स्वाद लो। इसलिए तुम्हारे विश्वविद्यालय ऐसी व्यर्थता के कामों में संलग्न हैं कि बड़ा आश्चर्य होता है कि इन्हें विश्वविद्यालय कहो या न कहो। इनका काम ही........तुम्हारे विश्वविद्यालय में चलने वाली जितनी शोध है, सब कूड़ा-करकट है।

-आचार्य रजनीश "ओशो"

(अक्टुबर व नवम्बर 1978 में दिये गये प्रवचन का अंश)

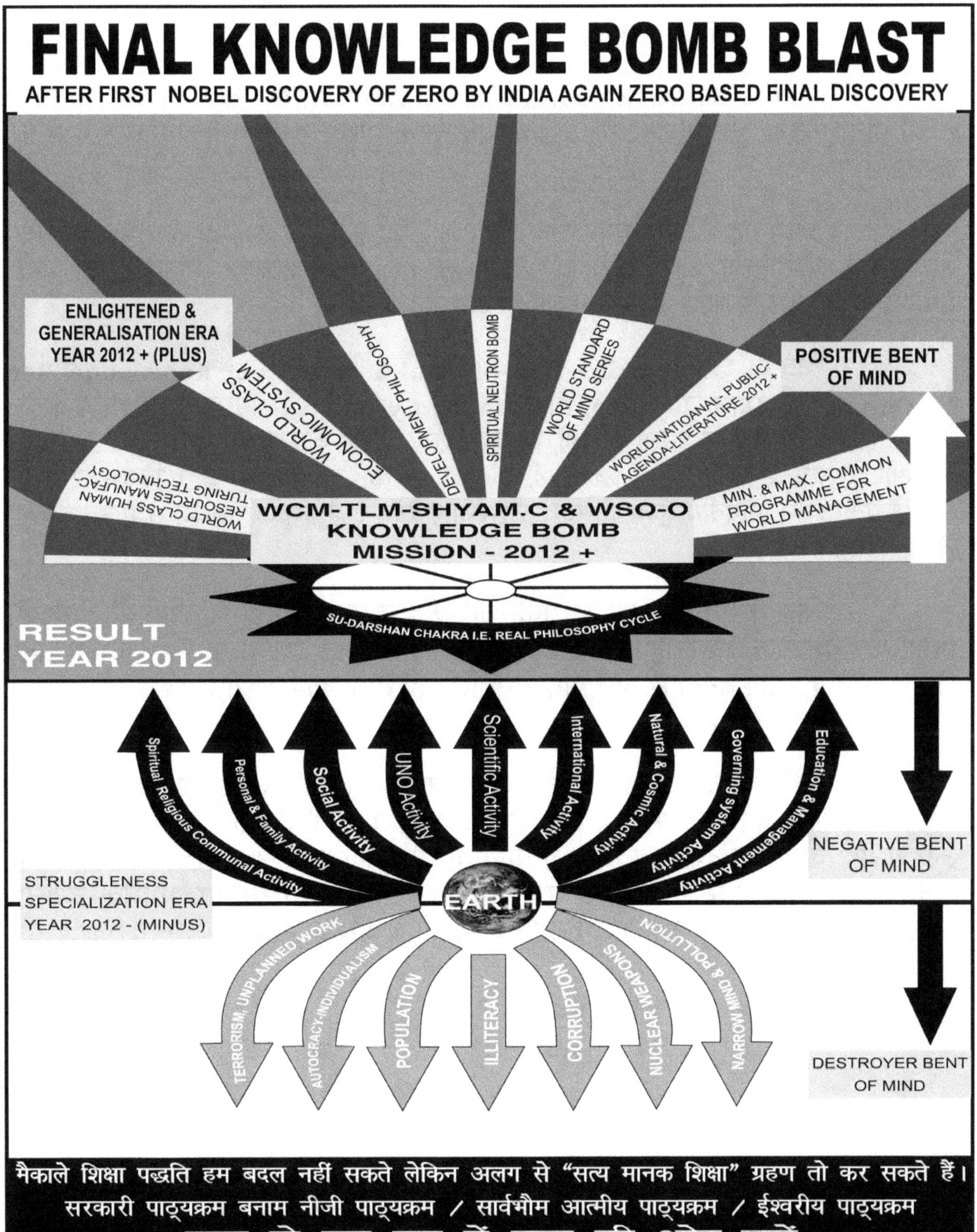

FINAL KNOWLEDGE BOMB BLAST
AFTER FIRST NOBEL DISCOVERY OF ZERO BY INDIA AGAIN ZERO BASED FINAL DISCOVERY
ENLIGHTENED & GENERALISATION ERA YEAR 2012 + (PLUS)
WORLD CLASS HUMAN RESOURCES MANUFAC-TURING TECHNOLOGY
WORLD CLASS ECONOMIC SYSTEM
DEVELOPMENT PHILOSOPHY
SPIRITUAL NEUTRON BOMB
WORLD STANDARD OF MIND SERIES
WORLD-NATIOANAL- PUBLIC-AGENDA-LITERATURE 2012 +
MIN. & MAX. COMMON PROGRAMME FOR WORLD MANAGEMENT
POSITIVE BENT OF MIND
WCM-TLM-SHYAM.C & WSO-O KNOWLEDGE BOMB MISSION - 2012 +
SU-DARSHAN CHAKRA I.E. REAL PHILOSOPHY CYCLE
RESULT YEAR 2012
Spiritual Religious Communal Activity
Personal & Family Activity
Social Activity
UNO Activity
Scientific Activity
International Activity
Natural & Cosmic Activity
Governing System Activity
Education & Management Activity
NEGATIVE BENT OF MIND
STRUGGLENESS SPECIALIZATION ERA YEAR 2012 - (MINUS)
EARTH
TERRORISM, UNPLANNED WORK
AUTOCRACY-INDIVIDUALISM
POPULATION
ILLITERACY
CORRUPTION
NUCLEAR WEAPONS
NARROW MIND & POLLUTION
DESTROYER BENT OF MIND
मैकाले शिक्षा पद्धति हम बदल नहीं सकते लेकिन अलग से “सत्य मानक शिक्षा” ग्रहण तो कर सकते हैं।
सरकारी पाठ्यक्रम बनाम नीजी पाठ्यक्रम / सार्वभौम आत्मीय पाठ्यक्रम / ईश्वरीय पाठ्यक्रम
ज्ञान के इस युग में ज्ञान की ओर चलें

FINAL KNOWLEDGE BOMB BLAST

यह चित्र **"FINAL KNOWLEDGE BOMB BLAST"** एक गहन वैचारिक मानचित्र है, जो मानव चेतना, ज्ञान, दर्शन और वैश्विक व्यवस्था के परिवर्तन को प्रतीकात्मक रूप में प्रस्तुत करता है।

इसमें यह दिखाया गया है कि वर्ष 2012 को एक *युग-संधि* के रूप में देखा गया है-जहाँ संघर्ष, विशेषज्ञता और विखंडन (2012–minus) से निकलकर मानवता को प्रबोधन, सामान्यीकरण और समन्वय (2012–plus) की ओर बढ़ना है।

चित्र के केंद्र में **WCM–TLM–SHYAM.C & WSO-O Knowledge Bomb Mission** और **सु-दर्शन चक्र (Real Philosophy Cycle)** को रखा गया है, जो यह संकेत देता है कि वास्तविक परिवर्तन शस्त्रों से नहीं, बल्कि दर्शन, विवेक और समग्र ज्ञान से आता है। ऊपर की ओर उठती संरचना *Positive Bent of Mind* को दर्शाती है, जहाँ विश्व-स्तरीय सोच, आध्यात्मिक दर्शन, मानवीय मूल्य, वैश्विक एजेंडा और कॉमन प्रोग्राम के माध्यम से मानव चेतना का विस्तार होता है।

चित्र के निचले भाग में पृथ्वी को केंद्र बनाकर मानव गतिविधियों-आध्यात्मिक, सामाजिक, वैज्ञानिक, अंतरराष्ट्रीय, शैक्षिक और प्रशासनिक-को दर्शाया गया है, जो यदि संतुलित हों तो उन्नति का मार्ग बनती हैं, और यदि असंतुलित हों तो *Negative* तथा *Destroyer Bent of Mind* की ओर ले जाती हैं।

वहीं नीचे की ओर गिरते तीर आतंकवाद, तानाशाही, जनसंख्या विस्फोट, अशिक्षा, भ्रष्टाचार, परमाणु खतरे और संकीर्ण सोच जैसे विनाशकारी तत्वों का प्रतिनिधित्व करते हैं। समग्र रूप से यह चित्र यह संदेश देता है कि वर्तमान युग में मानवता के सामने विकल्प स्पष्ट है-या तो संकीर्ण, नकारात्मक और विनाशकारी सोच, या फिर **"ज्ञान आधारित सार्वभौमिक दर्शन"** के माध्यम से पृथ्वी और मानव सभ्यता का संतुलित, शांतिपूर्ण और प्रबुद्ध भविष्य।

सीधी समझ

बड़ा वट वृक्ष (Big Banyan Tree), सैकड़ों वर्ष पुराना एक विशाल क्षेत्र में फैला वट वृक्ष है। जिसका मूल वृक्ष अब अस्तित्व में नहीं है उसके तनों से निकले सैंकड़ों जड़ वर्तमान में स्वयं एक वृक्ष, फिर उनके तनों से निकले सैंकड़ों जड़ भी वर्तमान में एक-एक वृक्ष के रूप में स्थापित हैं और सभी एक-दूसरे से जुड़े हुये हैं, बस जो नहीं है, वह है मूल वृक्ष। इस प्रकार सम्पूर्ण वृक्ष परिवार एक बड़े क्षेत्र में फैल चुका है और निरन्तर जारी भी है। प्रत्येक स्वयं स्वतन्त्र वृक्ष के रूप में स्थापित वृक्ष का अपने परिवार के रूप में तना, पत्ता, फूल और फल सब निकलते रहते हैं और जिसे जहाँ अर्थात् नजदीकी स्रोत से सुविधा अर्थात् खुराक मिल सकता हैं वहाँ से प्राप्त करते हुये विकास कर रहे हैं। इस कार्य में आपस में कोई विवाद नहीं है। कोई किसी पर अधिपत्य जमाना नहीं चाहता, ना ही अन्य के विकास में कोई बाधा पहुँचाता है। जिसको जिस ओर उचित वातावरण मिलता जाता है, उस ओर वह विकास कर रहा है। कुल मिलाकर स्व प्रेरित सुशासन की भाँति संचालित है। इस वट वृक्ष के सबसे बाद अर्थात् वर्तमान के तनों-पत्तों के लिए उसका जन्मदाता व पालनकर्ता के रूप में उसका नजदीकी जड़ ही है इसलिए उसकी कथा-कहानी वहीं से शुरू होती है और वहीं तक उसका ज्ञान है जो एक संकुचित और सीमित ज्ञान है। वह पूर्ण को नहीं जान रहा, उसका पूर्णत्व, सार्वभौम पूर्णत्व नहीं बल्कि सीमित पूर्णत्व है। सीमित पूर्णत्व में भी वह आनन्द में हैं और विकासशील है। उसका विकास होना सार्वभौम का ही विकास होना है परन्तु उसे उसका ज्ञान नहीं है और वह उस सार्वभौम के विकास में अपने योगदान को करते हुये भी स्वयं को गौरवान्वित नहीं अनुभव कर रहा है। सार्वभौम से युक्त होने के बाद भी उसे अपने परिवार से ही जुड़ा रहना उसकी विवशता भी है और इसके अलावा कोई अन्य मार्ग भी नहीं हैं। उसके सार्वभौम का मार्ग भी उसके अपने परिवार के ही मार्ग से होकर जाता है। वृक्ष के साथ यह मजबूरी भी है कि क्योंकि वह स्थिर है इसलिए उसका छोटा परिवार केवल पड़ोस तक के ही दायरे के सम्पर्क में है। दूसरे छोर के परिवार का क्या हाल है उसे कुछ नहीं पता।

हे मानवों, ये संसार भी उपरोक्त वट वृक्ष के सामन ही फैला हुआ है। परन्तु उस भाँति विकास नहीं कर रहा है। मनुष्य के अन्दर बीमारी की भाँति अधिकतम "शक्ति और लाभ (पावर और प्राफिट)" की दौड़ ने उसे अधिपत्य, अत्याचार, दूसरे को दबाना इत्यादि से युक्त कर दिया है। और जो इस दौड़ में नहीं हैं वे सीमित पूर्णत्व में आनन्द के साथ विकासशील हैं। उन्हें और भी तेज विकास की इच्छा है परन्तु उनके बुद्धि का दायरा ही सीमित है इसलिए उन्हें मार्ग नहीं मिल रहा है। यदि उनको मार्ग भी मिल रहा हो तो वट वृक्ष की भाँति उसके नजदीकी जन्मदाता ने उसे यह बता रखा है कि जब उस सार्वभौम का मार्ग मेरे ही रास्ते से जाता है तो जो मैं कह रहा हूँ उसे करो। और इसके लिए वे अपने परिवार के लिए अनेक प्रकार की प्रणाली दे रखे हैं। जबकि ये प्रणाली देने वाले उनके नजदीकी जन्मदाता स्वयं कहाँ से आये हैं स्वयं उन्हे भी नहीं पता। क्योंकि वे स्वयं भी उस वट वृक्ष के खो गये मूल जड़ की तरह अपने मूल जड़ को नहीं जानते। वे भी अपने नजदीकी जन्मदाता का ही अनुसरण कर रहे होते हैं। ये प्रणालीयाँ अनेक प्रकार की हैं उदाहरणस्वरूप कुछ मुख्य निम्नवत् हैं-

1 उनके द्वारा प्रस्तुत कुछ पुस्तकें होती हैं जिन्हें नियमानुसार प्रतिदिन पढ़ना होता है। पढ़ने के पूर्व शुद्धता की भी प्रक्रिया अनिवार्य होती है अन्यथा पुस्तकें परिणाम नहीं दे पायेंगी, ये भी शर्त होती हैं।
2 उनके द्वारा भोजन से सम्बन्धित कुछ नियम बना दिये जाते हैं कि क्या खाना है और क्या नहीं खाना है।
3 उनके द्वारा कोई मन्त्र दे कर उसे नियमानुसार जपने के लिए दे दिया जाता है।
4 उनके द्वारा किसी यन्त्र-तन्त्र द्वारा समस्या मुक्ति का उपाय बता दिया जाता है।
5 उनके द्वारा किसी विशेष प्रकार के रंग और ढ़ग के वस्त्र निर्धारित कर दी जाती है जिससे उनकी पहचान एक अलग रूप में हो। अर्थात् समाज का एक और विभाजन कर उसे प्रस्तुत कर देते हैं।

सामान्य रूप से सभी द्वारा अनिवार्य रूप से ये भी निर्धारित कर दी जाती है कि किसी दूसरे के नियमों को न तो जानना है, न सुनना है, न पढ़ना है और न ही उसमें शामिल होना है। अर्थात् एक गतिशील प्राणी मनुष्य को जिसे सदैव श्रेष्ठ से, श्रेष्ठतम और सर्वोच्च तक उठने-विकास करने के लिए निर्मित किया गया था, उसे एक सीमित

दायरे में बुद्धिबद्ध कर दिया गया। मनुष्य जिसका निर्माण अपनी मस्तिष्क को असीम क्षमता को विकसित कर ईश्वर रूप में व्यक्त होना था, उसे जड़ (स्थिर) बना दिया गया।

हे मानवों, मनुष्यों की सबसे बड़ी कमजोरी "स्वयं में गुणों का विकास कर स्वयं बन जाने या हो जाने" में नहीं बल्कि "पाने" की इच्छा है। इस पाने की इच्छा की कमजोरी का परिणाम ही है उपरोक्त अनेक प्रकार के बुद्धिबद्ध करने की विधियाँ।

हे मानवों, उपरोक्त के पृष्ठभूमि में उनका उद्देश्य केवल अपने स्वार्थ की पूर्ति के सिवाय कुछ नहीं होता। क्योंकि मार्गदर्शक या प्रेरक या शिक्षक का उद्देश्य स्वयं से श्रेष्ठ मानव का निर्माण होता है न कि सदैव जीवन भर एक ही प्रणाली या प्रक्रिया या कक्षा में पढ़ते-दुहराते रहने के लिए विवश करना। उपरोक्त के पृष्ठभूमि में शारीरिक-आर्थिक-मानसिक शोषण का ही कार्य विभिन्न प्रकार से चल रहा है। कोई अपने कृषि कार्य को मुफ्त में हल करवा रहा है, तो कोई अपने नाम के उत्पादों को सिर्फ उन्हें ही खरीदने के लिए बुद्धिबद्ध कर दिया है।

हे मानवों, इन सबको आस्था का व्यापार कहते हैं। जबकि मैं देख रहा हूँ कि प्रत्येक संस्कारित करने की क्रिया जो उस काल के लिए आस्था का विषय था। उसके अगले काल के लिए संस्कारित करने की नयी क्रिया उपलब्ध हो जाने के बावजूद, मानव शरीर पिछले काल के संस्कारित करने वाली क्रिया के प्रति आस्था रखते हुये मूर्खता का स्पष्ट प्रदर्शन कर रहा है। सभी कालों में, सभी संस्कारित करने की क्रियाओं में मैं (सार्वभौम आत्मा) ही आस्था का विषय था परन्तु क्रिया के प्रति आस्था रखना मूर्खता का स्पष्ट प्रमाण ही तो है। चाहे वह व्यक्तिगत इच्छा से हो या सामाजिक प्रदर्शन की इच्छा से। इन समस्त संस्कारित करने के क्रिया के पीछे जो रहस्य आज तक गोपनीय था उसे मैंने तुम्हारें समक्ष सार्वजनिक प्रकाशित कर दिया है। अब कुछ भी गोपनीय नहीं। बावजूद इसके प्रत्येक मनुष्य अपनी मूर्खता रूपी आस्था को प्रदर्शित करने के लिए स्वतन्त्र है। परन्तु वह मुझ (सार्वभौम आत्मा) को प्राप्त नहीं कर सकता। हे मानवों, ईश्वर बहुमत से नहीं निर्धारित किया जाता इसलिए ही उसे अनिवर्चनीय कहा गया है। किसी भी वस्तु के प्रति आस्था के विकास से और समस्त मानवों को उसके प्रति आस्थावान् बना देने से वह वस्तु गुण प्रकट कर वैसा नहीं बन सकती जैसा आप उम्मीद करते हो।

हे मानवों, एक तरह से देखा जाये तो उपरोक्त व्यवस्था से कोई समस्या है ही नहीं क्योंकि जिसकी इच्छा जहाँ से पूर्ति हो रही है और विकास का मार्ग मिल रहा है, वह वहाँ से जुडा हुआ है। इसलिए मानव सभ्यता पर आया यह दसवाँ और अन्तिम संकट, संकट होते हुये भी संकट जैसा नहीं दिखता। इस व्यवस्था से हमें कोई समस्या भी नहीं है। समस्या ये है कि धर्म को जिस उद्देश्य के लिए निर्मित किया गया था वही धर्म, संकट में है। यह धर्म ही उस वट वृक्ष का मूल है, सार्वभौम है, समष्टि है। इसके ज्ञान से युक्त दोनों को अर्थात् विशाल संसार रूपी वट वृक्ष के छोटे-छोटे परिवार के नेतृत्वकर्ता मुखिया सहित उसके सदस्यों को होना आवश्यक है। तभी परिवार के नेतृत्वकर्ता मुखिया द्वारा बनाये गये उपरोक्त प्रणाली-नियम परिणाम-फल दे पायेंगे जिसकी इच्छा परिवार के सदस्य करते हैं।

हमारी उत्पत्ति ज्ञान से हुई है। जिन्हें ज्ञान है वही अपने आप को संघर्ष में पाते हैं और सर्वश्रेष्ठता के लिए कर्मशील हैं। शेष सभी तो प्रकृति के अनुसार आते-जाते रहते हैं। इस ज्ञान को ही ब्रह्म (सार्वभौम एकात्म ज्ञान) कहते हैं। देवता रूप में इस ज्ञान को ब्रह्मा के रूप में प्रक्षेपित किया गया है। यह ज्ञान जिस-जिस अंगो द्वारा प्राथमिकता से अनुभव में आता है उतने प्रकार के मानव अपने-आप को उत्पन्न समझते हैं।

पुराण रचनाकार महर्षि व्यास ने ब्रह्मा अर्थात ज्ञान के पुत्रों का प्रक्षेपण किये हैं। ब्रह्मा के 10 मानस पुत्रों

01.मन (विचार) से ज्ञान प्राप्त करने वाले मरीचि

02.नेत्रों (देखकर) ज्ञान प्राप्त करने वाले अत्रि

03.मुख (वाणी) से ज्ञान प्राप्त करने वाले अंगिरा

04.कान (सुन) कर ज्ञान प्राप्त करने वाले पुलस्त्य

05.नाभि (केन्द्र) से ज्ञान प्राप्त करने वाले पुलह

06.हाथ (कर्म) से ज्ञान प्राप्त करने वाले कृतु

07.त्वचा (स्पर्श) से ज्ञान प्राप्त करने वाले भृगु

08.प्राण (श्वास) से ज्ञान प्राप्त करने वाले वशिष्ठ

09.अँगूठे (आत्मा) से ज्ञान प्राप्त करने वाले दक्ष

10.गोद (प्रेम) से ज्ञान प्राप्त करने वाले नारद

ये दस प्रकार ज्ञान से उत्पन्न है और इतने प्रकार के मानव निर्मित होकर संसार में विचरण कर रहे हैं। इसे ये न समझना चाहिए कि मन या नेत्र इत्यादि से कैसे ब्रह्मा ने अपने पुत्रों को उत्पन्न किया? चूंकि शरीर का अस्तित्व अस्थायी है इसलिए विचार के आधार पर ये मनुष्य के वर्ग या श्रेणी का निर्धारण है। इसे मानकीकरण (Standardization) या वर्गीकरण (Classification) भी कहा जा सकता है। जिस प्रकार आजकल मानकीकरण के शब्द ISOऔर ISI मार्का दिये जाते हैं।

नये भारत में, नये मनुष्य के उदय के लिए

आप लंगोट से जौकी पर आ गये...पायजामे से पतलून पर आ गये...नाड़े से बेल्ट पर आ गये...खड़ाऊँ से बूट पर आ गये...कलम से कीबोर्ड पर आ गये। पगडंडियों से एक्सप्रेस वे पर आ गये...चूल्हे से इंडक्शन कुकर पर आ गये...जंगलो से अपार्टमेंट तक आ गये। हल से ट्रैक्टर पर आ गये...पैदल से लक्ज़री जहाज़ों पर आ गये...दीये-मशाल से एलईडी पर आ गये...आप लैंडलाइन से ओरियो एंड्रॉयड तक आ गये...तीर-कमान और गदा से ऑटोमैटिक बंदूकों और मिसाइलों पर आ गये। दुनियां चाँद पे चली गई...मंगल की छाती पर नासा ने रोबोट उतार दिया....शनि मंगल सूर्यग्रहण-चन्द्रग्रहण के हर रहस्य से पर्दा उठ गया!

आप पाँच हज़ार ईसापूर्व और पाँचवी-छठवीं शताब्दी से इक्कीसवी शताब्दी में आ गये...आप लगातार अपडेट होते रहे हैं!!! मगर फिर भी तुम ग्रह-नक्षत्रों को...शनि-मंगल को जन्मकुंडली में देख-देख कर काँप रहे हो। अपना भविष्य सुधारने के लिए बाबा-बाबियों का रास्ता नाप रहे हो। क्या इसी दिन के लिए तुमने बी.एससी, एम.एससी पीएच.डी की थी?? कि तुम पढ़े-लिखे जाहिलों की फौज में शामिल हो जाना! क्या इसी दिन के लिए तुम डॉक्टर, इंजीनियर, वकील, मजिस्ट्रेट या प्रोफेसर बने थे? कि बंगले पर काली हांडी टांगना! निम्बू मिर्ची टांगना! नजर न लगने से एक पैर में काला धागा बांधना?? और अपने उज्ज्वल भविष्य की भीख किसी बाबा-बाबी के दर पर नाक रगड़ के मांगना?

देश आजाद हो गया! दुनिया आजाद हो गई! आखिर कब मिलेगी तुम्हें आजादी?? इस अंधी मानसिक गुलामी से? दुनिया रोज नए-नए आविष्कार कर रही है! तुम हजारों साल पुरानी भाषा, संस्कृति, रीति, रिवाजो की वैज्ञानिक व्याख्या करने में लगे हो! क्या भारत पुनः विश्वगुरु तुम्हारे जैसे मनोरोगियों की वजह से कभी बन पाएगा? बंद कमरे में तुम्हारी चोटी कट जाती! अँधेरे में अकेले में तुम्हें भूत-पलीत सताते हैं! तुम्हें ही सारी दुनिया की नजर लगती है! डायन तो तुम्हारे हर घर में मौजूद है!! तुम्हारे तंत्र-मंत्र-यंत्र काम क्यों नहीं करते हैं? एक पैर में काले धागे वाला रक्षा सूत्र तुम्हारी चोंटी क्यों नहीं बचाता है? आखिर कब तक तुम मानसिक गुलाम रहोगे?

तुम्हारी समस्याएं लौकिक है। मगर तुम्हें हर समस्या का हल परलोक में नजर आता है! संसार तुम्हारे लिए स्वप्नवत् है माया है! भगवान की लीला है! नाटक है! भ्रम है! आखिर तुम्हें इस सपने से कौन जगाए? कब तक शब्दों के साथ बलात्कार करोगे? कब तक धोखे में रहोगे? कब तक हर सिद्धान्त हर आविष्कार को शास्त्रों ऋषि-मुनियों के माथे मड़ोगे??

तुम लोग को जो जगाए वही धर्मद्रोही, देशद्रोही, जातिवादी या नास्तिक है? चारुवाक, बुद्ध, महावीर, कपिल, कणाद गौतम, नागसेन, अश्वघोष, कबीर, नानक, रविदास, ओशो, फुले, शाहू, पेरियार, भीम, भगतसिंह, कोवूर, राहुल संस्कृत्यायन, दयानन्द, विवेकानंद, सबने विवेक लगाया! मगर फिर भी तुम्हारा विवेक नहीं जागा!

तुम्हारा धर्म कब अपडेट (Update) होगा?
तुम्हारी आस्था कब अपडेट (Update) होगी?
तुम्हारा ईश्वर कब अपडेट (Update) होगा?
तुम्हारी सोच कब अपडेट (Update) होगी?
तुम्हारे धर्म की किताबें कब अपडेट (Update) होंगी?

कम्प्यूटर और मोबाइल का साफ्टवेयर तो तुरन्त करते हो, तुम्हारे मस्तिष्क का साफ्टवेयर कब अपडेट (Update) होगा?

क्योंकि तुम विश्वगुरु के अहंकार की दारू पीकर गरीबी, अनपढ़ता, लिंगभेद, जातिभेद, भाषाभेद, क्षेत्रभेद, साम्प्रदायिकता की नाली में पड़े हो! आखिर तुम्हें कब मिलेगी आजादी? इस उम्दा मानसिक गुलामी से?

सोच के बता देना!!
आओ एक कदम शब्दों के उँचाइयों की ओर..........

IDEAS + ACTION = CHANGE

व्यवस्था के परिवर्तन या सत्यीकरण का पहला प्रारूप और उसकी कार्य विधि

उदाहरण के रूप में, यदि किसी शिक्षित व्यक्ति जिसे अंकगणित का ज्ञान हो, उसके समक्ष संख्या 5 लिख दिया जाये और उससे कहा जाये कि इस संख्या के आगे और पीछे की संख्या लिखें तो वह आसानी से उसे लिख देगा परन्तु अंकगणित का अज्ञानी ऐसा नहीं कर पायेगा। उसका सारा ध्यान केवल संख्या 5 पर ही टिका रह जायेगा क्योंकि वह संख्या पद्धति से अपरिचित है। अगर वह कुछ लिख भी देगा तो वह आवश्यक नहीं कि सत्य हो और उसमें सुधार की पूरी सम्भावना बनी रहेगी। समाज सुधार के क्षेत्र में भी यही बात है। हम एक समस्या देखते हैं फिर उसमें कुछ सुधार कर देते हैं। फल यह होता है कि कुछ समय बाद पुनः उसमें सुधार की आवश्यकता आ जाती है।

जितने अधिक आकड़ों को विश्लेषित कर हम परिणाम को खोजेंगे उतने ही सत्य परिणाम हमारे सामने आयेंगे। प्रस्तुत शास्त्र व्यक्त अधिकतम आकड़ों के व्यवस्थित प्रस्तुतीकरण का शास्त्र है। दूसरे रूप में इसे धर्म ज्ञान का बैलेन्ससीट भी कह सकते है। इन सम्पूर्ण आकड़ों पर आधारित होकर व्यक्ति, समाज और विश्व राष्ट्र के लिए लिया गया निर्णय ही एक सत्य निर्णय हो सकता है। समाज सुधार के सम्बन्ध में स्वामी विवेकानन्द का कहना है कि-"तथाकथित समाज-सुधार के विषय में हस्तक्षेप न करना क्योंकि पहले आध्यात्मिक सुधार हुये बिना अन्य किसी भी प्रकार का सुधार हो नहीं सकता (राम पृष्ठ मिशन, पत्रावली भाग-1, पृष्ठ-29), भारत के शिक्षित समाज से मैं इस बात पर सहमत हूँ कि समाज का आमूल परिवर्तन करना आवश्यक है। पर यह किया किस तरह जाये? सुधारकों की सब कुछ नष्ट कर डालने की रीति व्यर्थ सिद्ध हो चुकी है। मेरी योजना यह है, हमने अतीत में कुछ बुरा नहीं किया। निश्चय ही नहीं किया। हमारा समाज खराब नहीं, बल्कि अच्छा है। मैं केवल चाहता हूँ कि वह और भी अच्छा हो। हमें असत्य से सत्य तक अथवा बुरे से अच्छे तक पहुँचना नहीं है। वरन् सत्य से उच्चतर सत्य तक, श्रेष्ठ से श्रेष्ठतर और श्रेष्ठतम तक पहुँचना है। मैं अपने देशवासियों से कहता हूँ कि अब तक जो तुमने किया, सो अच्छा ही किया है, अब इस समय और भी अच्छा करने का मौका आ गया है।"-(राम पृष्ठ मिशन, जितने मत उतने पथ, पृष्ठ-46)

व्यक्ति हो या ज्ञानी, समाज हो या राज्य, देश हो या विश्व, समाज नेता हों या राजनेता सभी को अब यह जान लेना चाहिए कि विश्व एक परिवार है और उस परिवार का शास्त्र-"विश्वशास्त्र" है। जब तक यह शास्त्र उपलब्ध नहीं था तब तक इस विश्व परिवार के एकीकरण का मार्ग नहीं खुला था, अब वह मार्ग मिल चुका है। कोई भी समाज निर्माण या युग परिवर्तन का कार्य एक क्षण का कार्य नहीं है। यह एक लम्बी अवधि की प्रक्रिया का कार्य है। इसे हम उन समाज सुधारकों के संस्थाओं के कार्य को देख कर अनुभव कर सकते हैं।

व्यवस्था परिवर्तन, एक राजनीतिक लुभावना वाला शब्द है। वह कैसे होगा, इसके लिए एक प्रारूप की आवश्यकता होती है अगर वह नहीं है तो व्यवस्था परिवर्तन चिल्लाने से नहीं होता। फिर व्यवस्था परिवर्तन किस बात का? मानव समाज को संचालित करने के लिए तो सिर्फ दो ही मूल व्यवस्था है-एक राजतन्त्र, जिसका युग जा चुका है। दूसरा-लोकतन्त्र, जिसका युग चल रहा है और यही अन्तिम व्यवस्था भी बनी रहेगी क्योंकि ब्रह्माण्डीय व्यवस्था भी लोकतन्त्र से ही चल रहा है और मनुष्य के मस्तिष्क से अन्ततः वही व्यक्त हो रहा है। लोकतन्त्र से हम राजतन्त्र में नहीं जा सकते इसलिए व्यवस्था परिवर्तन का अर्थ ही निरर्थक है।

आवश्यकता है वर्तमान लोकतन्त्र व्यवस्था को ही सत्य आधारित करने की जिसे व्यवस्था सत्यीकरण कहा जा सकता है। इस कार्य में हमें मानकशास्त्र की आवश्यकता है जिससे तोल कर यह देख सके कि इस लोकतन्त्र व्यवस्था में कहाँ सुधार करने से सत्यीकरण हो जायेगा। यह मानकशास्त्र ही "विश्वशास्त्र" है। सिर्फ मतदाता बनने व वोट डालने से ही लोकतन्त्र स्वस्थ नहीं हो सकता। उसके लिए देश व विश्व के पूर्ण ज्ञान की आवश्यकता होगी। इसलिए आवश्यक है कि प्रत्येक मतदाता "विश्वशास्त्र" के ज्ञान से युक्त हो।

अच्छा होता कि हमारे राजनेतागण कुछ दिनों के लिए सन्यास लेकर थोड़ा कुछ अध्ययन-चिंतन करते रहते ताकि उन्हें बार-बार लक्ष्य के लिए शब्दों का परिवर्तन न करना पड़ता। एक ही स्थिति में बहुत समय तक रहने पर बुद्धि, बद्ध हो जाती है। एक-एक सीढ़ी चढ़कर, पहुँच गये-पहुँच गये चिल्लाने से अच्छा है कि अन्तिम सीढ़ी पर पर बैठकर चिल्लाना कि पहुँच गये।

चाहे कुछ हो यदि प्रारूप नहीं, तो न तो व्यवस्था परिवर्तन हो सकता है, न ही व्यवस्था सत्यीकरण हो सकता है, न ही सम्पूर्ण क्रान्ति। भीड़ से क्रान्ति नहीं सिर्फ हंगामा होता है। भीड़ में जोश होता है, होश नहीं।

इस मानक शास्त्र के प्रस्तुत हो जाने से व्यवस्था परिवर्तन की नहीं बल्कि व्यवस्था के सत्यीकरण का मार्ग खुल चुका है। जिसका व्यक्ति, समाज और विश्व राष्ट्र को आवश्यकता भी है। किसी एक विषय पर बहुत अधिक पुस्तक मस्तिष्क को भ्रमित ही करती है। यह शास्त्र प्रारम्भ से अन्त तक के विकास को क्रमबद्ध प्रस्तुत करता है जिससे हम सभी एक सत्य निर्णय करने में सक्षम हों और पूर्ण ज्ञान से युक्त हो जायें और हमारा कोई भी सुधार एक स्थायी, अच्छा और दूरगामी परिणाम देने वाला हो।

प्रश्न यह भी उठता है कि परिवार का मुखिया जिसके द्वारा परिवार का संचालन होता है, यदि वह परिवार के हित व विकास के विषय में कर्म न करता हो तो क्या परिवार का सदस्य उसमें हस्तक्षेप करने का अधिकारी है या नहीं? यही बात देश को चलाने वाले संसद के विषय में भी है। यदि संसद स्वयं देशहित व जनहित के प्रति उदासीन हो जाये तो क्या जनता संसद को मार्गदर्शन देने का अधिकार नहीं रखती? यदि नहीं तो संविधान की धारा-51(ए) के अन्तर्गत नागरिक का मौलिक कर्तव्य की उपयोगिता क्या है? ध्यान रखने योग्य विषय यह है कि कोई भी चुना हुआ प्रतिनिधि सिर्फ उतने ही बड़े क्षेत्र का प्रतिनिधि होता है जिस क्षेत्र से वह चुना जाता है। भारत में ऐसा कोई प्रतिनिधि जनता से नहीं चुना जाता जो भारत का प्रतिनिधित्व करता हो और जब तक भारत का प्रतिनिधित्व करने वाला चुनाव नहीं होता या भारत की जनता का राष्ट्रीय मुद्दों पर विचार कर संसद के कर्तव्य का बोध कराने वाली स्वतन्त्र संस्था नहीं बन जाती, तब तक जनता को संसद को संविधान की धारा-51(ए) के अन्तर्गत नागरिक का मौलिक कर्तव्य के अनुसार न्यायालय व संसद के माध्यम से सरकार को मार्गदर्शन देने का कर्तव्य करना चाहिए जो उसका अधिकार भी है।

वे शब्द जिसके बिना युग परिवर्तन सम्भव नहीं

सन् 1893 से सन् 1993 के 100 वर्षों के समय में विश्व के बौद्धिक शक्ति को जिन्होंने सबसे अधिक हलचल दी वे हैं-धर्म की ओर से स्वामी विवेकानन्द और धार्मिकता की ओर से आचार्य रजनीश"ओशो"। मनुष्य जिस प्रकार भौतिक विज्ञान के नवीन आविष्कारों को आसानी से ग्रहण करता है उसी प्रकार धर्म-आध्यात्म-दर्शन के नवीन आविष्कारों को भी मनुष्य को ग्रहण करना चाहिए, तभी मानसिक-आध्यात्मिक स्वतन्त्रता का अनुभव हो सकेगा। अन्यथा पूर्ण शारीरिक गुलामी का समय बीत चुका, आर्थिक गुलामी का काल चल रहा है और मानसिक गुलामी के काल चक्र में मनुष्य फँस जायेगा।

स्वामी विवेकानन्द जी का कहना था-

- "उसी मूल सत्य की फिर से शिक्षा ग्रहण करनी होगी, जो केवल यहीं से, हमारी इसी मातृभूमि से प्रचारित हुआ था। फिर एक बार भारत को संसार में इसी मूल तत्व का-इसी सत्य का प्रचार करना होगा। ऐसा क्यों है? इसलिए नहीं कि यह सत्य हमारे शास्त्रों में लिखा है वरन् हमारे राष्ट्रीय साहित्य का प्रत्येक विभाग और हमारा राष्ट्रीय जीवन उससे पूर्णतः ओत-प्रोत है। इस धार्मिक सहिष्णुता की तथा इस सहानुभूति की, मातृभाव की महान शिक्षा प्रत्येक बालक, स्त्री, पुरुष, शिक्षित, अशिक्षित सब जाति और वर्ण वाले सीख सकते हैं। तुमको अनेक नामों से पुकारा जाता है, पर तुम एक हो।" (जितने मत उतने पथ, राम कृष्ण मिशन, पृष्ठ-39)।
- "अत: यदि भारत को महान बनाना है, तो इसके लिए आवश्यकता है संगठन की, शक्ति संग्रह की और बिखरी हुई इच्छाशक्ति को एकत्र कर उसमें समन्वय लाने की। अथर्ववेद संहिता की एक विलक्षण ऋचा याद आ गयी जिसमें कहा गया है, "तुम सब लोग एक मन हो जाओ, सब लोग एक ही विचार के बन जाओ। एक मन हो जाना ही समाज गठन का रहस्य है बस इच्छाशक्ति का संचय और उनका समन्वय कर उन्हें एकमुखी करना ही सारा रहस्य है।" (देखें "नया भारत गढ़ो" पृष्ठ संख्या-55)
- "यह भी न भूलना चाहिए कि हमारे बाद जो लोग आएंगे, वे उसी तरह हमारे धर्म और ईश्वर सम्बन्धी धारणा पर हँसेंगे, जिस तरह हम प्राचीन लोगों के धर्म और ईश्वर की धारणा पर हँसते हैं। यह सब होने पर भी, इन सब ईश्वर सम्बन्धित धारणाओं का संयोग करने वाला एक स्वर्ण सूत्र है और वेदान्त का उद्देश्य है-इस सूत्र की खोज करना। भागवान कृष्ण ने कहा है-""भिन्न भिन्न मणियाँ जिस प्रकार एक सूत्र में पिरोयी जा सकती हैं, उसी प्रकार इन सब विभिन्न भावों के भीतर भी एक सूत्र विद्यमान है।" (देखें "ज्ञानयोग", पृष्ठ संख्या-65) ,
- "एक शब्द में वेदान्त का आदर्श है-मनुष्य के सच्चे स्वरूप को जानना।" (देखें "विवेकानन्द राष्ट्र को आह्वान", पृष्ठ सं0-48)।
- यदि हम अपने व्यक्तिगत एवं सामूहिक जीवन में वैज्ञानिक चेतना सम्पन्न एवं आध्यात्मिक एक साथ न हो पाए, तो मानवजाति का अर्थपूर्ण अस्तित्व ही संशय का विषय हो जाएगा। (विज्ञान और आध्यात्मिकता, पृष्ठ-9)
- हमेशा यूरोप से सामाजिक तथा एशिया से आध्यात्मिक शक्तियों का उद्भव होता रहा है एवं इन दोनों शक्तियों के विभिन्न प्रकार के सम्मिश्रण से ही जगत का इतिहास बना है। वर्तमान मानवेतिहास का एक और नवीन पृष्ठ धीरे-धीरे विकसित हो रहा है एवं चारो ओर उसी का चिन्ह दिखाई दे रहा है। कितनी ही नवीन योजनाओं का उद्भव तथा नाश होगा, किन्तु योग्यतम वस्तु की प्रतिष्ठा सुनिश्चित है, सत्य और शिव की अपेक्षा योग्यतम वस्तु और हो ही क्या सकती है? (पत्रावली भाग-1, पृष्ठ-310)

स्वामी विवेकानन्द के अनुसार शब्द से सृष्टि का रहस्य

01. बृहत् ब्रह्माण्ड में भी ब्रह्मा, हिरण्यगर्भ या समष्टि महत् ने पहले अपने आप को नाम के, और फिर बाद में रुप के आकार में अर्थात् इस परिदृश्यमान जगत के आकार में अभिव्यक्त किया। (भक्ति योग, पृष्ठ-44)
02. यह सारा व्यक्त इन्द्रियग्राह्य जगत रुप है, और इसके पीछे है अनन्त अव्यक्त स्फोट। स्फोट का अर्थ-समस्त जगत की अभिव्यक्ति का कारण शब्द-ब्रह्म है। समस्त नामों अर्थात् भावों की नित्य समवायी उपादान स्वरुप यह नित्य स्फोट ही वह शक्ति है, जिससे भगवान इस विश्व की सृष्टि करते हैं। यही नहीं बल्कि भगवान पहले स्फोट रुप में परिणत हो जाते हैं और तत्पश्चात् अपने को उससे भी स्थूल इस इन्द्रियग्राह्य जगत के रुप में परिणत कर लेते हैं। (भक्ति योग, पृष्ठ-45)
03. इस स्फोट का एक मात्र वाचक शब्द है-"ऊँ"। और चूँकि हम किसी भी उपाय से शब्द को भाव से अलग नहीं कर सकते, इसलिए यह "ऊँ" भी इस नित्य स्फोट से नित्य संयुक्त है। (भक्ति योग, पृष्ठ-45)
04. एकमेव यह "ऊँ" ही इस प्रकार सर्वभावाव्यापी वाचक शब्द है, अन्य कोई भी इसके समान नहीं। स्फोट ही सारे भावों का उपादान है, फिर भी वह स्वयं पूर्ण रुप से विकसित कोई विशिष्ट भाव नहीं है। अर्थात् यदि उन सब भेदों को, जो एक भाव को दूसरे से अलग करते हैं, निकाल दिया जाय, तो जो कुछ बचा रहता है, वही स्फोट है। इसलिए इस स्फोट को "नादब्रह्म" कहते हैं। (भक्ति योग, पृष्ठ-45)
05. जो वाचक शब्द उसे सब से कम विशेषभावापन्न करेगा, पर साथ ही उसके स्वरुप को यथासम्भव पूरी तरह प्रकाशित करेगा, वही उसका सबसे सच्चा वाचक होगा। और यह वाचक शब्द है-एकमात्र "ऊँ" क्योंकि ये तीनों अक्षर अ, उ और म्, जिनका एक साथ उच्चारण करने से "ऊँ" होता है, समान शब्दों के साधारण वाचक के तौर पर लिये जा सकते हैं। (भक्ति योग पृष्ठ, पृष्ठ-46)
06. अक्षर "अ" सारे अक्षरों में सबसे कम विशेषभावापन्न है। इसीलिए भगवान श्रीकृष्ण गीता में कहते हैं-"अक्षरों में मैं "अ" कार हूँ। " (गीता,10/33) स्पष्ट रुप से उच्चारित जितने भी शब्द हैं, उनकी उच्चारण क्रिया मुख में जिह्वा के मूल से आरम्भ होती है और ओठों में आकर समाप्त हो जाती है। "अ" जिह्वा मूल अर्थात् कण्ठ से उच्चारित होता है, और "म" ओठों से होने वाला अन्तिम शब्द है। और "उ" उस शक्ति का सूचक है, जो जिह्वा मूल से आरम्भ होकर मुँह भर में लुढ़कती हुई ओठों में आकर समाप्त हो जाती है। यदि "ऊँ" का उच्चारण ठीक ढंग से किया जाय, तो इसके शब्दोच्चारण की सम्पूर्ण क्रिया सम्पन्न हो जाती है-दूसरे किसी भी शब्द में यह शक्ति नहीं। (भक्ति योग, पृष्ठ-46)
07. जिस प्रकार अल्पतम् विशेष भावात्मक तथा सार्वभौमिक वाचक शब्द "ऊँ" के सम्बन्ध में वाच्य और वाचक आपस में अभेद्य रुप से सम्बद्ध हैं उसी प्रकार वाच्य और वाचक का यह अविच्छिन्न सम्बन्ध भगवान और विश्व के विभिन्न खण्ड भावों पर भी लागू है, अतएव उनमें से प्रत्येक का एक विशिष्ट वाचक शब्द होना आवश्यक है। (भक्ति योग, पृष्ठ-47)
08. ये वाचक शब्द ऋषियों की गम्भीरतम आध्यात्मिक अनुभूति से उत्पन्न हुए हैं और वे भगवान तथा विश्व के जिन विशेष-विशेष खण्ड भाव के वाचक हैं, उन विशेष भावों को यथासम्भव प्रकाशित करते हैं। जिस प्रकार "ऊँ" अखण्ड ब्रह्म का वाचक है, उसी प्रकार अन्यान्य मंत्र भी उसी परम पुरुष के खण्ड-खण्ड भावों के वाचक हैं। ये सभी ईश्वर के ध्यान और प्रकृत ज्ञान की प्राप्ति में सहायक हैं। (भक्ति योग, पृष्ठ-47)
09. सृष्टि के पूर्व ब्रह्म शब्दात्मक बनते है, फिर ओंकारात्मक या नादात्मक होते है। तत्पश्चात पहले कल्पों के विशेष शब्द जैसे-भूः, भुवः, स्व-अथवा गो, मानव, घट, पट इत्यादि का प्रकाश उसी ओंकार से होता है। सिद्ध संकल्प ब्रह्म में क्रमश-एक-एक शब्द के होते ही उसी क्षण उन सब पदार्थो का भी प्रकाश हो जाता है और इस विचित्र जगत् का विकास हो उठता है। अब समझे न कि कैसे शब्द ही सृष्टि का मूल है। -स्वामी विवेकानन्द (विवेकानन्द जी के संग में पृष्ठ-62)
10. यह सारा व्यक्त इन्द्रिय ग्राह्य जगत रूप है, और इसके पीछे है अनन्त अव्यक्त स्फोट। स्फोट का अर्थ-समस्त जगत की अभिव्यक्ति का कारण शब्द-ब्रह्म। समस्त नामों अर्थात् भावों की नित्य समवायी उपादान स्वरूप यह नित्य स्फोट ही वह शक्ति है, जिससे भगवान इस विश्व की सृष्टि करते है। यही नहीं बल्कि भगवान पहले स्फोट-रूप में परिणत हो जाते है और तत्पश्चात अपने को उससे भी स्थूल इस इन्द्रिय ग्राह्य जगत् के रूप में परिणत कर लेते है। -स्वामी विवेकानन्द (राजयोग-पृष्ठ-45)

आचार्य रजनीश"ओशो" का कहना था-

- "श्रीकृष्ण का महत्व अतीत के लिए कम भविष्य के लिए ज्यादा है। सच ऐसा है कि कृष्ण अपने समय से कम से कम पाँच हजार वर्ष पहले पैदा हुये। सभी महत्वपूर्ण व्यक्ति अपने समय से पहले पैदा होते हैं और

सभी गैर महत्वपूर्ण व्यक्ति अपने समय के बाद पैदा होते हैं। बस महत्वपूर्ण और गैर महत्वपूर्ण में इतना फर्क है और सभी साधारण व्यक्ति अपने समय के साथ पैदा होते हैं महत्वपूर्ण व्यक्ति को समझना आसान नहीं होता। उसका वर्तमान और अतीत उसे समझने में असमर्थता अनुभव करता है जब हम समझने योग्य नहीं हो पाते तब हम उसकी पूजा शुरु कर देते हैं या तो हम उसका विरोध करते हैं। दोनों पूजाएं हैं एक मित्र की एक शत्रु की।"

- उसके लिए सब हंसी खेल है, सब लीला है। इसलिए हमने कृष्ण को पूर्णावतार कहा। राम गम्भीर हैं छोटी-छोटी बात का हिसाब रखते हैं। नियम मर्यादा से चलते हैं- मर्यादा पुरूषोत्तम हैं। कृष्ण अमर्याद हैं न कोई नियम है न कोई मर्यादा। कृष्ण के लिए जीवन लीला है।
- धर्म कोई विषय थोड़े ही है। धर्म की कोई सीमा थोड़े ही है। धर्म तो समस्त जीवन का नाम है। जीवन में जो कुछ भी समाविष्ट है, धर्म उस सभी के सम्बन्ध में वक्तव्य देने का हकदार है। राजनीतिज्ञ, धर्म के सम्बन्ध में वक्तव्य नहीं दे सकता क्योंकि राजनीति की सीमा है। लेकिन धार्मिक व्यक्ति, राजनीति के सम्बन्ध में वक्तव्य दे सकता है क्योंकि धर्म की कोई सीमा नही है धर्म असीम है, धर्म तो पूरे जीवन को घेरता है जैसे आकाश घेरता है। धर्म से तो कोई भी चीज छोड़ी नहीं जा सकती। धार्मिक व्यक्ति की दृष्टि तो सब सम्बन्धों में होगी।
- जो एक गुरू बोल रहा है, वह अनन्त सिद्धों की वाणी है। अभिव्यक्ति में भेद होगा, शब्द अलग होंगे, प्रतीक अलग होंगे मगर जो एक सिद्ध बोलता है, वह सभी सिद्धों की वाणी है। इनसे अन्यथा नहीं हो सकता है। इसलिए जिसने एक सिद्ध को पा लिया, उसने सारे सिद्धों की परम्परा को पा लिया। क्योंकि उनका सूत्र एक ही है। कुंजी तो एक ही है, जिसमें ताला खुलता है अस्तित्व का।
- "इस देश को कुछ बाते समझनी होगी। एक तो इस देश को यह बात समझनी होगी कि तुम्हारी परेशानियों, तुम्हारी गरीबी, तुम्हारी मुसीबतों, तुम्हारी दीनता के बहुत कुछ कारण तुम्हारे अंध विश्वासों में है, भारत कम से कम डेढ़ हजार साल पिछे घिसट रहा है। ये डेढ़ हजार साल पूरे होने जरूरी है। भारत को खिंचकर आधुनिक बनाना जरूरी है। मेरी उत्सुकता है कि इस देश का सौभाग्य खुले, यह देश भी खुशहाल हो, यह देश भी समृद्ध हो। क्योंकि समृद्ध हो यह देश तो फिर राम की धुन गुंजे, समृद्ध हो यह देश तो फिर लोग गीत गाँये, प्रभु की प्रार्थना करें। समृद्ध हो यह देश तो मंदिर की घंटिया फिर बजे, पूजा के थाल फिर सजे। समृद्ध हो यह देश तो फिर बाँसुरी बजे कृष्ण की, फिर रास रचे! यह दीन दरिद्र देश, अभी तुम इसमें कृष्ण को भी ले आओंगे तो राधा कहाँ पाओगे नाचनेवाली? अभी तुम कृष्ण को भी ले आओगे, तो कृष्ण बड़ी मुश्किल में पड़ जायेंगे, माखन कहाँ चुरायेगें? माखन है कहाँ? दूध दही की मटकिया कैसे तोड़ोगे? दूध दही की कहाँ, पानी तक की मटकिया मुश्किल है। नलों पर इतनी भीड़ है! और एक आध गोपी की मटकी फोड़ दी, जो नल से पानी भरकर लौट रही थी, तो पुलिस में रिपोर्ट दर्ज करा देगी कृष्ण की, तीन बजे रात से पानी भरने खड़ी थी नौ बजते बजते पानी भर पायी और इन सज्जन ने कंकड़ी मार दी। धर्म का जन्म होता है जब देश समृद्ध होता है। धर्म समृद्ध की सुवास है। तो मैं जरूर चाहता हूँ यह देश सौभाग्यशाली हो लेकिन सबसे बड़ी अड़चन इसी देश की मान्यताएं है। इसलिए मैं तुमसे लड़ रहा हूँ। तुम्हारे लिए।"

व्यक्ति-समाज-राज्य-विश्व की आवश्यकता, भविष्यवक्ताओं की भविष्यवाणीयां, ग्रहों के चालों, सूर्य व चन्द्र ग्रहण, सामाजिक-राजनीतिक विचारकों के विचार-सपनें-उम्मीद इत्यादि युग परिवर्तन की ओर दिशा निर्देश कर रहीं हैं। ऐसे में सृष्टि के लिए सार्वभौम सर्वोच्च अन्तिम अर्थों वाले शब्दों (जिसकी सूची अगले पृष्ठ पर दी गई है।) **पर चर्चा ही एक मात्र युग परिवर्तन का मार्ग है।**

वे सार्वभौम एकात्म शब्द जिसके बिना युग परिवर्तन सम्भव नहीं (सर्वोच्च, अन्तिम और दृश्य)

क्र.सं. विषय क्षेत्र	सम्बन्धित क्षेत्र से मुख्य नाम
01. विश्व क्षेत्र	विश्व संविधान / साहित्य / विचार / सिद्धान्त / प्रबन्ध / दर्शन / मत / मानव / एकता / शान्ति / विकास / स्थिरता / आत्मा / अभिनेता / बुद्धि / राजनीति / क्रांति
02. राज्य क्षेत्र	विश्व (राष्ट्र) ऐजेण्डा–2012+ (WORLD NATION AGENDA-2012+) विश्व व्यवस्था का अधिकतम एवं न्यूनतम साझा कार्यक्रम
03. समाज क्षेत्र	लोक / गण / जन ऐजेण्डा–2012+ (PUBLIC AGENDA-2000+)
04. धर्म क्षेत्र	वेदान्त धर्म स्थापना
05. साहित्य क्षेत्र	विश्व साहित्य–"विश्वभारत" समाहित "विश्वशास्त्र" साहित्य– आदर्श वैश्विक व्यक्ति चरित्र कथा साहित्य
06. सामाज शास्त्र	मानक / जन / गण / लोक शास्त्र
07. धर्मशास्त्र	धर्मयुक्त नाम – कर्मवेदः प्रथम, अन्तिम और पंचम वेद और आधारित उपनिषद् (व्यष्टि एवं समष्टि) सर्वधर्मसमभाव / धर्मनिरपेक्ष नाम – मन की गुणवत्ता का विश्व मानक : शून्य श्रृंखला (व्यष्टि एवं समष्टि)
08. मानक क्षेत्र	मन की गुणवत्ता का विश्व मानक : शून्य श्रृंखला
09. अदृश्य विज्ञान	दृश्य आध्यात्म विज्ञान
10. दृश्य विज्ञान	धर्म विज्ञान या एकात्म विज्ञान (Integration Science)
11. इंजीनियरिंग	सत्य सामाजिक अभियंत्रण (Real Social Engineering)
12. तकनीकी	सत्य सामाजिक तकनीकी (Real Social Technology) : WCM-TLM-SHYAM.C Technology
13. संविधान	विवादमुक्त तन्त्रों पर आधारित संविधान
14. राजनीति	सत्य राजनीति / राजनीति–2012+ (POLITICS-2012+)
15. संगठन	विश्व राजनीतिक पार्टी संघ (World Political Party Organisation- WPPO)
16. शिक्षा	पूर्णज्ञान / पूर्ण शिक्षा प्रणाली / शिक्षा -2012+ (EDUCATION-2012+)
17. राष्ट्र सम्बन्ध	आदर्श राष्ट्रीय नागरिक
18. वेदान्त	कर्म वेदान्त : वेदान्त की अन्तिम शाखा
19. मतवाद	एकात्म कर्मवाद : एकात्म मानवतावाद का व्यावहारिक रुप
20. दार्शनिक	विकास दर्शन (Development Philosophy)
21. क्रांति	संपूर्ण क्रांति (Complete Revolution) : प्रलय, स्थिति एवं सृष्टि
22. सांस्कृतिक	भोगेश्वरः भोग (पाश्चात्य) + ईश्वर (प्राच्य) = एकात्म या ईश्वरत्व भाव से भोग
23. मन	विश्व मन (WOLD MIND)
24. मानव	विश्वमानव (विश्वमन से युक्त)
25. मनु	8वें मनु – सावर्णि मनु
26. अवतार	भगवान विष्णु के 10वें और अन्तिम तथा भगवान शंकर के 22वें और अन्तिम संयुक्तावतार (निष्कलंक कल्कि एवं भोगेश्वर)
27. निराकार ब्रह्म	सार्वभौम सत्य–सिद्धान्त (UNIVERSAL TRUTH-THEORY) : विश्व–बन्धुत्व का सिद्धान्त
28. साकार ब्रह्म	लव कुश सिंह
29. पुनर्जन्म–सत् मार्ग से	बुड्ढा कृष्ण (कृष्ण भाग – 2 और अन्तिम) – कृष्ण की अगली और अन्तिम कड़ी
30. पुनर्जन्म–रज मार्ग से	स्वामी विवेकानन्द का पुनर्जन्म
31. पुनर्जन्म–तम मार्ग से	रावण की अगली कड़ी
32. आत्मा	दृश्य विश्वात्मा / शिव / ब्रह्म / मैं
33. अभिनय	वास्तविक जीवन का अभिनेता (Real Life Actor)
34. बम	ज्ञान बम – आध्यात्मिक न्यूट्रान बम
35. अस्त्र	अनियन्त्रित पशुपास्त्र (नारायणास्त्र या सु–दर्शन चक्र व ब्रह्मास्त्र समाहित)
36. माया	योग माया समाहित भोगमाया
37. ज्ञान	एकात्म कर्मज्ञान (शास्वत) : व्यष्टि एवं समष्टि
38. बुद्धि	विश्व बुद्धि व चेतना या सत्य चेतना : पूर्व व्यक्त सत्य चेतना
39. ध्यान व योग	दृश्य सत्य–क्रियाकलाप–एकात्म योग व ध्यान (अन्तिम योग व अन्तिम ध्यान)
40. मिशन	प्राकृतिक सत्य मिशन (Natural Truth Mission)–सर्वोच्च और अन्तिम मिशन
41. धार्मिक नगर	एकात्म काशी– जीवनदायिनी सत्यकाशी : पंचम, अन्तिम तथा सप्तम काशी
42. शक्ति	आत्मशक्ति (SPIRIT POWER),मस्तिष्क शक्ति (BRAIN POWER), मन शक्ति (MIND POWER),सत्य शक्ति (TRUTH POWER)
43. जीवन कथा	विश्वमानव लीला / दर्पण : दो विपरीत दिशाओं के साथ प्रथम एवं अन्तिम कथा
44. प्रेम और कर्म	शास्वत प्रेम और कर्म
45. समन्वय	अन्तिम समन्वय–सिद्धान्त
46. आचार्य	अन्तिम समन्वयाचार्य
47. कला	विश्वमानव कला (कृष्ण कला समाहित)
48. परिचालन प्रणाली	अवतार का परिचालन प्रणाली : मानव–10 (Avatar's Operating System-AOS : Human-10)
49. शंकराचार्य पीठ	सत्यकाशी पीठ : पंचम और अन्तिम शंकराचार्य पीठ

भाग-4

केन्द्र या मध्य (भारत) में पांचवां और अन्तिम सत्यकाशी पीठ

सत्यकाशी पीठ: स्थान

सत्यकाशी पीठ: इतिहास और उद्देश्य

पाँचवाँ और अंतिम शंकराचार्य पीठ: इसकी विशेषता

"हिन्दू धर्म की जो पकड़ थी, वह इस समय कमजोर पड़ गयी है क्योंकि भारतीय स्वतंत्रता आन्दोलन के समय से राजनेताओं का वर्चस्व बढ़ा और उन्होंने धर्म रक्षकों को दबा दिया, जिसके परिणामस्वरूप 163 साल तक शंकराचार्य की पदवी खाली रही। इसलिए आवश्यक है कि शिक्षा के क्षेत्र में धर्म की स्थापना हो। स्वस्थ एवं श्रेष्ठ साहित्य का सृजन हो। महापुरूषों को घूम-घूम कर सनातन धर्म का प्रचार-प्रसार करना चाहिए जिससे लोगों के हृदय में भारतीय धर्म-शास्त्र के प्रति आस्था-विश्वास बढ़े।"

- स्वामी स्वरूपानन्द (द्वारिका पीठाधीश्वर जगद्गुरू शंकराचार्य)
साभार - दैनिक आज, समाचार पत्र, वाराणसी, दि0 10-5-1997

स्पष्टिकरण

सत्य से सार्वभौम सत्य-सिद्धान्त तक का मार्ग अवतारों का मार्ग है। सार्वभौम सत्य-सिद्धान्त की अनुभूति ही अवतरण है। इसके अंश अनुभूति को अंश अवतार तथा पूर्ण अनुभूति को पूर्ण अवतार कहते है। ग्रन्थों में अवतारों की कई कोटि बतायी गई है जैसे अंशाशावतार, अंशावतार, आवेशावतार, कलावतार, नित्यावतार, युगावतार इत्यादि, जो भी सार्वभौम सत्य-सिद्धान्त को व्यक्त करता है वे सभी अवतार कहलाते हैं। व्यक्ति से लेकर समाज के सर्वोच्च स्तर तक सार्वभौम सत्य-सिद्धान्त को व्यक्त करने के क्रम में ही विभिन्न कोटि के अवतार स्तरबद्ध होते हैं। अवतार मानव मात्र के लिए ही कर्म करते हैं न कि किसी विशेष मानव समूह या सम्प्रदाय के लिए। अवतार, धर्म, धर्मनिरपेक्ष व सर्वधर्मसमभाव से युक्त अर्थात एकात्म से युक्त होते है। इस प्रकार अवतार से उत्पन्न शास्त्र मानव के लिए होते हैं, न कि किसी विशेष मानव समूह के लिए। उत्प्रेरक, शासक और मार्गदर्शक आत्मा सर्वव्यापी है। इसलिए एकात्म का अर्थ संयुक्त आत्मा या सार्वजनिक आत्मा है। अवतारों के प्रत्यक्ष और प्रेरक दो कार्य विधि हैं। प्रत्यक्ष अवतार वे होते हैं जो स्वयं अपनी शक्ति का प्रत्यक्ष प्रयोग कर समाज का सत्यीकरण करते हैं। यह कार्य विधि समाज में उस समय प्रयोग होता है जब अधर्म का नेतृत्व एक या कुछ मानवों पर केन्द्रित होता है। प्रेरक अवतार वे होते हैं जो स्वयं अपनी शक्ति का अप्रत्यक्ष प्रयोग कर समाज का सत्यीकरण जनता एवं नेतृत्वकर्ता के माध्यम से करते हैं। यह कार्य विधि समाज में उस समय प्रयोग होता है जब समाज में अधर्म का नेतृत्व अनेक मानवों और नेतृत्वकर्ताओं पर केन्द्रित होता है।

इन विधियों में से कुल दस अवतारों में से प्रथम सात (मत्स्य, कूर्म, वाराह, नृसिंह, वामन, परशुराम, राम) अवतारों ने समाज का सत्यीकरण प्रत्यक्ष विधि के प्रयोग द्वारा किया था। आठवें अवतार (श्रीकृष्ण) ने दोनों विधियों प्रत्यक्ष ओर प्रेरक का प्रयोग किया था। नवें (भगवान बुद्ध) और अन्तिम दसवें अवतार की कार्य विधि प्रेरक ही है।

सनातन अद्वैत दर्शन के अनुसार यह जगत ही ईश्वर का दृश्य रूप है। ऐसे में सभी ईश्वर हैं। सभी ईश्वर के बहुरूप हैं और सभी में प्रकाशित वही ईश्वरीय सत्ता है। सार्वभौम एकात्म की ओर ले जाने वाले सभी प्रक्षेपित

मानक चरित्र सनातन हैं जैसे ब्रह्मा परिवार, विष्णु परिवार और महेश परिवार। इस सार्वभौम एकात्म की ओर विचार व्यक्त करने वाला अर्थात उसी का प्रचार-प्रसार व स्थापना करने वाला युगावतार तो नहीं हो सकता लेकिन वह अवतार अवश्य होता है क्योंकि उसने भी उस सार्वभौम सत्य-सिद्धान्त का साक्षात्कार किया है।

ईश्वर के मानवीयकरण व मानव के ईश्वरीयकरण के लिए आपके भौतिक शरीर से व्यक्त विश्वात्मा की इच्छा को धर्म क्षेत्र से नाम कर्मवेदः प्रथम, अन्तिम तथा पंचम वेद एवं धर्मनिरपेक्ष क्षेत्र से मन का विश्वमानकः शून्य श्रृंखला समाहित "विश्वशास्त्र-द नाॅलेज आॅफ फाइनल नाॅलेज" के रूप में पूर्ण किया जा चुका है। जिसमें पुराणों का धर्मनिरपेक्ष और सर्वधर्मसमभाव रूप भी सम्पूर्ण मानव जाति को स्पष्ट दृष्टिगत होगा। परिणामस्वरूप भारतीय धर्म शास्त्रों के प्रति विश्वव्यापी आस्था बढ़ना स्वाभाविक है। साथ ही अनेक सत्य-साहित्यों की रचना के लिए भी मार्ग प्रशस्त और रचना कर दिये गये हैं।

तीनों देवताओं ब्रह्मा, विष्णु और शिव-शंकर के मूल गुणों के आधार पर उनके वास्तविक रुप अर्थात् चार वेदों को व्यक्त करने वाले चार मुखों से युक्त सृष्टिकर्ता ब्रह्मा का रुप, चार भुजाओं से युक्त पालनकर्ता विष्णु का रुप तथा ब्रह्मा और विष्णु समाहित पाँचों वेदों को व्यक्त करने वाले पाँच मुखों से युक्त कल्याणकर्ता शिव-शंकर का अन्तिम रुप, तीनों देवताओं का दिव्यरुप कहलाता है। इसी अनुसार शिव-शंकर के अवतार ही केवल पंचमुखी होते हैं। इसी क्रम में पंचमुखी हनुमान और वेद माता मां गायत्री को भी दिखाया गया है। इस अनुसार पांचवें वेद और पांचवें शंकराचार्य पीठ की स्थापना ही युग परिवर्तन की प्रक्रिया का आरम्भ और सनातन विश्व की ओर कदम है।

व्यक्ति-समाज-राज्य-विश्व की आवश्यकता, भविष्यवक्ताओं की भविष्यवाणीयां, ग्रहों के चालों, सूर्य व चन्द्र ग्रहण, सामाजिक-राजनीतिक विचारकों के विचार-सपनें-उम्मीद इत्यादि युग परिवर्तन की ओर दिशा निर्देश कर रहीं हैं। ऐसे में सृष्टि के लिए सार्वभौम सर्वोच्च अन्तिम अर्थों वाले शब्दों पर चर्चा ही एक मात्र युग परिवर्तन का मार्ग है।

आविष्कार उपयोगी होता है, आविष्कारक नहीं। रचना अधिक समय तक रहती है रचनाकार अदृश्य हो जाता है और रचना के आधार पर अन्य रचना भी होती रहती है।

सनातन विश्व के लिए समस्त प्रक्रिया 150 पुस्तकों के रूप में वेबसाइट

www.64inch.com

पर उपलब्ध है और कार्य समाप्त होता है। व्यक्ति और नेतृत्वकर्ता

अपने धर्म

का पालन करें, समाधान उपलब्ध हो चुका है।

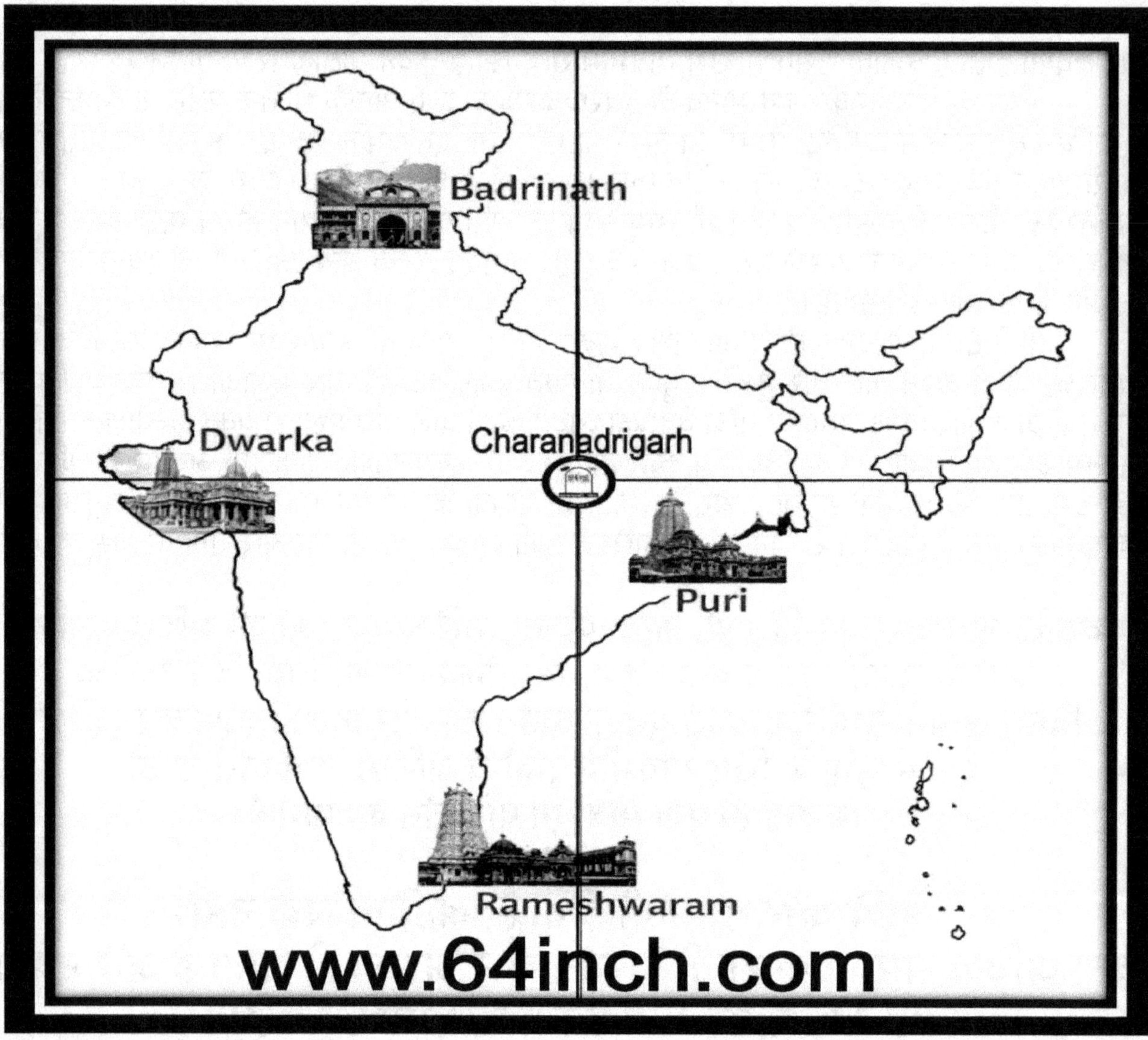

दिशा	पीठ का नाम/ स्थान	उद्देश्य	संबंधित वेद	महावाक्य	तत्व
उत्तर	बदरी ज्योतिर्मठ पीठ उत्तराखंड, जोशीमठ	ज्ञान और विवेक	अथर्ववेद	अयमात्मा ब्रह्म (यह आत्मा ब्रह्म है)	वायु
दक्षिण	श्रींगेरी शारदा पीठ कर्नाटक, श्रींगेरी	स्थिरता और परंपरा	यजुर्वेद	अहम् ब्रह्मास्मि (मैं ब्रह्म हूँ)	पृथ्वी
पूर्व	पुरी गोवर्धनमठ पीठ ओडिशा, पुरी	भक्ति और समर्पण	ऋग्वेद	प्रज्ञानं ब्रह्म (चेतना ब्रह्म है)	जल
पश्चिम	द्वारका शारदा पीठ गुजरात, द्वारका	कर्म और संकल्प	सामवेद	तत्त्वमसि (तू ब्रह्म है)	अग्नि
केन्द्र या मध्य	सत्यकाशी पीठ उत्तर प्रदेश, चरणाद्रिगढ़	चेतना और एकत्व	कर्मवेद	सर्वे ब्रह्म (सभी ब्रह्म हैं)	आकाश

क्षिति, जल, पावक, गगन, समीरा। पंच तत्व मिलि बनेहु शरीरा ।।

सत्यकाशी पीठ: स्थान

मानव जीवन की यात्रा को हम चार स्तरों में देख सकते हैं - **संभल (Shambhal), संभला (Shambhala), ज्ञानगंज (Gyanganj) और संगरीला (Sangrila)**

संभल (Shambhal) को हम भौतिक जगत का प्रतीक मान सकते हैं। यह धरती पर बसा हुआ वास्तविक नगर है, जहाँ लोग रहते हैं, संघर्ष करते हैं और जीवन की यात्रा करते हैं। धार्मिक मान्यता के अनुसार यहाँ भविष्य में कल्कि अवतार का जन्म होगा। इसका अर्थ यह भी है कि संभल हमें यह याद दिलाता है कि परिवर्तन और नवजागरण हमेशा इसी सांसारिक धरती से प्रारंभ होता है।

संभला (Shambhala) आध्यात्मिक जगत का प्रतीक है। यह उस आदर्श समाज और चेतना की ओर संकेत करता है, जहाँ धर्म, करुणा और सत्य का शासन है। बौद्ध ग्रंथों में इसे एक अदृश्य, पवित्र राज्य बताया गया है। इसका दार्शनिक अर्थ यह है कि हर मनुष्य के भीतर एक संभला है - एक ऐसा क्षेत्र जहाँ शांति, संतुलन और धर्म की शक्ति हमेशा जीवित रहती है। यह हमारे भीतर के आदर्श और परम लक्ष्य का रूप है।

ज्ञानगंज (Gyanganj) गूढ़ और रहस्यमय चेतना का प्रतीक है। यह वह क्षेत्र है, जहाँ अमर योगी और सिद्ध रहते हैं, और जो साधारण दृष्टि से छिपा हुआ है। इसका अर्थ यह है कि सत्य और सर्वोच्च ज्ञान कभी सतही रूप में उपलब्ध नहीं होते, बल्कि गहन साधना और आंतरिक परिवर्तन से ही प्राप्त किए जा सकते हैं। ज्ञानगंज हमें यह सिखाता है कि परम सत्य अदृश्य है, परंतु साधना से प्रकट हो सकता है।

इस प्रकार, ये चारों स्तर - **भौतिक, आध्यात्मिक, गूढ़ और आदर्श** - मानव जीवन और चेतना की समग्र यात्रा का प्रतिनिधित्व करते हैं, जहाँ साधना, अनुभव और ज्ञान मिलकर आत्मा को पूर्णता की ओर ले जाते हैं।

इस प्रकार, इन तीनों को मिलाकर देखा जाए तो:

- **संभल** = जीवन और समाज का यथार्थ (भौतिक जगत)
- **संभला** = आदर्श और धर्म का उच्च स्वरूप (आध्यात्मिक जगत)
- **ज्ञानगंज** = रहस्यमय सत्य और अमर ज्ञान (गूढ़ जगत)

ये तीनों मिलकर मानव जीवन की पूर्ण यात्रा का संकेत देते हैं - भौतिक से आध्यात्मिक और फिर गूढ़ एवं परम सत्य तक।

संगरीला (Sangrila/Shangri-La) एक कल्पित पर्वतीय स्थल है, जिसे आदर्श समाज और शांति का प्रतीक माना जाता है। यह जगह सामान्य दृष्टि से अदृश्य या दूरस्थ मानी जाती है, जहाँ जीवन सुखमय, स्वस्थ और सामंजस्यपूर्ण होता है। दार्शनिक रूप से इसे मानव चेतना के उच्चतम स्तर, आत्मा की शांति और आदर्श जीवन का प्रतीक माना जाता है। **संगरीला (Sangrila)** का अर्थ यह भी है कि सच्ची खुशी और संतुलन केवल भीतर की यात्रा और साधना से ही प्राप्त होते हैं, बाहरी समृद्धि से नहीं।

1. **शब्द-संदर्भ में**: "Sangrila" अक्सर "Shangri-La" का रूपांतर होता है, जो कि एक कल्पित, आदर्श, रहस्यमयी और शांति-पूर्ण स्थान है।
2. **दार्शनिक/आध्यात्मिक संदर्भ में**: इसे ज्ञानगंज या संभला जैसे गूढ़ और रहस्यमयी क्षेत्रों के समान माना जा सकता है।
3. **अन्य संदर्भ**: यदि यह किसी किताब, स्थान या परियोजना का नाम है, तो उसका अलग अर्थ हो सकता है।

पीठ (Peeth) स्थापित करने की योजना

उद्देश्य और दर्शन तय करना

- पहले यह स्पष्ट करें कि पीठ का उद्देश्य क्या होगा:
    - **अद्वैत वेदांत का प्रचार**
    - **साधकों का प्रशिक्षण और मोक्ष की ओर मार्गदर्शन**
    - **धार्मिक शिक्षा, योग और ध्यान केंद्रित करना**
- पीठ का नाम "Satyakashi" इसलिए चुना गया है क्योंकि यह **सत्य और ज्ञान के प्रकाश का प्रतीक** है।

गुरु या आध्यात्मिक मार्गदर्शक

- पीठ को वैध और आध्यात्मिक मान्यता प्राप्त करने के लिए **एक योग्य गुरु या शिष्य परंपरा वाला व्यक्ति** आवश्यक है।
- गुरु का कार्य होगा:
    - **साधकों का प्रशिक्षण**
    - **धर्म और वेदांत का प्रचार**
    - **पीठ की प्रतिष्ठा बनाना**

स्थान और इमारत का चयन

- स्थान चुनते समय ध्यान दें:
    - **शांत और आध्यात्मिक वातावरण**
    - **साधकों के लिए आवास और साधना स्थल**
    - **भक्तों और पर्यटकों के आने-जाने की सुविधा**
- इमारत में हो सकते हैं:
    - मुख्य मंदिर / पूजा स्थल
    - ध्यान और साधना कक्ष
    - वेदांत शिक्षण कक्ष
    - गुरुकुल या आश्रम

धार्मिक और आध्यात्मिक गतिविधियाँ

- नियमित क्रियाएँ:

- **साधना, ध्यान और कीर्तन**
- **वेदांत और शास्त्र अध्ययन**
- **धार्मिक कार्यशालाएँ और प्रवचन**

- विशेष आयोजन:
    - **अस्थायी या वार्षिक उत्सव**
    - **अद्वैत वेदांत पर सेमिनार**
    - **साधक प्रशिक्षण शिविर**

समुदाय और साधकों का निर्माण

- पीठ केवल इमारत नहीं, **साधकों और भक्तों का केंद्र** होना चाहिए।
- इसके लिए करें:
    - सामाजिक और आध्यात्मिक गतिविधियों का आयोजन
    - साधकों के लिए निवास और शिक्षा सुविधाएँ
    - पीठ का प्रचार: पुस्तकों, वेबसाइट और सामाजिक मंचों के माध्यम से

आधिकारिक मान्यता और नेटवर्क

- भारत में शंकराचार्य परंपरा के मुख्य पीठों के साथ **संपर्क और मार्गदर्शन**।
- नए पीठ को स्थानीय प्रशासन और धार्मिक संस्थानों से **मान्यता और सहयोग** दिलाना।
- अन्य पीठों और गुरु परिषदों के साथ **संवाद और सहयोग**।

दीर्घकालीन योजना

- पीठ को स्थायी और प्रतिष्ठित बनाने के लिए:
    - नियमित साधना और शिक्षा कार्यक्रम
    - नए साधकों और भक्तों को जोड़ना
    - पीठ के **अध्यात्मिक, सामाजिक और शैक्षिक प्रभाव** को बढ़ाना

निष्कर्ष:

नया **Satyakashi Peeth** बनाया जा सकता है, लेकिन यह केवल इमारत नहीं, बल्कि **ज्ञान, साधना और आध्यात्मिक मार्गदर्शन का केंद्र** होना चाहिए। एक योग्य गुरु, साधक समुदाय और सही दृष्टिकोण इसके लिए अनिवार्य हैं।

अन्तिम अवतार कल्कि
का संभल (Shambhal), संभला (Shambhala), ज्ञानगंज (Gyanganj) और संगरीला (Sangrila) से सम्बन्ध

इसका उत्तर गहराई से समझा जाए तो यह केवल भूगोल या कथा का नहीं, बल्कि चेतना के विकास का रहस्य है।

1. संभल (Shambhal) - अवतार का धरातल

हिन्दू ग्रन्थों में कहा गया है कि **कल्कि अवतार का जन्म 'संभल' नामक स्थान पर होगा।** यह स्थान भौतिक जगत में मौजूद है - उत्तर प्रदेश का एक नगर, परंतु प्रतीक रूप से यह मानवता के भीतर जन्म लेती दिव्यता का संकेत है। जब धर्म क्षीण होता है, तब वही संभल - अर्थात् "संभलने का बिंदु" - अवतार का आधार बनता है।

संभल = पृथ्वी पर दिव्यता का उद्भव बिंदु।

2. संभला (Shambhala) - धर्मराज्य या दिव्य व्यवस्था

बौद्ध और हिन्दू दोनों परम्पराओं में **Shambhala** को धर्म का गुप्त राज्य माना गया है। बौद्ध ग्रंथ 'कालचक्र तंत्र' में कहा गया है कि जब अधर्म चरम पर होगा, तब Shambhala से एक राजा प्रकट होगा जो अधर्म का अंत करेगा - यह प्रतीक रूप से **कल्कि अवतार का ही वर्णन** है।

संभला = दिव्य शासन या धर्मराज्य, जहाँ से कल्कि की प्रेरणा उठती है।

3. ज्ञानगंज (Gyanganj) - सिद्धों का अदृश्य लोक

ज्ञानगंज को अमर योगियों का क्षेत्र कहा जाता है, जहाँ से विश्व के आध्यात्मिक प्रवाह को दिशा मिलती है। कई सिद्ध परंपराएँ मानती हैं कि कल्कि का आध्यात्मिक मार्गदर्शन इन्हीं योगियों द्वारा किया जाएगा।

ज्ञानगंज = दिव्य ऊर्जा और योगिक शक्ति का स्रोत, जहाँ से कल्कि को आत्मिक बल प्राप्त होगा।

4. संगरीला (Sangrila / Shangri-La) - आदर्श समाज या चेतना का चरम स्वरूप

संगरीला का विचार पश्चिमी और तिब्बती रहस्य परंपराओं में आता है - एक अमर, शांति-पूर्ण, आदर्श स्थान, जहाँ कोई रोग, संघर्ष या अधर्म नहीं होता। यह उस अवस्था का प्रतीक है जो **कल्कि युग के बाद की सृष्टि** होगी - अर्थात सत्ययुग का पुनर्स्थापन।

संगरीला = वह दिव्य युग या चेतना का चरम, जो कल्कि अवतार के कार्य का परिणाम है।

सारांश (संक्षेप में सम्बन्ध)

स्तर	प्रतीक	सम्बन्ध कल्कि से
संभल (Shambhal)	भौतिक जन्मभूमि	कल्कि अवतार का पृथ्वी पर अवतरण
संभला (Shambhala)	दिव्य धर्मराज्य	धर्म का पुनःस्थापन करने की शक्ति का उद्गम
ज्ञानगंज (Gyanganj)	गूढ़ योगिक लोक	कल्कि को आत्मिक दिशा और सिद्ध शक्ति का आधार
संगरीला (Sangrila)	आदर्श चेतना का युग	कल्कि कार्य का अंतिम परिणाम - पुनः सत्ययुग

अर्थात् -

संभल में कल्कि अवतरित होते हैं, संभला से उन्हें धर्म की प्रेरणा मिलती है, ज्ञानगंज से योगिक शक्ति, और संगरीला उनके कार्य का लक्ष्य है - सत्य और शांति का पुनर्स्थापन।

सत्यकाशी पीठ: योग्य स्थान

इस संसार को अन्तिम सन्देश देने से पहले आपको उस क्षेत्र से परिचय कराना चाहता हूँ जिस क्षेत्र से यह सन्देश देने का साहस किया गया है क्योंकि कोई भी क्रिया बिना कारण के नहीं होती।

समस्त मूल कार्य जिस क्षेत्र से सम्पूर्ण हुआ, उस क्षेत्र को सत्यकाशी क्षेत्र कहता हूँ और जिस ग्राम का निवासी हूँ वह काशी (वाराणसी) के चौरासी कोस यात्रा तथा सत्यकाशी क्षेत्र का उभय क्षेत्र में स्थित है। इसलिए जितना काशी (वाराणसी) का हूँ उतना ही सत्यकाशी का हूँ। इस प्रकार यह सन्देश काशी-सत्यकाशी का संयुक्त सन्देश है।

सत्यकाशी क्षेत्र जो काशी (वाराणसी), विन्ध्याचल, शिवद्वार और सोनभद्र के बीच का क्षेत्र है, एक पौराणिक-आध्यात्मिक और साधना के लिए उपयुक्त क्षेत्र के रूप में प्राचीन काल से आकर्षण में रहा है। इस क्षेत्र का हृदय क्षेत्र चुनार है। चुनार का किला राजा विक्रमादित्य ने अपने भाई भर्तहरि के तपस्या में हिंसक जानवरों द्वारा व्यवधान न उत्पन्न हो इसके लिए बनवाया था। ये राजा विक्रमादित्य वही हैं जिनके नाम से विक्रम सम्वत् कैलेण्डर स्थापित है। चुनार ईश्वर के पाँचवें अवतार-वामन अवतार का क्षेत्र है जिनसे समाज की शक्ति का प्रथम जन्म हुआ था।

सत्यकाशी क्षेत्र के चारों कोण पर स्थित

1. काशी (वाराणसी) का अपना प्राचीन और पुरातन इतिहास है जो सर्वविदित है।
2. विन्ध्याचल, जो शिव-शक्ति के उपासना का अद्‌भुत केन्द्र है। यशोदा से उत्पन्न पुत्री (जिनके बदले श्रीकृष्ण प्राप्त हुये थे) महासरस्वती अष्टभुजा देवी के नाम से यहीं स्थापित हैं। भारत देश का मानक समय माँ विन्ध्यवासिनी धाम से तय होता है। पुराणों के अनुसार रावण ने भी इसे मानक समय स्थल मानकर यहाँ शिवलिंग की स्थापना की थी।
3. शिवद्वार, त्रिकोणीय तान्त्रिक साधना के लिए जगत विख्यात था और साधना की राजधानी था। इसे ही मीरजापुर गजेटियर में गुप्तकाशी की संज्ञा से अभिकल्पित किया गया है।
4. सोनभद्र, सोन संस्कृति की पौराणिक पृष्ठभूमि वैदिककालीन सभ्यता की पराकाष्ठापरक ऐतिहासिकता से सम्बद्ध है। सन्त परम्पराओं का एक महत्वपूर्ण परिव्रजन इस क्षेत्र में हुआ जिसमें शैव व शाक्त प्रमुख थे। शैव सम्प्रदाय से जुड़े अघोर तन्त्र ने इसे बहुत सराहा और इसे अपनी कर्मभूमि बना लिया। सोन नद के तट पर शव छेदन क्रिया की भी प्रशिक्षा आयुर्वेद के जिज्ञासुओं को दी जाती थी। शैव तन्त्र से प्रभावित अघोर तन्त्र शव-साधना में सिद्धहस्त था और शव में इकार की प्राण प्रतिष्ठा का जीवन्त रूप शिव को दे देना इनकी अलौकिक साधना का चरमोत्कर्ष है। अघोरपन्थी नाम के पश्चात् “राम” का प्रयोग करते थे। इस क्षेत्र में सवर्ण वर्ग में प्रायः ब्राह्मण वर्ग भी राम का प्रयोग अपने नाम में करता है। इस क्षेत्र में पाशुपात तन्त्र के महान साधक लोरिक का नाम विशेष है।

उपरोक्त तो अति संक्षिप्त परिचय है विस्तार से “विश्वशास्त्र” के अध्याय-दो में प्रकाशित है, जिस क्षेत्र से ये विश्व ऐतिहासिक अन्तिम, अपरिवर्तनीय और अटलनीय सन्देश देने का साहस किया गया है।

भौतिक रूप से सत्यकाशी पीठ के लिए योग्य स्थान सत्यकाशी क्षेत्र ही है। सत्यकाशी पीठ उसी अद्वैत वेदान्त पर आधारित है। जिस के आधार पर आदि शंकाराचार्य द्वारा चार पीठों की स्थापना की थी। युग परिवर्तन के लिए आदि शंकाराचार्य द्वारा स्थापित चार पीठों के वर्तमान शंकाराचार्यों का यह दायित्व है कि वे इस श्रृंखला को आगे बढ़ाते हुये धर्म के वैश्विक स्थापना के लिए आगे आयें।

सत्यकाशी पीठ: इतिहास और उद्देश्य

भारत का इतिहास केवल राजाओं और युद्धों का इतिहास नहीं है,
बल्कि यह **चेतना के विकास का इतिहास** है।
हर युग में जब धर्म और राजनीति के बीच संतुलन बिगड़ता है,
तो कोई न कोई पीठ उस संतुलन को पुनर्स्थापित करने के लिए जन्म लेती है।

ऐसा ही एक अद्वितीय उदय है -
"सत्यकाशी पीठ" का,
जो मानवता के अगले अध्याय की भूमिका बन चुका है।

"जहाँ ज्ञान शासन को दिशा देता है,
वहीं शासन धर्म का साधन बन जाता है।"

काशी से सत्यकाशी तक: चेतना की यात्रा

प्राचीन काशी को "मोक्षभूमि" कहा गया,
क्योंकि वहाँ ज्ञान और मृत्यु - दोनों के रहस्य सिखाए जाते थे।
पर सत्यकाशी - ज्ञान का अगला आयाम है।
यह मृत्यु से मुक्ति नहीं, बल्कि **अज्ञान से मुक्ति** की भूमि है।

तीन चरणों में यह यात्रा समझी जा सकती है:

1. **काशी** - व्यक्तिगत मुक्ति का केंद्र।
2. **महाकाशी** - सार्वभौमिक चेतना का केंद्र।
3. **सत्यकाशी** - वैश्विक एकत्व और अद्वैत शासन का केंद्र।

"काशी आत्मा की दीक्षा है,
सत्यकाशी आत्मा का शासन है।"

स्थापना का उद्देश्य

सत्यकाशी पीठ का जन्म केवल धार्मिक नहीं,
बल्कि आध्यात्मिक-राजनीतिक समन्वय की आवश्यकता से हुआ।
विश्व में बढ़ती भौतिकता, असमानता, और नैतिक संकट के बीच
इस पीठ का उद्देश्य है -

1. **धर्म और शासन के बीच अद्वैत संबंध पुनः स्थापित करना।**
2. **राजनीति को आत्मा से जोड़ना।**
3. **विज्ञान, धर्म, और समाज - तीनों का एक समग्र मॉडल प्रस्तुत करना।**

इसके चार प्रमुख सूत्र:

- **धर्म = चेतना की नीति**
- **राजनीति = सेवा की क्रिया**
- **अर्थनीति = संतुलन की व्यवस्था**
- **विज्ञान = सत्य की खोज**

सत्यकाशी की परंपरा और वंश

सत्यकाशी पीठ किसी व्यक्ति द्वारा स्थापित संस्था नहीं है -
यह **ब्रह्म परंपरा का विस्तार** है।
आदि शंकराचार्य ने चार दिशाओं में चार पीठें स्थापित कीं -
पूर्व, पश्चिम, उत्तर, दक्षिण -
जो वेद, धर्म और आत्मज्ञान के केंद्र बने।

परंतु कालान्तर में जब राजनीति धर्म से अलग और धर्म समाज से अलग हुआ,
तो **पाँचवीं पीठ** की आवश्यकता पड़ी -
जो अद्वैत दर्शन को शासन की नीतियों में उतार सके।

"चार पीठों ने धर्म को जीवित रखा,
पाँचवीं पीठ उसे जीवन में उतारेगी।"

सत्यकाशी का उद्देश्य – धर्म का पुनर्निर्माण, शासन का पुनर्जागरण

आज की मानवता धर्म को या तो संप्रदाय मानती है या अनुष्ठान।
पर सत्यकाशी कहता है -

"धर्म = जीवन की वैज्ञानिक व्यवस्था।"

इस पीठ का उद्देश्य है -
धर्म को **व्यवहार में**, राजनीति को **सेवा में**,
और विज्ञान को **चेतना में** बदलना।

इसके तीन प्रमुख लक्ष्य:

1. **आध्यात्मिक शासन (Spiritual Governance):**
   जहाँ नीतियाँ करुणा और सत्य पर आधारित हों।
2. **चेतना आधारित शिक्षा (Conscious Education):**
   जहाँ बच्चों को ज्ञान नहीं, आत्मा से जोड़ने की विधि सिखाई जाए।
3. **वैश्विक समरसता (Global Oneness):**
   जहाँ राष्ट्रवाद का स्थान "मानववाद" ले ले।

सत्यकाशी और मानवता का भविष्य

सत्यकाशी केवल एक धार्मिक केंद्र नहीं,
बल्कि मानवता का भविष्य मॉडल है।

यह वह स्थान है जहाँ -

- विज्ञान और वेदांत मिलते हैं,
- राजनीति और करुणा जुड़ते हैं,
- और व्यक्ति स्वयं में "राजऋषि" बनता है।

"जब शासक साधक बन जाएगा,
तब ही पृथ्वी पर धर्मराज्य स्थापित होगा।"

निष्कर्ष

सत्यकाशी पीठ का इतिहास कोई कालखंड नहीं,
बल्कि एक **युग की उद्घोषणा** है।
यह उस समय का प्रतीक है
जब ब्रह्मज्ञान शासन का केंद्र बनेगा,
और शासन ब्रह्म की सेवा बन जाएगा।

"सत्यकाशी केवल एक स्थान नहीं -
वह चेतना की वह ज्योति है
जो युगों से अंधकार में जलती रही है।"

पाँचवाँ और अंतिम शंकराचार्य पीठ: इसकी विशेषता

आदि शंकराचार्य ने चार दिशाओं में चार पीठों की स्थापना की -
उत्तर में **ज्योतिर्मठ (बद्रीनाथ)**,
दक्षिण में **श्रृंगेरी पीठ**,
पूर्व में **गौड़पीठ (पुरी)**,
और पश्चिम में **द्वारका शारदापीठ**।

इन चारों पीठों ने धर्म की लौ को जलाए रखा -
ज्ञान, भक्ति, कर्म और योग - चारों मार्गों के संतुलन से।
परंतु जैसे-जैसे युग आगे बढ़ा,
मानवता की चुनौती केवल धर्म रक्षा नहीं रही,
बल्कि **धर्म को शासन, विज्ञान और समाज में जीवित रखना** बन गई।

इसी आवश्यकता से जन्म लेता है -
पाँचवाँ और अंतिम शंकराचार्य पीठ - "सत्यकाशी पीठ।"

"चार पीठों ने धर्म को सुरक्षित रखा,
पाँचवाँ पीठ धर्म को सार्वभौमिक बना देगा।"

पाँचवाँ पीठ क्यों आवश्यक हुआ

शंकराचार्य का कार्य केवल धार्मिक पुनर्जागरण नहीं था;
वह चेतना की क्रांति थी।
उनकी परंपरा ने अद्वैत का सिद्धांत दिया -
कि **सभी भिन्नताएँ एक ही परमसत्य की लहरें हैं।**

परंतु आधुनिक युग में -

- धर्म राजनीति से अलग हुआ,
- ज्ञान आस्था से अलग हुआ,

- और मनुष्य स्वयं अपने अस्तित्व से अलग हो गया।

ऐसे समय में आवश्यक था
कि अद्वैत केवल दर्शनशास्त्र न रह जाए,
बल्कि राजनीति और जीवन का सिद्धांत बन जाए।
इसी हेतु स्थापित हुआ -
सत्यकाशी पीठ - पाँचवाँ और अंतिम शंकराचार्य पीठ।

इसकी स्थापना का प्रतीकात्मक अर्थ

चार पीठें **चार तत्वों (पृथ्वी, जल, अग्नि, वायु)** से संबंधित हैं,
जबकि पाँचवाँ पीठ **आकाश तत्व** का प्रतीक है -
अर्थात् सर्वव्यापक चेतना।

दिशा	पीठ	तत्व	उद्देश्य
पूर्व	पुरी (गौड़)	जल	भक्ति और समर्पण
पश्चिम	द्वारका	अग्नि	कर्म और संकल्प
उत्तर	ज्योतिर्मठ	वायु	ज्ञान और विवेक
दक्षिण	श्रृंगेरी	पृथ्वी	स्थिरता और परंपरा
केंद्र	**सत्यकाशी**	**आकाश**	**चेतना और एकत्व**

"आकाश सबको जोड़ता है -
उसी तरह सत्यकाशी सभी परंपराओं को एक चेतना में जोड़ता है।"

पाँचवाँ पीठ - अद्वैत का आधुनिक रूप

सत्यकाशी पीठ का लक्ष्य अद्वैत को केवल ध्यान या उपनिषद तक सीमित नहीं रखना,
बल्कि उसे शासन और समाज की नीतियों में उतारना है।

इसका सार है -
"अद्वैत शासन" = ऐसा तंत्र जहाँ आत्मा और राज्य में कोई विभाजन न हो।
यह पीठ आत्मा-केन्द्रित राजनीति का सिद्धांत प्रस्तुत करती है -
जहाँ सत्ता साधना है,
शासन सेवा है,
और नेतृत्व तप है।

सत्यकाशी पीठ की पाँच विशेषताएँ

1. अद्वैत का संस्थागत रूप

यह पीठ अद्वैत को केवल तत्वज्ञान नहीं,
बल्कि संस्थागत चेतना बनाती है।
धर्म, शिक्षा, राजनीति, अर्थ और विज्ञान -
सभी को एकसूत्र में बाँधती है।

2. राजऋषि परंपरा का पुनर्जागरण

आदर्श शासक वही है जो साधक भी हो।
सत्यकाशी इस परंपरा को पुनर्जीवित करता है -
जहाँ राज्य का मार्गदर्शन ऋषियों द्वारा होता है।

3. विज्ञान और अध्यात्म का संगम

यह पीठ "Consciousness Studies" और "Spiritual Technology"
को एक साथ लाकर मानव चेतना के विकास को वैज्ञानिक दृष्टि देती है।

4. वैश्विक धर्म - Beyond Religion

सत्यकाशी का धर्म किसी संप्रदाय का नहीं,
बल्कि "मानवता की आत्मा" का है।
यह कहता है -

"जो सत्य को खोजता है, वही सनातन है।"

5. राज्य और आत्मा का समन्वय

यह पीठ बताती है कि शासन तंत्र तभी स्थायी है
जब वह आत्मिक अनुशासन पर आधारित हो।
यह "राजनीति का आध्यात्मिकीकरण" है,
जिसे भविष्य की सभ्यता का आधार माना गया है।

"अंतिम शंकराचार्य पीठ" क्यों कहा गया

चार पीठें धर्म की दिशा का प्रतीक थीं,
पाँचवाँ पीठ **धर्म की दिशा से परे उसकी पूर्णता** का प्रतीक है।
यह अब किसी भौगोलिक क्षेत्र के लिए नहीं,
बल्कि पूरे विश्व की चेतना के लिए है।

"जब मनुष्य का धर्म मानवता होगा,
तब सत्यकाशी पाँचवाँ ही नहीं, अंतिम पीठ सिद्ध होगा।"

सत्यकाशी पीठ का दार्शनिक आधार

इस पीठ की जड़ें तीन सूत्रों पर टिकी हैं -

1. **ब्रह्म सत्यम्** - सत्य सर्वत्र है।
2. **जगत् मिथ्या** - भेद, संप्रदाय और हिंसा केवल अज्ञान की छाया हैं।
3. **जीवो ब्रह्मैव नापरः** - प्रत्येक व्यक्ति ब्रह्म का ही अंश है।

यही दर्शन राजनीति में यह रूप लेता है -

दर्शन	राजनीतिक रूप
ब्रह्म सत्यम्	राज्य का आधार सत्य और नीति
जगत मिथ्या	जाति, रंग, धर्म से ऊपर समानता
जीवो ब्रह्मैव	प्रत्येक नागरिक में दिव्यता का सम्मान

निष्कर्ष

सत्यकाशी पीठ शंकराचार्य की परंपरा का समापन नहीं,
बल्कि उसका परिपूर्ण रूप है।
यह धर्म, राजनीति, और चेतना -
तीनों के संगम से एक नया युग **आरंभ करता है।**

"पहले चार पीठों ने दिशा दी,
पाँचवें ने दिशा को प्रकाश बना दिया।"

सत्यकाशी पीठ इसलिए अंतिम है -
क्योंकि यह अद्वैत को सिद्धांत नहीं,
बल्कि जीवित अनुभव बना देता है।

भाग-5

सत्यकाशी पीठ के कार्य

धारा-उद्धार: धर्म की पुनर्स्थापना

मनुष्य चेतना का रूपांतरण

साधना, दीक्षा और आध्यात्मिक अनुष्ठान

वैश्विक कार्य: मानवता के लिए संदेश

शिव-तत्व और कल्कि-तत्व का मिलन

"सार्वभौम सत्य-सिद्धान्त" पर आधारित "युग परिवर्तन श्रृंखला" के नवयुग के शास्त्र-साहित्य

धारा-उद्धार: धर्म की पुनर्स्थापना

सत्यकाशी पीठ का प्रथम और सर्वोपरि कार्य है-**धारा-उद्धार**, अर्थात वह दिव्य धारा जो युगों से मलीन, विभ्रांत या विकृत हो चुकी है, उसे पुनः शुद्ध स्वरूप में प्रवाहित करना। "धर्म" शब्द यहाँ किसी संप्रदाय, पद्धति या विचारधारा का नाम नहीं; धर्म का अर्थ है-**जगत की अंतर्निहित समरसता, सत्य और सृष्टि-नियम**।

जब युग बदलता है, धर्म की धारा अवरुद्ध हो जाती है।
सत्य केवल ग्रंथों में रह जाता है, इसके प्रयोग का बल खो जाता है।
लोग अनुष्ठान तो करते हैं, पररस के बिना;
मंत्र तो बोलते हैं, पर अर्थ के बिना;
धर्म का नाम तो लेते हैं, पर धर्म का जीवन नहीं जीते।

सत्यकाशी पीठ इस जड़ता को तोड़ता है।

यह धारा-उद्धार तीन प्रकार से होता है:

1. सत्य-दृष्टि का पुनर्जागरण

लोगों में सत्य को पहचानने और जीने की क्षमता पुनः सक्रिय होती है।
यह क्षमता बिना किसी प्रवचन-केवल चेतना-संक्रमण से जगती है।

2. धर्म का प्रयोगशाला-रूप

सत्यकाशी पीठ धर्म को जीवन के केंद्र में स्थापित करता है।
धर्म यहाँ सिद्धांत नहीं-व्यवहार और चरित्र का प्रवाह है।

3. युग-धर्म की घोषणा

हर युग का धर्म अलग होता है।
कलियुग से सतयुग में प्रवेश के लिए जो धर्म आवश्यक है-योग, करुणा, सत्य, उच्च चेतना, मानव-एकत्व-उसका पुनःस्थापन पीठ के मुख्य कार्यों में है।

इस प्रकार, धारा-उद्धार वह बीज है जिससे नए युग की पूरी फसल अंकुरित होती है।

मनुष्य चेतना का रूपांतरण

युग परिवर्तन का मूल आधार मनुष्य की बाहरी परिस्थितियाँ नहीं-उसकी **भीतर की चेतना** है। सत्यकाशी पीठ का दूसरा मुख्य कार्य इसी रूपांतरण से जुड़ा है।

मनुष्य आज बुद्धि में प्रबल है, पर चेतना में सुप्त।
ज्ञान बहुत है, पर विवेक कम।
सूचना बहुत है, पर अनुभूति नहीं।
असंतोष बहुत है, पर दिशा नहीं।

पीठ का उद्देश्य मनुष्य को बाहरी उपलब्धियों से हटाकर भीतर की यात्रा में प्रवेश कराना है।

रूपांतरण के चार चरण

1. जागरण (Awakening)

मनुष्य स्वयं से पहला प्रश्न पूछता है-"मैं कौन हूँ?"
यह प्रश्न जन्म देता है।

2. शुद्धि (Purification)

पुराने संस्कार, भय, भ्रम और अहंकार टूटने लगते हैं।

3. विस्तार (Expansion)

चेतना शरीर-मन से आगे बढ़कर सूक्ष्म और कारण-स्तरों को अनुभव करने लगती है।

4. परिणति (Realization)

मनुष्य अपने भीतर स्थित दिव्य-सत्ता को पहचान लेता है।
यही "नया मनुष्य" है-युग परिवर्तन का वाहक।

पीठ का कार्य प्रत्येक साधक को इन चार चरणों के मार्ग से गुज़ारना है-धीरे, सहज, और सामूहिक ऊर्जा के साथ।

साधना, दीक्षा और आध्यात्मिक अनुष्ठान

हर परिवर्तन की जड़ अनुशासन और साधना है।
सत्यकाशी पीठ में साधना केवल ध्यान या मंत्र नहीं-यह एक पूर्ण जीवन-शास्त्र है।

1. साधना (Spiritual Practice)

- आंतरिक शांति
- चेतना का विस्तार
- ऊर्जा का स्थिरीकरण
- स्मृति-शोधन
- आत्म-प्रकाश

पीठ की साधना आधुनिक मन के अनुसार सरल, गहरी और प्रभावकारी है।
यह शरीर, मन, प्राण और चेतना-सभी स्तरों पर काम करती है।

2. दीक्षा (Initiation)

दीक्षा बाहरी कर्म नहीं-ऊर्जा का आंतरिक स्थानांतरण है।
यह वह क्षण है जब साधक की चेतना में युग-ऊर्जा का बीज रोपा जाता है।
यह बीज धीरे-धीरे जागता है और साधक स्वयं एक “चेतना-केंद्र” बन जाता है।

3. अनुष्ठान (Rituals)

अनुष्ठान ब्रह्मांडीय ऊर्जा को पृथ्वी पर स्थिर करने के उपकरण हैं।
सत्यकाशी पीठ में अनुष्ठान प्राचीन और आधुनिक दोनों हैं-
वे बाहरी प्रतीकों से अधिक आंतरिक परिवर्तन पर आधारित हैं।

अनुष्ठान केवल पूजा नहीं-वे प्रकाश का आह्वान हैं।

वैश्विक कार्य - मानवता के लिए संदेश

सत्यकाशी पीठ का कार्य किसी एक देश, संस्कृति या समुदाय तक सीमित नहीं।
युग परिवर्तन हमेशा वैश्विक होता है-इसलिए उसका संदेश भी वैश्विक होता है।

आज मानवता कई स्तरों पर विभाजित है-
भाषा, धर्म, राजनीति, अर्थव्यवस्था, जाति, विचार।
पर चेतना का सत्य इन सभी से ऊपर है।

सत्यकाशी पीठ का वैश्विक संदेश यही है:

1. मानव एक है

भिन्नता केवल बाहरी है; भीतर सबमें एक ही प्रकाश विद्यमान है।

2. पृथ्वी हमारा साझा आश्रम है

मानवता को पृथ्वी-चेतना के साथ सुसंगत होना होगा।

3. धर्म संघर्ष नहीं-एकता का मार्ग है

सभी पवित्र परंपराएँ एक ही सत्य के भिन्न द्वार हैं।

4. विज्ञान और अध्यात्म एक-दूसरे के पूरक हैं

दुनिया का नया युग तभी जन्म लेगा जब विज्ञान चेतना को समझेगा, और अध्यात्म विज्ञान को अपनाएगा।

5. कल्कि-ऊर्जा सार्वभौमिक है

यह ऊर्जा किसी राष्ट्र का, पंथ का, या समूह का स्वामित्व नहीं;
यह सम्पूर्ण मानवता का जन्मसिद्ध अधिकार है।

सत्यकाशी पीठ का उद्देश्य इसी संदेश को विश्व तक पहुँचाना है-शब्द, कला, ध्यान, साधना, विज्ञान और ऊर्जा के माध्यम से।

शिव-तत्व और कल्कि-तत्व का मिलन

युग परिवर्तन का अंतिम रहस्य दो महाशक्तियों के मिलन में निहित है-
शिव-तत्व और **कल्कि-तत्व**।

शिव-तत्व

संहार, मौन, तत्त्व-ज्ञान, समाधि और शून्य का प्रतिनिधि।
यह सभी रूपों का विसर्जन है-स्रोत में लौटना।

कल्कि-तत्व

नव-सृष्टि, धर्मस्थापन, ऊर्जा का उत्थान और युग-चक्र का पुनर्मूल्यांकन।
यह समय को पुनः संतुलित करने वाली शक्ति है।

दोनों का मिलन तब होता है जब:

- पुराना युग समाप्त हो रहा हो
- नया युग जन्म ले रहा हो
- पृथ्वी अपनी चेतना बदल रही हो
- मानवता परिवर्तन की पुकार कर रही हो

शिव-तत्व पुरातन को शून्य करता है,
और उसी शून्य में कल्कि-तत्व नया ब्रह्मांडीय क्रम स्थापित करता है।

सत्यकाशी पीठ इसी मिलन का केंद्र है-
जहाँ **शिव का मौन** और **कल्कि का उदय**
एक साथ कार्य करते हैं।

यही मिलन युग के नये चक्र की शुरुआत है-
यहीं से सतयुग का नया सूर्योदय होता है।

"सार्वभौम सत्य-सिद्धान्त" पर आधारित "युग परिवर्तन श्रृंखला" के नवयुग के शास्त्र-साहित्य

विभिन्न सम्प्रदाय (धर्म), जाति, मत, दर्शन इत्यादि में विभाजित इस मानव समाज में वर्तमान तथा आने वाले भविष्य के समय की मूल आवश्यकता है- मानव के मनो का एकीकरण अर्थात मानव मन का भूमण्डलीकरण एवं ब्रह्माण्डीयकरण। इसकी आवश्यकता इसलिए भी है क्योंकि मानव अपने विज्ञान व तकनीकी ज्ञान से प्राप्त संसाधनो का प्रयोग करते हुये, एक तरफ तो ब्रह्माण्ड की ओर चल पड़ा है तो दुसरी तरफ विध्वंस के लिए अनेक हथियारों का भी निर्माण कर चुका है। ऐसी स्थिति में हमें निश्चित रूप से ऐसे एकीकरण की आवश्यकता है जिससे हम इस पृथ्वी से मानसिक स्तर के विवादों को समाप्त कर सकें।

माया सभ्यता के अनुसार विश्व के मानव समाज यह भी मान रहें हैं कि 21 दिसम्बर, 2012 को दुनिया का अन्त हो जायेगा। जबकि हिन्दू धर्म शास्त्र विष्णु पुराण, भागवत पुराण, अग्नि पुराण, गरूड़ पुराण, पद्म पुराण इत्यादि में भगवान के दसवें और महाअवतार "कल्कि" का होना अभी शेष है। जिनसे कलियुग के अंधकार व विनाश को समाप्त करने का कार्य सम्पन्न होगा, साथ ही सत्ययुग का आरम्भ होगा। सिक्ख धर्म के पवित्र ग्रन्थ "दशम् ग्रन्थ" में भी "कल्कि अवतार" का वर्णन मिलता है।

सृजन और विनाश, का स्तर शारीरिक, आर्थिक व मानसिक होता है। जो एक व्यक्ति, समाज, देश और विश्व राष्ट्र के लिए होता है। व्यक्ति पर हुये शारीरिक, आर्थिक व मानसिक सृजन और विनाश को व्यक्ति ही अनुभव करता है परन्तु समाज, देश और विश्व राष्ट्र पर हुये शारीरिक, आर्थिक व मानसिक सृजन व विनाश को सार्वजनिक रूप से सभी देखते है। समाज, देश और विश्व राष्ट्र पर शारीरिक व आर्थिक सृजन और विनाश वर्तमान में तो चल ही रहा है जिसे सार्वजनिक रूप से मानव समाज देख रहा है।

भौतिकवादी पश्चिमी संस्कृति किसी भी सृजन व विनाश को मानसिक स्तर पर सोच ही नहीं सकता क्योंकि वह समस्त क्रियाकलाप को बाह्य जगत में ही घटित होता समझाता है जबकि वर्तमान समय मानसिक स्तर पर विनाश व सृजन का है। इस आधार पर यह कहा जा सकता है कि माया सभ्यता के अनुसार 21 दिसम्बर, 2012 को जो विनाश व सृजन होगा, वह मानसिक स्तर का ही होगा। जिसके परिणामस्वरूप सभी सम्प्रदाय, मत, दर्शन एक उच्च स्तर के विचार या सत्य में विलीन अर्थात विनाश को प्राप्त करेगा। फलस्वरूप उच्च स्तर के विचार या सत्य में स्थापित होने से सृजन होगा। कुल मिलाकर माया सभ्यता के कैलेण्डर का अन्त तिथि 21 दिसम्बर, 2012, दुनिया के अन्त की तिथि नहीं बल्कि वह वर्तमान युग के अन्त की अन्तिम तिथि का अनुमान है जिसके बाद नये युग का आरम्भ होगा।

ईश्वर भी इतना मूर्ख व अज्ञानी नहीं है कि वह स्वयं को इस मानव षरीर में पूर्ण व्यक्त किये बिना ही दुनिया को नष्ट कर दे। इसके सम्बन्ध में हिन्दू धर्म शास्त्रों में सृष्टि के प्रारम्भ के सम्बन्ध में कहा गया है कि- "ईश्वर ने इच्छा व्यक्त की कि मैं एक हूँ, अनेक हो जाऊँ"। इस प्रकार जब वही ईश्वर सभी में है तब निश्चित रूप से जब तक सभी मानव ईश्वर नहीं हो जाते तब तक दुनिया के अन्त होने का कोई प्रश्न ही नहीं उठता। और विकास क्रम चलता रहेगा।

21 दिसम्बर, 2012 के बाद का समय नये युग के प्रारम्भ का समय है जिसमें ज्ञान, ध्यान, चेतना, भाव, जन, देश, विश्व राष्ट्र, आध्यात्मिक जागरण, मानवता इत्यादि का विश्वव्यापी विकास होगा। परिणामस्वरूप सभी मानव को ईश्वर रूप में स्थापित होने का अवसर प्राप्त होगा। और यही विश्व मानव समाज की मूल आवश्यकता है। प्राचीन वैदिक काल में समाज को नियंत्रित करने के लिए ज्ञानार्जन सबके लिए खुला नहीं था परन्तु वर्तमान और भविष्य की आवश्यकता यह है कि समाज को नियंत्रित करने के लिए सभी को पूर्ण ज्ञान से युक्त कर सभी के लिए ज्ञान को खोल दिया जाय। यही कारण था कि वेद को प्रतीकात्मक रूप में लिख कर गुरू-शिष्य परम्परा द्वारा उसकी व्याख्या की जाती रही थी जिससे राजा और समाज को नियंत्रण में रखा जा सके।

सभी मानव को ईश्वर रूप में स्थापित होने के लिए जो माध्यम चाहिए वह है-"एकात्म विज्ञान" व "ईश्वर शास्त्र" विषय से मानव को शिक्षित करना और शिक्षा पाठ्यक्रम में अनिवार्य रूप से अध्ययन के लिए शामिल कराया जा सके।

"सार्वभौम सत्य-सिद्धांत"पर आधारित "युग परिवर्तन श्रृंखला" मानवता के अगली पीढ़ी के उदय के लिए

"नये युग" में "नये भारत" के लिए "नवीन मान-राग-प्राण" पर आधारित क्रियान्वयन प्रणाली (Operation System)-मानव-10 (MANAV-10) की पुस्तकें

यह नई पीढ़ी (Gen-Z) के लिए "विकसित भारत" और "मानव-10 प्रणाली" (MANAV-10 System) को प्रोत्साहित करने वाली श्रृंखला का हिस्सा है। अर्थात् यह पुस्तक किसी धर्म, जाति या मत से ऊपर उठकर "Universal Truth Principles" की ओर संकेत करती है।

मुद्रित (Printed Hard Copy) पुस्तक के लिए लिंक(Link)

https://notionpress.com/author/lava_kush

E_Book के लिए

www.64inch.com

द्वापर युग में आठवें अवतार श्रीकृष्ण द्वारा प्रारम्भ किया गया कार्य नवसृजन के प्रथम भाग सार्वभौम ज्ञान के शास्त्र "गीता" के बाद कलियुग में द्वितीय और अन्तिम भाग "सार्वभौम कर्मज्ञान" और "पूर्णज्ञान का पूरक शास्त्र"

विश्व युद्ध के पहले
दिव्य दृष्टि
सत्यकाशी पीठ
पांचवां और अन्तिम शंकराचार्य पीठ

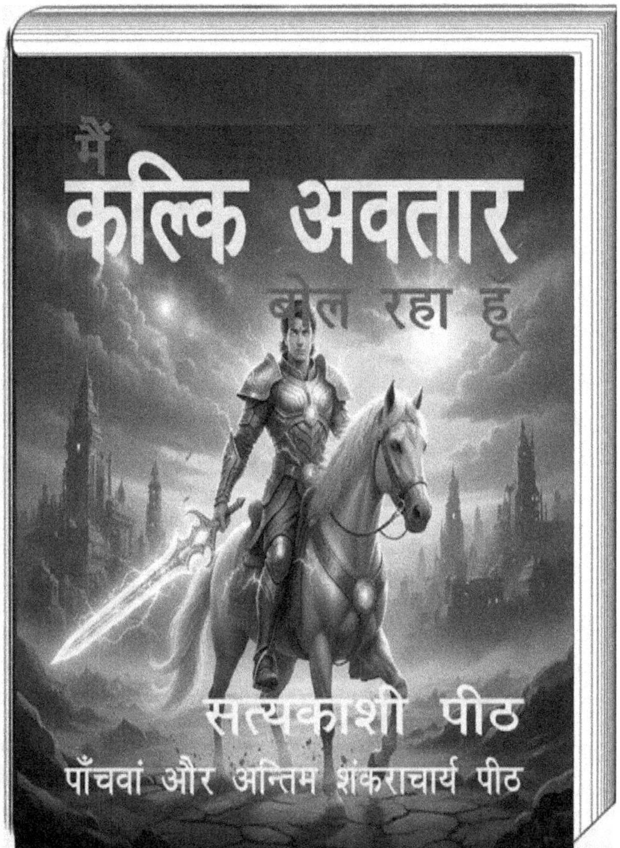
मैं
कल्कि अवतार
रहा हूं
सत्यकाशी पीठ
पाँचवां और अन्तिम शंकराचार्य पीठ

समष्टि गीता
सत्यकाशी पीठ
पाँचवां और अन्तिम शंकराचार्य पीठ

फिल्म स्क्रीप्ट
राइटिंग
IDEAS
You are the writer of your life
FRESH Ideas
Writing is designing with words
creative THINKING
LIGHTS CAMERA ACTION
Short Films.
लव कुश सिंह "विश्वमानव"

प्रारम्भिक सत्य
अन्तिम
दृष्टि
सत्यकाशी पीठ
पाँचवां और अन्तिम शंकराचार्य पीठ

सत्य धर्म
युग परिवर्तक
दृष्टि
सत्यकाशी पीठ
पाँचवां और अन्तिम शंकराचार्य पीठ

सत्य दार्शनिक–दर्शन
और
कर्म वेदान्त–विकास
दर्शन
सत्यकाशी पीठ
पाँचवां और अन्तिम शंकराचार्य पीठ

सत्य शास्त्र
एवं
पुराण रहस्य
महर्षि व्यास
कला
सत्यकाशी पीठ
पाँचवां और अन्तिम शंकराचार्य पीठ

संत एवं गुरु
और
विश्व संत एवं गुरु
सत्यकाशी पीठ
पाँचवां और अन्तिम शंकराचार्य पीठ

समाज और
ईश्वरीय समाज
सत्यकाशी पीठ
पाँचवां और अन्तिम शंकराचार्य पीठ

सत्य शास्त्र और
विश्वशास्त्र
सत्यकाशी पीठ
पाँचवां और अन्तिम शंकराचार्य पीठ

कृति
और
विश्व
कृति
सत्यकाशी पीठ
पाँचवां और अन्तिम शंकराचार्य पीठ

भारत माता मन्दिर
और
विश्वधर्म मन्दिर
सत्यकाशी पीठ
पाँचवां और अन्तिम शंकराचार्य पीठ

महाभारत
और
विश्वभारत
सत्यकाशी पीठ
पाँचवां और अन्तिम शंकराचार्य पीठ

संविधान और
विश्व संविधान
सत्यकाशी पीठ
पांचवां और अन्तिम शंकराचार्य पीठ

शिक्षा और
पूर्ण शिक्षा
सत्यकाशी पीठ
पांचवां और अन्तिम शंकराचार्य पीठ

देवता और सार्वभौम देवता
कल्कि
सत्यकाशी पीठ

माँ कल्कि

द्वादस ज्योतिर्लिंग और
१३वां अन्तिम ज्योतिर्लिंग
?
सत्यकाशी पीठ
पाँचवां और अन्तिम शंकराचार्य पीठ

काशी
मोक्षदायिनी
और
जीवनदायिनी
ॐ

सत्यकाशी
स्वर्णयुग
का
तीर्थ

काशी
रहस्योद्घाटन
सत्यकाशी पीठ
पांचवां और अन्तिम शंकराचार्य पीठ

2020
सत्यकाशी पीठ
पाँचवां और अन्तिम शंकराचार्य पीठ

ईश्वर
का
संक्षिप्त इतिहास
सत्यकाशी पीठ
पाँचवां और अन्तिम शंकराचार्य पीठ

अवतार
अन्तिम सत्य दृष्टि
सत्यकाशी पीठ
पाँचवां और अन्तिम शंकराचार्य पीठ

भविष्यवाणियाँ
और
कल्कि अवतार
सत्यकाशी पीठ
पाँचवां और अन्तिम शंकराचार्य पीठ

स्वामी विवेकानन्द
और
कल्कि अवतार
सत्यकाशी पीठ
पाँचवां और अन्तिम शंकराचार्य पीठ

मनु, मनवन्तर
और
कल्कि अवतार
सत्यकाशी पीठ
पाँचवां और अन्तिम शंकराचार्य पीठ

व्यास, शास्त्र
और
कल्कि अवतार
सत्यकाशी पीठ
पाँचवां और अन्तिम शंकराचार्य पीठ

ऋषि, ऋषि परम्परा
और
कल्कि अवतार
सत्यकाशी पीठ
पाँचवां और अन्तिम शंकराचार्य पीठ

दूसरा आगमन
या
अन्तिम आगमन
सत्यकाशी पीठ
पाँचवां और अन्तिम शंकराचार्य पीठ

परिवर्तन
काल, मनु, युग,
व्यास और शास्त्र
सत्यकाशी पीठ
पाँचवां और अन्तिम शंकराचार्य पीठ

राम, रावण
और
सार्वभौम एकात्म
सत्यकाशी पीठ
पाँचवां और अन्तिम शंकराचार्य पीठ

मैं
व्यक्तिगत या सार्वभौम
सत्यकाशी पीठ
पाँचवां और अन्तिम शंकराचार्य पीठ

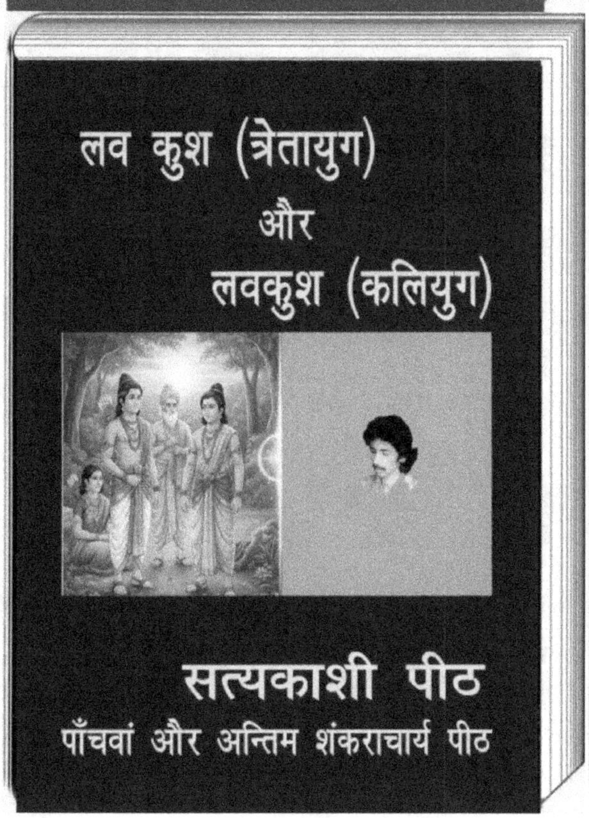
लव कुश (त्रेतायुग)
और
लवकुश (कलियुग)
सत्यकाशी पीठ
पाँचवां और अन्तिम शंकराचार्य पीठ

कल्कि महावतार
आ चुके हैं
(ACTION PLAN)
सत्यकाशी पीठ
पाँचवां और अन्तिम शंकराचार्य पीठ

लव कुश सिंह
(कल्कि महावतार)
जीवन, ज्ञान, कर्म और विश्वरूप
सत्यकाशी पीठ
पाँचवां और अन्तिम शंकराचार्य पीठ

वैश्विक बुद्ध
बुद्ध का
भाग-दो
और अन्तिम
सत्यकाशी पीठ
पाँचवां और अन्तिम शंकराचार्य पीठ

बुड्ढ़ा कृष्ण
कृष्ण का
भाग-दो
और अन्तिम
सत्यकाशी पीठ
पाँचवां और अन्तिम शंकराचार्य पीठ

सम्पूर्ण क्रान्ति
अन्तिम कार्य योजना
64
सत्यकाशी पीठ
पांचवां और अन्तिम शंकराचार्य पीठ

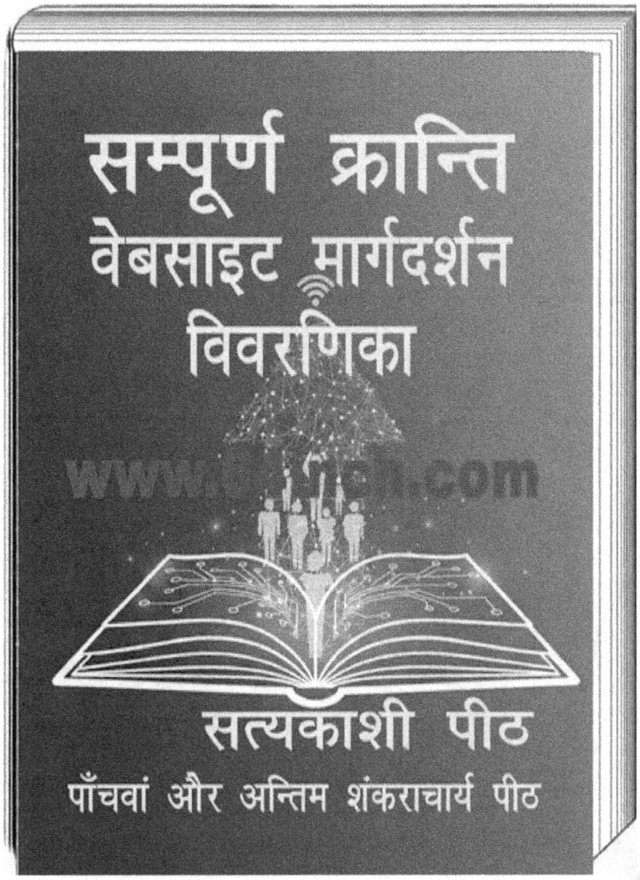
सम्पूर्ण क्रान्ति
वेबसाइट मार्गदर्शन
विवरणिका
सत्यकाशी पीठ
पाँचवां और अन्तिम शंकराचार्य पीठ

पुनर्निर्माण
(RENEW)
समस्या, समाधान
और
राष्ट्र निर्माण की योजना
सत्यकाशी पीठ
पाँचवां और अन्तिम शंकराचार्य पीठ

पुनर्निर्माण
(RENEW)
ग्राम एवं नगर वार्ड
प्रेरक
सत्यकाशी पीठ
पाँचवां और अन्तिम शंकराचार्य पीठ

द्वापर युग में आठवें अवतार श्रीकृष्ण द्वारा प्रारम्भ किया गया कार्य "नवसृजन" के
प्रथम भाग "सार्वभौम ज्ञान" के शास्त्र "गीता" के बाद कलियुग में
द्वितीय और अन्तिम भाग "सार्वभौम कर्मज्ञान" और "पूर्णज्ञान का पूरक शास्त्र"
।। विश्वशास्त्र ।।
द नॉलेज ऑफ फाइनल नॉलेज
परिचय
- लव कुश सिंह "विश्वमानव"

एन्टायर पालिटिक्स
पूर्ण पाठ्यक्रम
सत्यकाशी पीठ
पाँचवां और अन्तिम शंकराचार्य पीठ

वसुधैव
कुटुम्बकम्
सत्यकाशी पीठ
पाँचवां और अन्तिम शंकराचार्य पीठ

।।कर्मवेद।।
प्रथम, अन्तिम तथा पंचम
सत्यकाशी पीठ
पांचवां और अन्तिम शंकराचार्य पीठ

आठवें अवतार
श्रीकृष्ण
सत्यकाशी पीठ
पांचवां और अन्तिम शंकराचार्य पीठ

अयोध्या नहीं,
मुंगेर है
राम जन्मभूमि
सत्यकाशी पीठ
पाँचवां और अन्तिम शंकराचार्य पीठ

विश्वमानव
भूतपूर्व नेतृत्वकर्ताओं
का
स्पष्टिकरण
सत्यकाशी पीठ
पाँचवां और अन्तिम शंकराचार्य पीठ

विश्वमानव
वर्तमान नेतृत्वकर्ताओं
का
स्पष्टिकरण
सत्यकाशी पीठ
पाँचवां और अन्तिम शंकराचार्य पीठ

विश्वमानव
वार्ता, वक्तव्य
एवं
वाणीयाँ
सत्यकाशी पीठ

विश्वमानव
पत्रावली, प्रसारण
और
अन्तिम पत्र
सत्यकाशी पीठ
पाँचवां और अन्तिम शंकराचार्य पीठ

सत्य जनहित
आह्वान
सत्यकाशी पीठ
पाँचवां और अन्तिम शंकराचार्य पीठ

विश्व शान्ति
अन्तिम सत्य दृष्टि
सत्यकाशी पीठ
पाँचवां और अन्तिम शंकराचार्य पीठ

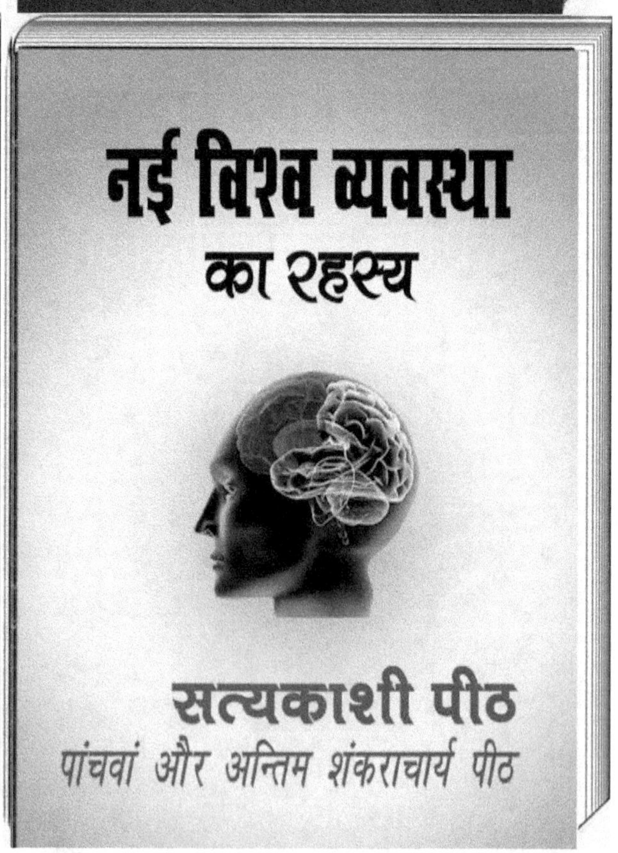
नई विश्व व्यवस्था
का रहस्य
सत्यकाशी पीठ
पांचवां और अन्तिम शंकराचार्य पीठ

समाजवाद
ब्रह्माण्डीय विकास का अवतारी मार्ग
सत्यकाशी पीठ
पांचवां और अन्तिम शंकराचार्य पीठ

भारतवाद
राष्ट्रवाद की मुख्यधारा
सत्यकाशी पीठ
पांचवां और अन्तिम शंकराचार्य पीठ

100 वर्षीय संयुक्त राष्ट्र
को अग्रिम सन्देश
सत्यकाशी पीठ
पांचवां और अन्तिम शंकराचार्य पीठ

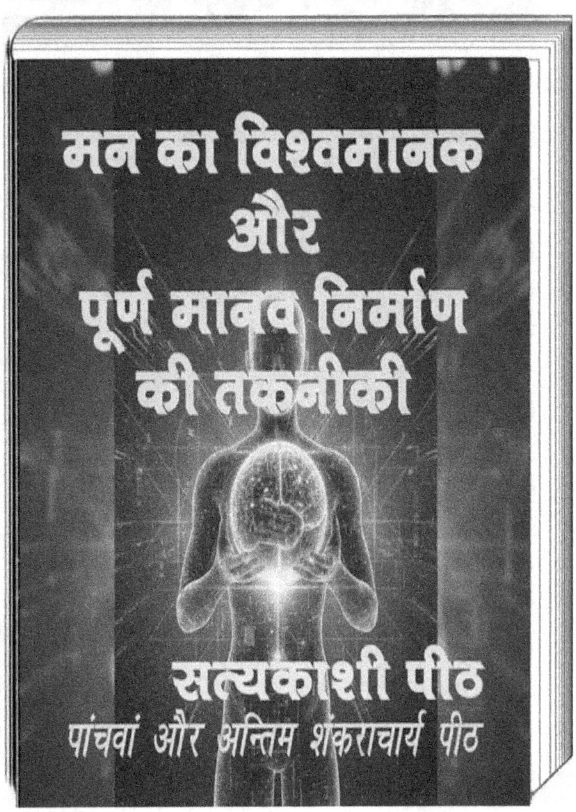
मन का विश्वमानक
और
पूर्ण मानव निर्माण
की तकनीकी
सत्यकाशी पीठ
पांचवां और अन्तिम शंकराचार्य पीठ

गणराज्य, संघ,
मानकीकरण संगठन
और
सम्पूर्ण मानक
सत्यकाशी पीठ
पाँचवां और अन्तिम शंकराचार्य पीठ

व्यापार केन्द्र
दृश्य सत्य
सत्यकाशी पीठ
पाँचवां और अन्तिम शंकराचार्य पीठ

सार्वभौम एकात्म
नव विश्व निर्माण
सत्यकाशी पीठ
पांचवां और अन्तिम शंकराचार्य पीठ

मानक विपणन
प्रणाली
सत्यकाशी पीठ
पाँचवां और अन्तिम शंकराचार्य पीठ

स्वर्णयुग का मानक
आदर्श नागरिक
दिशा निर्देश
सत्यकाशी पीठ
पांचवां और अन्तिम शंकराचार्य पीठ

स्वर्णयुग का
विश्वधर्म
परिचय
सत्यकाशी पीठ
पांचवां और अन्तिम शंकराचार्य पीठ

मैत्रेय बुद्ध
की ओर
सत्यकाशी पीठ
पांचवां और अन्तिम शंकराचार्य पीठ

विशाल ज्ञान विज्ञान
सबका समाधान
सूर्योदय
जय जनता जय कानून
हम सब एक दूसरे से हैं और एक दूसरे के लिए हैं
सौजन्य से : सारे गैर सरकारी प्राणी : सरकारी प्राणी : इज्जतदार नेता और सबका भविष्य विद्यार्थीगण........के लिए।

सार्वभौम सत्य-सिद्धान्त आधारित "युग परिवर्तक" श्रृंखला
कल्कि धाम
और
कल्कि परिचय
- लव कुश सिंह "विश्वमानव"

सार्वभौम सत्य-सिद्धान्त आधारित "युग परिवर्तक" श्रृंखला
चार शंकराचार्य पीठ
और
पांचवां-अन्तिम पीठ
सत्यकाशी पीठ
सत्यकाशी पीठ
सत्यकाशी पीठ
पांचवां और अन्तिम शंकराचार्य पीठ

कल्कि अमृत
महाकुम्भ
2025
FINAL KNOWLEDGE BOMB BLAST
सत्यकाशी पीठ
पांचवां और अन्तिम शंकराचार्य पीठ

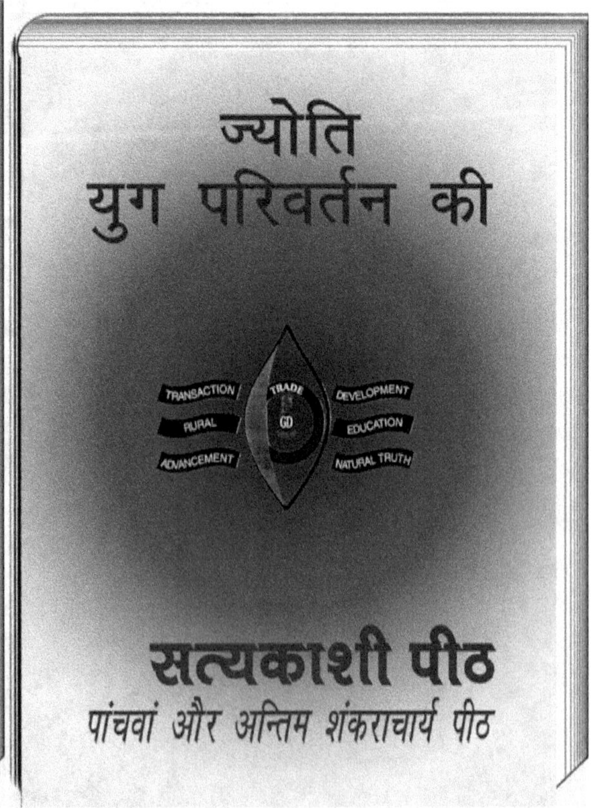
ज्योति
युग परिवर्तन की
TRANSACTION
TRADE
DEVELOPMENT
RURAL
EDUCATION
ADVANCEMENT
NATURAL TRUTH
सत्यकाशी पीठ
पांचवां और अन्तिम शंकराचार्य पीठ

युग परिवर्तन
के
शब्द
सत्यकाशी पीठ
पांचवां और अन्तिम शंकराचार्य पीठ

विचारों का अंत
2025
सत्यकाशी पीठ
पांचवां और अन्तिम शंकराचार्य पीठ

विश्व सत्य घोषणा-पत्र
2025–मानव जाति तक
RSS
Rational Service
Society
सत्यकाशी पीठ
पांचवां और अन्तिम शंकराचार्यपीठ

वैश्विक युग परिवर्तन के लिए
विश्व राजनीतिक पार्टी
संघ
RSS
Rational Service
Society
सत्यकाशी पीठ
पांचवां और अन्तिम शंकराचार्यपीठ

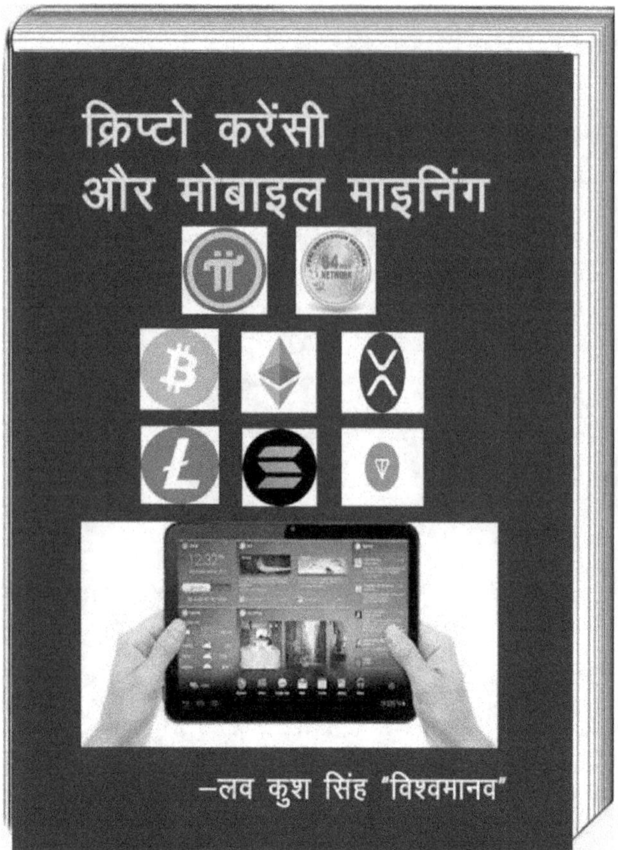
क्रिप्टो करेंसी
और मोबाइल माइनिंग
—लव कुश सिंह "विश्वमानव"

पीढ़ी
मानवीय और ईश्वरीय
2 3 4 5 6 7 8 9 10
वात्सल्य त्रिपाठी

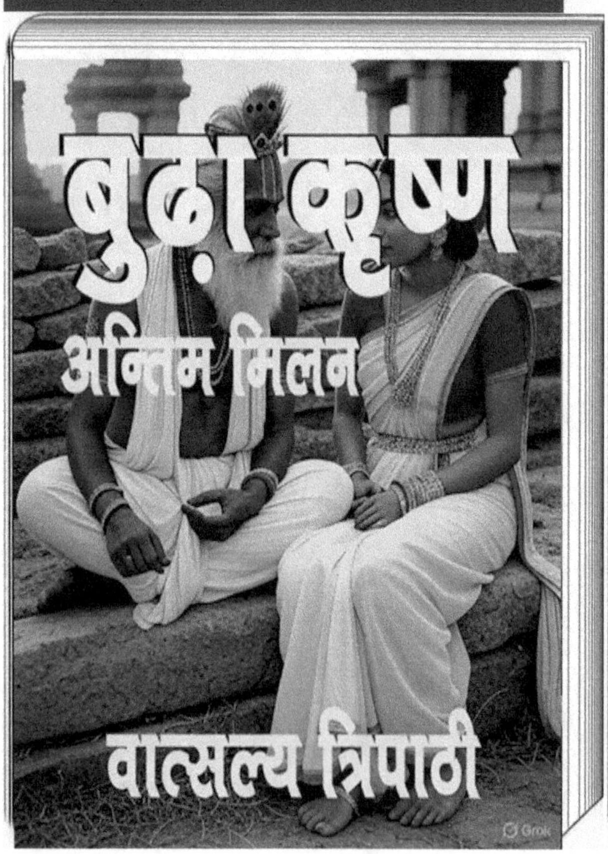
बुढ़ा कृष्ण
अन्तिम मिलन
वात्सल्य त्रिपाठी

अन्तिम लक्ष्य
वात्सल्य त्रिपाठी

पाँचवां-अन्तिम पीठ
सत्यकाशी पीठ
परिचय
वात्सल्य त्रिपाठी
पाँचवां और आंतिम शंकराचार्य पीठ

कबीर और जेन-जी
नई चेतना, नया मानव
चेतना और नवयुग की संवाद यात्रा
वात्सल्य त्रिपाठी

कल्कि की ज्योति
बिहार से
ज्योति राठौड़

एक बिहारी धरती पर भारी
ज्योति राठौड़

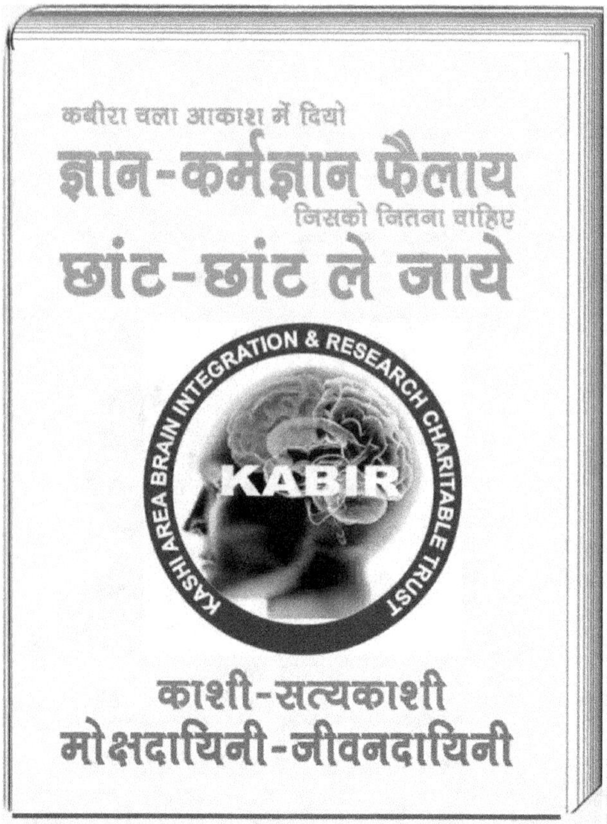
कबीरा चला आकाश में दियो
ज्ञान-कर्मज्ञान फैलाय
जिसको जितना चाहिए
छांट-छांट ले जाये
KASHI AREA BRAIN INTEGRATION & RESEARCH CHARITABLE TRUST
KABIR
काशी-सत्यकाशी
मोक्षदायिनी-जीवनदायिनी

कुर्म वंश
और
चरणाद्रिगढ़
स्वामी रमेशानन्द

आर.एस.एस
नवयुग के लिए
वैश्विक व्यक्तिगत पुस्तकालय
RATIONAL SERVICE SOCIETY (RSS)
WORLD PERSONAL LIBRARY FOR NEW AGE
A GUIDE TO GLOBAL WISDOM & FUTURE THOUGHT
स्वामी रमेशानन्द

झोला उठने के बाद
सोशल मीडिया
के लिए
कन्टेन्ट बैंक
विस्तृत गाइड: विचार, रणनीतियाँ, और संसाधन
www.64inch.com
सत्यकाशी पीठ
पांचवां और अन्तिम शंकराचार्य पीठ

झोला उठने के बाद
कल्कि
सत्यकाशी पीठ
पांचवां और अन्तिम शंकराचार्य पीठ

युग परिवर्तन के लिए:
विश्व पुस्तकालय बनाम कल्कि पुस्तकालय
www.64inch.com
ज्ञान का महासागर - अतीत से वर्तमान
बनाम
कल्कि पुस्तकालय
धर्म और भविष्य का प्रकाश - नए युग का उद्भव
ज्ञान का महासंग्राम - भविष्य का निर्माण
सत्यकाशी पीठ
पांचवां और अन्तिम शंकराचार्य पीठ

व्हाट्सएप्प यूनिवर्सिटी
और
सु-इसु यूनिवर्सिटी
सत्यकाशी पीठ
पांचवां और अन्तिम शंकराचार्य पीठ

इंडिया
भारत का विश्वरूप
सत्यकाशी पीठ
पांचवां और अन्तिम शंकराचार्य पीठ

अधूरे
सपनों
का
अन्तिम मार्ग
सत्यकाशी पीठ
पांचवां और अन्तिम शंकराचार्य पीठ

मानक
संविधान
और
बहुजन
सत्यकाशी पीठ
पांचवां और अन्तिम शंकराचार्य पीठ

विकसित भारत
अन्तिम मुद्दे
-ईश्वरीय/मानवीय पीढ़ी-10 (GEN-10)
-व्यक्तिगत
-पारिवारीक
-सामाजिक
-धार्मिक
-राष्ट्रीय
-वैश्विक
सत्यकाशी पीठ
पांचवां और अन्तिम शंकराचार्य पीठ

एक नया
विकल्प
THREADS
सत्यकाशी पीठ
पांचवां और अन्तिम शंकराचार्य पीठ

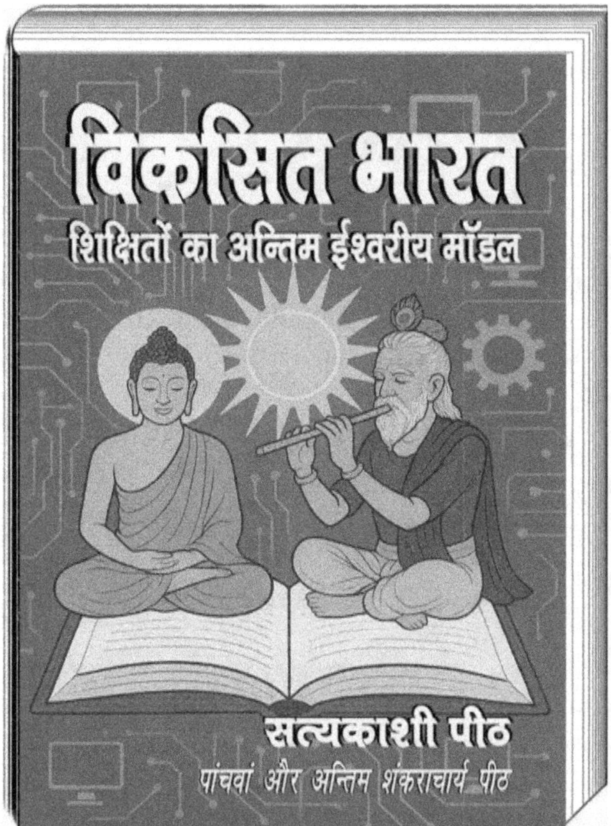
विकसित भारत
शिक्षितों का अन्तिम ईश्वरीय मॉडल
सत्यकाशी पीठ
पांचवां और अन्तिम शंकराचार्य पीठ

विकास मॉडल
आसुरी
और
ईश्वरीय
सत्यकाशी पीठ
पांचवां और अन्तिम शंकराचार्य पीठ

युग परिवर्तन और 1000 वर्षों के लिए
सत्यकाशी पीठ
का सम्पूर्ण कार्य
कौन,
क्यों,
कैसे
कल्कि?
सत्यकाशी पीठ
पांचवां और अन्तिम शंकराचार्य पीठ

बैल बुद्धि
और
विकसित
भारत
सत्यकाशी पीठ
पांचवां और अन्तिम शंकराचार्य पीठ

सत्यकाशी पीठ
पांचवां और अन्तिम शंकराचार्य पीठ

एक्सट्रा
टु ए बी
समान नागरिक व्यापार ज्ञान संहिता (CCTKC)
सत्यकाशी पीठ
पांचवां और अन्तिम शंकराचार्य पीठ

एक्सट्रा
टु ए बी
समान नागरिक आर्थिक संहिता (UCEC)
सत्यकाशी पीठ
पांचवां और अन्तिम शंकराचार्य पीठ

अंध भक्ति
से मुक्ति की ओर
मुक्ति मंत्र
“जिसने अंधभक्ति दिया
वही मुक्ति देगा”
सत्यकाशी पीठ
पांचवां और अन्तिम शंकराचार्य पीठ

VISHVABHARAT
न मो
नारायण
सत्यकाशी पीठ
पांचवां और अन्तिम शंकराचार्य पीठ

अगला स्तर
फिल्म और राजनीति पर
विचारों का संग्रह
सत्यकाशी पीठ
पांचवां और अन्तिम शंकराचार्य पीठ

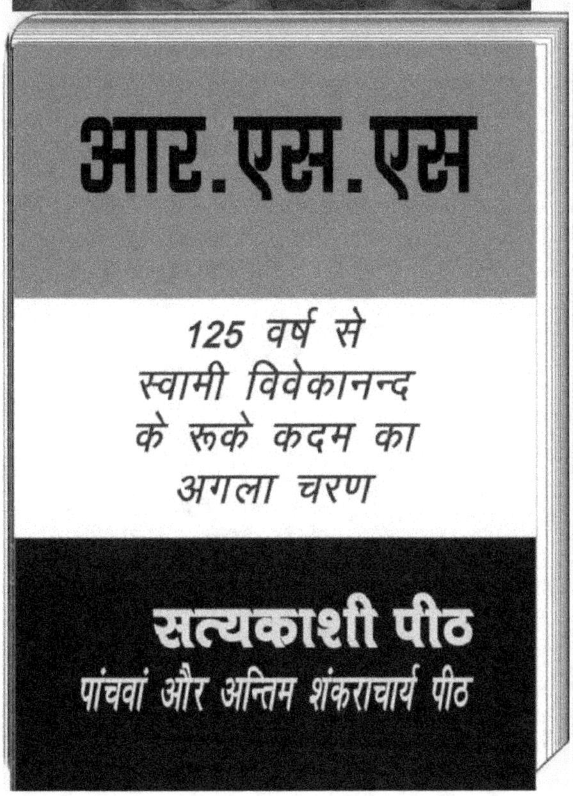
आर.एस.एस
125 वर्ष से
स्वामी विवेकानन्द
के रूके कदम का
अगला चरण
सत्यकाशी पीठ
पांचवां और अन्तिम शंकराचार्य पीठ

आर.एस.एस
रहस्योद्घाटन
सत्यकाशी पीठ
पांचवां और अन्तिम शंकराचार्य पीठ

125 वर्ष बाद
स्वामी विवेकानन्द
का अगला चरण

सत्येश्वर नरेन्द्र
सत्यकाशी पीठ
पांचवां और अन्तिम शंकराचार्य पीठ

आत्मकथा
लेखन कला
का विश्वमानक
सत्यकाशी पीठ
पांचवां और अन्तिम शंकराचार्य पीठ

लुच्चा
पुराण
पौराणिक कथाओं
और पात्रों के
सत्य समझ की व्यास दृष्टि
सत्यकाशी पीठ
पांचवां और अन्तिम शंकराचार्य पीठ

आठवां
सार्वर्णि मनु स्मृति
सत्यकाशी पीठ
पांचवां और अन्तिम शंकराचार्य पीठ

विश्वमानक
शून्य श्रृंखला
0
सत्यकाशी पीठ
पांचवां और अन्तिम शंकराचार्य पीठ

सर्वजीत साधना
भवन
एक आध्यात्मिक अनुभव
सत्यकाशी पीठ
पांचवां और अन्तिम शंकराचार्य पीठ

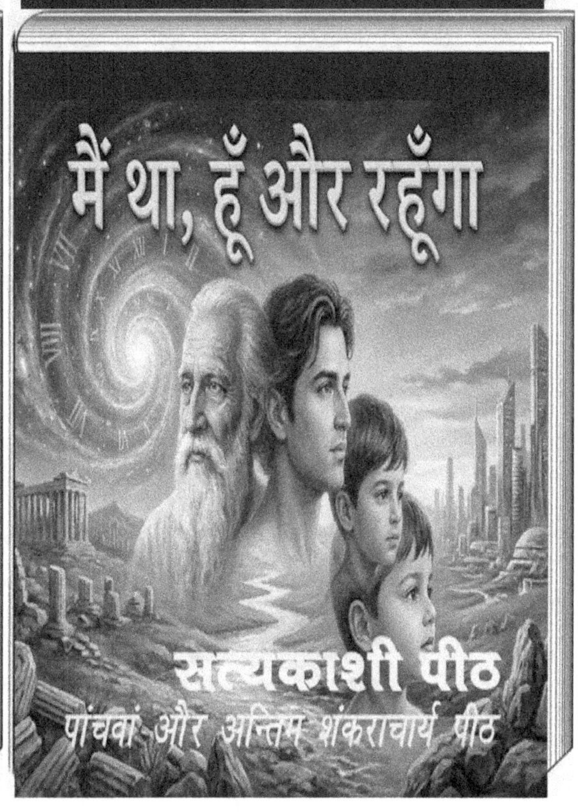
मैं था, हूँ और रहूँगा
सत्यकाशी पीठ
पांचवां और अन्तिम शंकराचार्य पीठ

लव
सत्यकाशी पीठ
पांचवां और अन्तिम शंकराचार्य पीठ

परब्रह्म,
प्रकृति,
अवतार
और वा नर
सत्यकाशी पीठ
पांचवां और अन्तिम शंकराचार्य पीठ

संसार
दृश्य
और
अदृश्य
सत्यकाशी पीठ
पांचवां और अन्तिम शंकराचार्य पीठ

कर्मोपनिषद्
सत्यकाशी पीठ
पांचवां और अन्तिम शंकराचार्य पीठ

विश्वभारत
पुराण
सत्यकाशी पीठ
पांचवां और अन्तिम शंकराचार्य पीठ

एकात्म विज्ञान
सत्यकाशी पीठ
पांचवां और अन्तिम शंकराचार्य पीठ

मानक विज्ञान
सत्यकाशी पीठ
पांचवां और अन्तिम शंकराचार्य पीठ

ईश्वर शास्त्र
सत्यकाशी पीठ
पांचवां और अन्तिम शंकराचार्य पीठ

युगावतारों के प्रकटीकरण की कार्यविधि:
राम-कृष्ण-लवकुश
सत्यकाशी पीठ
पांचवां और अन्तिम शंकराचार्य पीठ

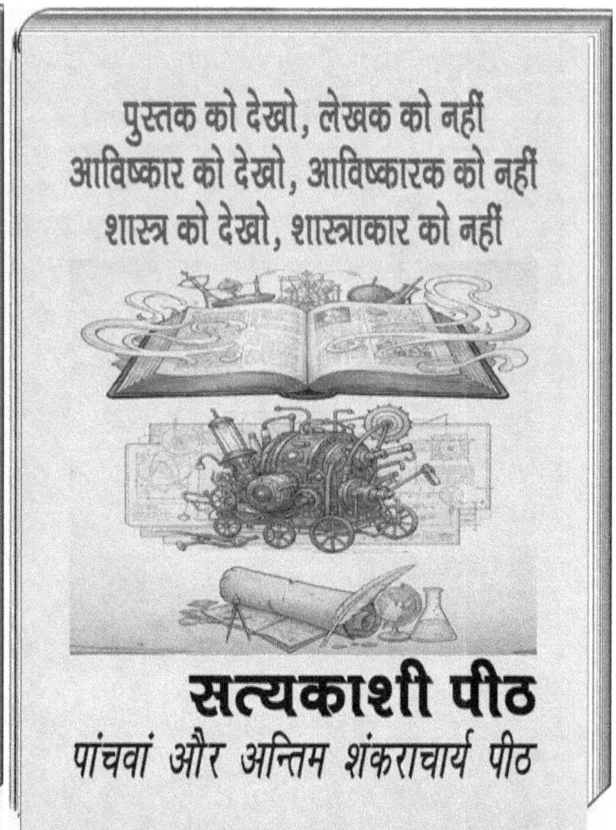
पुस्तक को देखो, लेखक को नहीं
आविष्कार को देखो, आविष्कारक को नहीं
शास्त्र को देखो, शास्त्राकार को नहीं
सत्यकाशी पीठ
पांचवां और अन्तिम शंकराचार्य पीठ

56 से 64
की ओर
सत्यकाशी पीठ
पांचवां और अन्तिम शंकराचार्य पीठ

मैं सत्यकाशी हूँ
कविता
सत्यकाशी पीठ
पांचवां और अन्तिम शंकराचार्य पीठ

पटेल
भारत के शारीरिक एकीकरण के बाद
मन का एकीकरण लक्ष्य
सत्यकाशी पीठ
पांचवां और अन्तिम शंकराचार्य पीठ

मन से
आत्मा तक
3 6 9 और 7
6
3
9
7
सत्यकाशी पीठ
पांचवां और अन्तिम शंकराचार्य पीठ

भारत
400 पार मुद्दा किसका
?
सत्यकाशी पीठ
पांचवां और अन्तिम शंकराचार्य पीठ

आर. एस. एस - पुस्तकालय
पढ़ो और कमाओ
शिक्षित समाज, समर्थ राष्ट्र
सत्यकाशी पीठ
पांचवां और अन्तिम शंकराचार्य पीठ

विश्वयुद्ध के पहले
विश्वगुरु भारत
का विश्व शान्ति और
पुनर्निर्माण का अन्तिम सन्देश
सत्यकाशी पीठ
पांचवां और अन्तिम शंकराचार्य पीठ

चुटिया पण्डित
वृन्दावन की सत्य घटना
स्वामी नन्दनानंद

कल्कि का
चुनार और वृन्दावन
से उठता प्रेम
स्वामी नन्दनानंद

कल्कि का
बेगुसराय और मीरजापुर
जन्म और कर्म क्षेत्र
स्वामी नन्दनानंद

सत्येश्वरोपनिषद्
सत्येश्वर
और
झूठेश्वर
वात्सल्य त्रिपाठी

अन्तिम अवतार
कल्कि
के लिए शेष कर्म
वात्सल्य त्रिपाठी

कल्कि अवतार
का मानव-10
विकसित भारत का प्रवेश द्वार
वात्सल्य त्रिपाठी

पप्पू-गप्पू
और
नागरिक झुलेलाल
वात्सल्य त्रिपाठी

ओपेन गेम
कभी-कभी नहीं, अब कन्फर्म है अपुन ही भगवान है
(वेब सीरीज)
वात्सल्य त्रिपाठी

SATYAKASHI
THE END OF MIRZAPUR
सत्यकाशी पीठ
पांचवां और अन्तिम शंकराचार्य पीठ

अण्डरवर्ल्ड
सनातन से पुरूषों से छुपी महिलाओं की कहानी
(फिल्म स्क्रीनप्ले-रेडी टू शूट)
वात्सल्य त्रिपाठी

सोना और सोना एवं नारी सशक्तिकरण
वैदिक काल से वर्तमान तक
सत्यकाशी पीठ
पांचवां और अन्तिम शंकराचार्य पीठ

स्लम डॉग
गॉड
फिल्म स्क्रीनप्ले-रेडी टू शूट

उत्तर प्रदेश
का
उत्तर
वात्सल्य त्रिपाठी

अन्तिम समन्वयाचार्य
कल्कि
वात्सल्य त्रिपाठी

2026
2+0+2+6=10
पांचवां और अन्तिम शंकराचार्य पीठ

राम न आयेंगे
लवकुश आ रहें हैं
www.64inch.com
पांचवां और अन्तिम शंकराचार्य पीठ

युग परिवर्तन के
150 पुस्तकें-परिचय
ज्ञान, प्रेरणा और भविष्य की ओर एक कदम
150
नया भारत: एक दृष्टिकोण
डिजिटल युग
सत्यकाशी पीठ
पांचवां और अन्तिम शंकराचार्य पीठ
"एक नई शुरुआत के लिए ज्ञान की खोज"

जैसी तुम्हारी इच्छा वैसा करो

डॉ0 सर्वपल्ली राधाकृष्णन का जन्म 5 सितम्बर, 1888 को दक्षिण भारत के तिरूतनि स्थान पर हुआ था जो चेन्नई से 64 किमी उत्तर–पूर्व में है। डॉ0 सर्वपल्ली राधाकृष्णन भारत के उपराष्ट्रपति और दूसरे राष्ट्रपति सन् 1952 से 1962 तक में रहे। डॉ0 सर्वपल्ली राधाकृष्णन भारतीय समाजिक संस्कृति से ओत–प्रोत एक महान शिक्षाविद् महान दार्शनिक, महान वक्ता और आस्थावान हिन्दू विचारक थे। डॉ0 सर्वपल्ली राधाकृष्णन ने अपने जीवन के महत्वपूर्ण 40 वर्ष शिक्षक के रूप में व्यतीत किये। उनमें एक आदर्श शिक्षक के सारे गुण मौजूद थे। डॉ0 सर्वपल्ली राधाकृष्णन समस्त विश्व को एक शिक्षालय मानते थे। उनकी मान्यता थी कि शिक्षा के द्वारा ही मानव दिमाग का सद्उपयोग किया जाना सम्भव है इसलिए समस्त विश्व को एक इकाई समझकर ही शिक्षा का प्रबन्धन किया जाना चाहिए। उनके जन्मदिन को "शिक्षक दिवस" के रूप में मनाया जाता है।

इति ते ज्ञानमाख्यातं गुह्याद्गुह्यतरं मया।
विमृश्यैतदशेषेण यथेच्छसि तथा कुरू।।

(श्रीमद्भगवद्गीता, अध्याय–18, श्लोक–63)

अर्थात् – मैंने तुम्हें जो बताया, वह सब से बड़ा रहस्य है। इस पर भलीभाँति विचार कर तुम्हारी जैसी इच्छा वैसा करो।

"परमात्मा देखने में तटस्थ या निरपेक्ष दिखाई देता है, क्योंकि उसने चुनने का निर्णय अर्जुन के हाथ में छोड़ दिया है। उसकी यह निरपेक्षता ही अर्जुन के चिन्ता का कारण है। वह किसी पर भी दबाव नहीं डालता क्योंकि स्वतःस्फूर्त स्वतन्त्रता बहुत मूल्यवान होती है। भगवान अपना आदेश ऊपर से नहीं थोपता। वह स्वतन्त्र छोड़ देता है। परमात्मा की पुकार को स्वीकार करने या अस्वीकार कर देने के लिए हम हर समय स्वतन्त्र हैं। हम लड़खड़ाने लगें तो वह सहायता देने के लिए तैयार रहता है और प्रतीक्षा करने को तैयार है जब तक हम उसकी ओर उन्मुख न हों।

सब कुछ पहले से निर्धारित मानने वाले सिद्धान्त में टकराव के कारण यूरोप और भारत में काफी वाद–विवाद हुआ है। यूरोप का प्रमुख सिद्धान्त है कि संकल्प शक्ति और मानवीय प्रयत्न की स्वतन्त्रता का मनुष्य के उद्धार में बहुत बड़ा हाथ होता है। यद्यपि स्वयं संकल्प शक्ति को भी परमात्मा की कृपा के समर्थन की आवश्यकता पड़ सकती है। पहले से सब कुछ तय मानने वालों को अच्छे कार्यों और प्रार्थना के लिए यत्न करना होता है, क्योंकि वहाँ भी मानते हैं कि ये उपाय नियति को आगे बढ़ाने में सहायक तो हो सकते हैं लेकिन वे उसे रोक नहीं सकते। मनुष्य इस बात के लिए स्वतन्त्र है कि परमात्मा उन मनुष्यों पर कृपा करना चाहता है जो अपने आचरण से उस कृपा को ग्रहण करने के लिए तैयार करते हैं।

आध्यात्मिक नेता हम पर शारीरिक हिंसा, चमत्कार, प्रदर्शन के जरिये प्रभाव नहीं डालते। यदि सच्चा शिष्य कोई गलती कर भी बैठे, तो वह उसे केवल सलाह देगा। यदि शिष्य को चुनाव करने की स्वतन्त्रता पर आँच आती हो, तो वह उसे गलत रास्ते से भी वापस लौट आने के लिए विवश नहीं करेगा। गलती भी विकास की एक दिशा है।

कृष्ण केवल सारथी हैं। वह अर्जुन के आदेश का पालन करेगा। उसने कोई शस्त्र धारण नहीं किया हुआ है। यदि वह अर्जुन पर कोई प्रभाव डालता है तो वह उसे अपने उस सर्वजयी प्रेम के जरिए डालता है। जो कभी समाप्त नहीं होता।

अर्जुन को अपने लिए स्वयं विचार करना चाहिए और अपने लिए स्वयं ही मार्ग खोज करना चाहिए। अस्पष्ट मान्यताओं को अनिवार्य रूप से और भावुकतापूर्वक अपना लिए जाने के कारण फलस्वरूप कट्टर धर्मान्धता उत्पन्न हुई है और उनके कारण मनुष्यों को अकथनीय कष्ट उठाना पड़ा है। इसलिए यह आवश्यक है कि मन और विश्वासों के लिए कोई तर्क संगत और अनुभावात्मक औचित्य ढूंढ़े।

अर्जुन को एक वास्तविक अखण्डता की अनुभूति प्राप्त करनी होगी लेकिन उसके विचार अपने हैं। और गुरू के जरिये उस पर थोपे नहीं गये हैं। दूसरों पर अपने विचार थोपना शिक्षण नहीं हैं।"

– भगवद्गीता के आखिरी उपदेश पर भारतीय दर्शन के व्याख्याकार और दूसरे राष्ट्रपति डॉ0 राधाकृष्णनन का विवेचन

"यह विश्वशास्त्र, मनुष्यों पर थोपा नहीं जा रहा बल्कि वह मनुष्यों को, मनुष्यो के इस संसार मे जो वर्तमान है उसे और उसके आगे अनन्त मार्ग दिखा रहा है और सभी मार्गों के एकीकरण द्वारा, उस मार्ग को भी दिखा रहा है जो विश्व को सत्य–सुन्दर–शिव बना सकता है। फिर भी हे मनुष्यों जैसी तुम्हारी इच्छा वैसा करो। वर्तमान से योग कराने के लिए ही मैं व्यक्त होता हूँ।" – लव कुश सिंह "विश्वमानव"

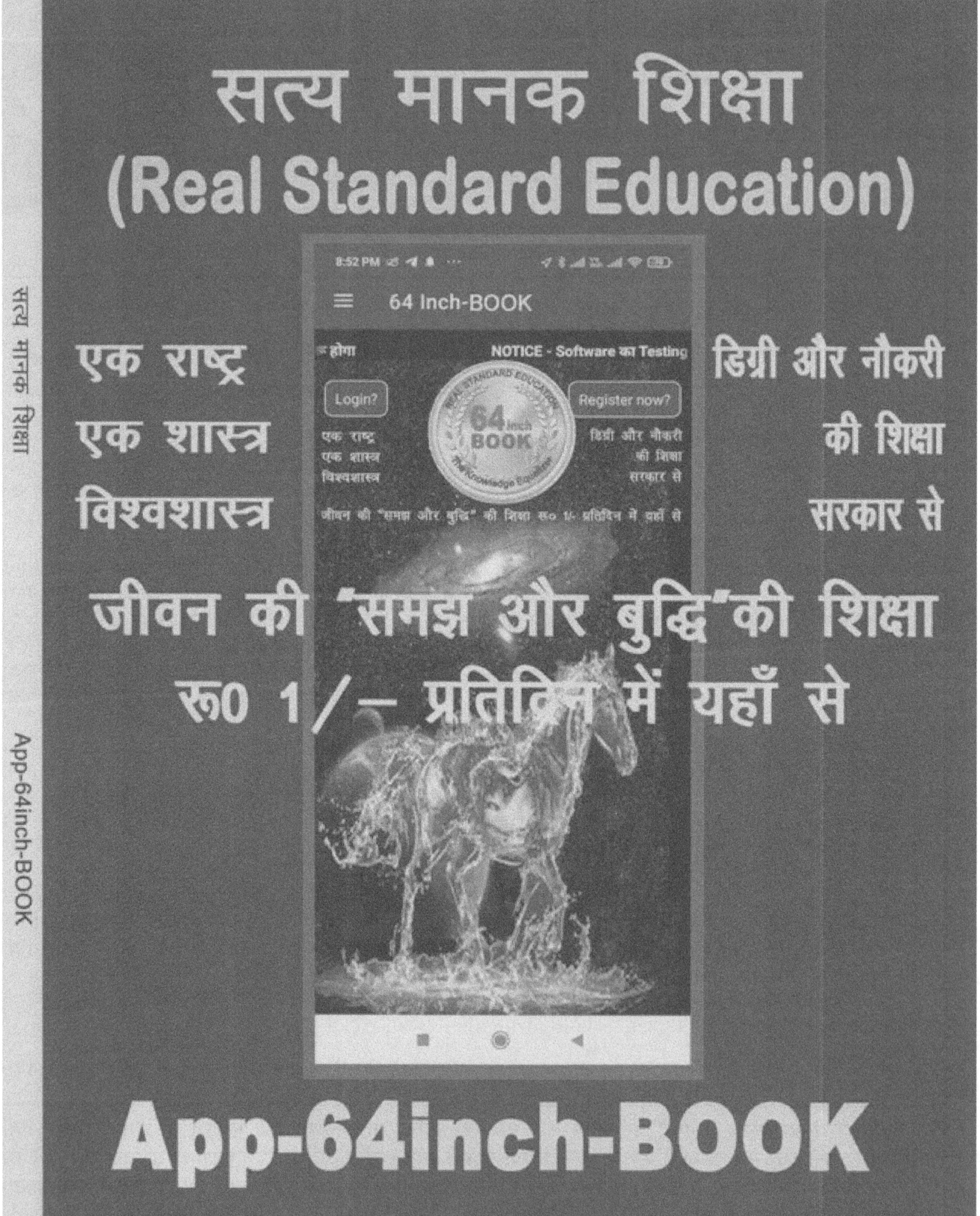
सत्य मानक शिक्षा
(Real Standard Education)
64 Inch-BOOK
NOTICE - Software का Testing
Login?
Register now?
एक राष्ट्र
एक शास्त्र
विश्वशास्त्र
डिग्री और नौकरी
की शिक्षा
सरकार से
जीवन की "समझ और बुद्धि" की शिक्षा
रू0 1/- प्रतिदिन में यहाँ से
App-64inch-BOOK
सत्य मानक शिक्षा
App-64inch-BOOK

"सत्य मानक शिक्षा" का व्यापार-एक अन्तहीन व्यापार

एक नदी पर पुल था जिसे कोई व्यक्ति पैदल दो घण्टे में पार करता था। यह पुल पैदल यात्रीयों के लिए रोक दिया गया था जिसके लिए पुल के ठीक मध्य (एक घण्टे की यात्रा) पर एक गार्ड नियुक्त था। गार्ड एक घण्टे सोता था और एक घण्टे जागता था। एक चालाक व्यक्ति को पुल से नदी पार करना अतिआवश्यक था। इसलिए गार्ड जब सोया तब वह यात्रा प्रारम्भ किया जैसे ही गार्ड के जागने का समय आया, वह वापस लौटने लगा। गार्ड समझा कि वह दूसरे किनारे से आ रहा है इसलिए उसने उस यात्री को पकड़ा और दूसरी ओर भेज दिया। इस प्रकार यात्री नदी पार हो गया।

यदि हम में से किसी को तैरकर नदी पार करना हो और आधे से पहले ही हमारा हिम्मत टूटने लगे तो हम वापस ही आना चाहेंगे। यदि आधे से अधिक तैरने के बाद हिम्मत टूटने लगेगा तो हौसला बढ़ाकर आगे ही बढकर पार करना चाहेंगे।

इसी प्रकार मनुष्य के विकास क्रम में हम सब अदृश्य विज्ञान (आध्यात्म) से दृश्य विज्ञान (भौतिक) की ओर बढ़ गये हैं। नदी या पुल का एक किनारा अदृश्य विज्ञान है तो दूसरा किनारा दृश्य विज्ञान। वर्तमान का हमारा अधिकतम जीवन नदी के दूसरे किनारे दृश्य विज्ञान की ओर है, हर पल। जन्म से ही हम अधिकतम वे सब वस्तुएँ प्रयोग कर रहे हैं जिसका कच्चा माल भले ही ईश्वरकृत हो परन्तु उपयोग का रूप मनुष्यकृत है और विज्ञान द्वारा निर्मित है। इस प्रकार मनुष्य निर्माता के रूप में अपना रूप व्यक्त कर ईश्वर की ओर ही बढ़ रहा है।

नदी के पुल पर बैठे उस गार्ड का काम और तैरने वाले का निर्णय "सत्य शिक्षा" है। वर्तमान में मनुष्य समाज अदृश्य काल से चलकर दृश्य काल में आ चुका है। आधे से वापस किनारे जाना "सत्य" को पाना है। और आधे से दूसरे किनारे पार हो जाना "सिद्धान्त" को पाना है। इन्हीं सिद्धान्त को पाने के बाद संविधान-नियम-कानून का जन्म होता है जिससे आज हम सभी संचालित व प्रभावित है। इस "सत्य-सिद्धान्त" की शिक्षा ही "सत्य मानक शिक्षा" है।

वर्तमान में जीने का अर्थ होता है-विश्व ज्ञान जहाँ तक बढ़ चुका है वहाँ तक के ज्ञान से अपने मस्तिष्क को युक्त करना। तभी डेढ़ हजार वर्ष पुराने हमारे मस्तिष्क का आधुनिकीकरण हो पायेगा। सिर्फ वर्तमान में तो पशु रहकर कर्म करते हैं। "सत्य मानक शिक्षा" मनुष्य के मस्तिष्क के आधुनिकीकरण की शिक्षा है या विज्ञान की भाषा में कहें तो मस्तिष्क के आधुनिकीकरण का साफ्टवेयर या माइक्रोचिप्स (Integrated Circuit-I.C) है। वर्तमान की अब नवीनतम परिभाषा है-"पूर्ण ज्ञान से युक्त होना" और कार्यशैली की परिभाषा है-"भूतकाल का अनुभव, भविष्य की आवश्यकतानुसार पूर्णज्ञान और परिणाम ज्ञान से युक्त होकर वर्तमान समय में कार्य करना।"

ज्ञान के इस युग में शिक्षा-विद्या-कला का व्यापार मनुष्य के धरती पर रहने तक रहेगा। ऐसी स्थिति में "सत्य मानक शिक्षा"का व्यापार भी उस समय तक के लिए स्थायित्व में है। शिक्षा-विद्या-कला कोई प्रापर्टी नहीं है कि पिता जी ग्रहण कर चुके हैं तो पुत्र को हिस्सा प्राप्त हो जायेगा। पुत्र को भी वहीं से अर्थात् अक्षर ज्ञान से शुरू होना पड़ेगा जहाँ से पिता ने शुरू किया था। इस प्रकार "सत्य मानक शिक्षा"का व्यापार एक अन्तहीन व्यापार है जो मनुष्य के पृथ्वी पर रहने तक चलता रहेगा।

स्कूल-कालेजों के जाल से शिक्षा के व्यापार का विकास होता है न कि शिक्षा का। शिक्षा का विकास तो शिक्षा पाठ्यक्रम पर निर्भर होता है जिससे शिक्षक और शिक्षार्थी दोनों निर्मित होते हैं। जब तक पूर्ण शिक्षा पाठ्यक्रम का निर्माण नहीं होता, शिक्षा का विकास नहीं हो सकता लेकिन शिक्षा के व्यापार का विकास होता रहेगा।

आध्यात्म और विज्ञान ने मानव सभ्यता के विकास में अब कम से इतना विकास तो कर ही चुका है कि अब हमें मन के एकीकरण के लिए कार्य करना चाहिए। और उस मन पर कार्य करने का ही परिणाम है-

सम्पूर्ण ब्रह्माण्ड में व्याप्त एक ही सत्य-सिद्धान्त द्वारा व्यक्तिगत व संयुक्त मन को एकमुखी कर सर्वोच्च, मूल और अन्तिम स्तर पर स्थापित करने के लिए शून्य पर अन्तिम आविष्कार WS-0 श्रृंखला की निम्नलिखित पाँच शाखाएँ है।

1. डब्ल्यू.एस. (WS)-0: विचार एवम् साहित्य का विश्वमानक
2. डब्ल्यू.एस. (WS)-00: विषय एवम् विशेषज्ञों की परिभाषा का विश्वमानक
3. डब्ल्यू.एस. (WS)-000: ब्रह्माण्ड (सूक्ष्म एवम् स्थूल) के प्रबन्ध और क्रियाकलाप का विश्वमानक
4. डब्ल्यू.एस. (WS)-0000: मानव (सूक्ष्म तथा स्थूल) के प्रबन्ध और क्रियाकलाप का विश्वमानक
5. डब्ल्यू.एस. (WS)-00000: उपासना और उपासना स्थल का विश्वमानक

और पूर्णमानव निर्माण की तकनीकी WCM-TLM-SHYAM.C (World Class Manufacturing – Total Life Maintenance – Satya-Heart-Yog-Ashram-Meditaion.Conciousness) है।

जो शिक्षा का नया माडल है। गरीबों की समस्या सुलझानें का नैतिक दायित्व है। देश में 25 वर्ष से कम उम्र के 55 करोड़ लोगों के लिए पुननिर्माण जैसी योजना हैं। उन्हें नौकरी और प्रशिक्षण की व्यवस्था है। रचनात्मकता, समन्वय, लीडरशिप, ग्लोबल तथा प्रोफेशनल विषयों को पढ़ने तथा सूचना तकनीक के जरिए पढ़ाई पर ध्यान केन्द्रित करने से युक्त है। हमारे देश में जो अध्यापक हैं, वे शोध नहीं करते और जो शोध करते हैं वे पढ़ाते नहीं, इसलिए शिक्षार्थी को ही शोध पत्र (विश्वशास्त्र) पढ़ाया जाय क्योंकि शिक्षक पढ़ने से तो रहे क्योंकि समान्यतः धन के आने की सुनिश्चितता के बाद लोग पढ़ना छोड़ देते हैं, यही नहीं कोशिश तो यह भी रहती है कि पढ़ाना भी न पड़े और उन्हें सेवा से हटाया भी नहीं जा सकता।

स्वामी विवेकान्द जी ने कहा था – "सुधारकों से मैं कहूंगा कि मैं स्वयं उनसे कहीं बढ़कर सुधारक हूँ। वे लोग इधर-उधर थोड़ा सुधार करना चाहते हैं- और मैं चाहता हूँ आमूल सुधार। हम लोगों का मतभेद है केवल सुधार की प्रणाली में। उनकी प्रणाली विनाशात्मक है और मेरी संघटनात्मक। मैं सुधार में विश्वास नहीं करता, मैं विश्वास करता हूँ स्वाभाविक उन्नति में।"

स्वाभाविक उन्नति तभी होती है जब संसाधन उपलब्ध हो। कार-मोटरसाइकिल घर में पहले से रहता है तो स्वाभाविक रूप से कम उम्र में ही घर के लोग चलाना सिख जाते हैं

जो व्यक्ति या देश केवल आर्थिक उन्नति को ही सर्वस्व मानता है वह व्यक्ति या देश एक पशुवत् जीवन निर्वाह के मार्ग पर है-जीना और पीढ़ी बढ़ाना। दूसरे रूप में इसे ऐसे समझा जा सकता है कि ऐसे व्यक्ति जिनका लक्ष्य धन रहा था वे अपने धन के बल पर अपनी मूर्ति अपने घर पर ही लगा सकते हैं परन्तु जिनका लक्ष्य धन नहीं था, उनका समाज ने उन्हें, उनके रहते या उनके जाने के बाद अनेकों प्रकार से सम्मान दिया है और ये सार्वजनिक रूप से सभी के सामने प्रमाणित है। पूर्णत्व की प्राप्ति का मार्ग शारीरिक-आर्थिक उत्थान के साथ-साथ मानसिक-बौद्धिक उत्थान होना चाहिए और यही है ही। इस प्रकार भारत यदि पूर्णता व विश्व गुरूता की ओर बढ़ना चाहता है तब उसे मात्र कौशल विकास ही नहीं बल्कि राष्ट्रीय बौद्धिक विकास की ओर भी बढ़ना होगा। बौद्धिक विकास, व्यक्ति व राष्ट्र का इस ब्रह्माण्ड के प्रति दायित्व है और उसका लक्ष्य है।

राष्ट्र के पूर्णत्व के लिए पूर्ण शिक्षा निम्नलिखित शिक्षा का संयुक्त रूप है-

अ-सामान्यीकरण (Generalisation) शिक्षा

ज्ञान के लिए- यह शिक्षा व्यक्ति और राष्ट्र का बौद्धिक विकास कराती है जिससे व्यक्ति व राष्ट्रीय सुख में वृद्धि होती है।

ब-विशेषीकरण (Specialisation) शिक्षा

कौशल के लिए- यह शिक्षा व्यक्ति और राष्ट्र का कौशल विकास कराती है जिससे व्यक्ति व राष्ट्रीय उत्पादकता में वृद्धि होती है।

स-सत्य नेटवर्क (REAL NETWORK)

समाज में प्रकाशित होने के लिए-क्योंकि कोई भी क्यों न हो उसे स्वयं अपना परिचय (BIO-DATA) देना पड़ता है तभी उसके अनुसार समाज उसका उपयोग करता है।

वर्तमान समय में विशेषीकरण की शिक्षा, भारत में चल ही रहा है और वह कोई बहुत बड़ी समस्या भी नहीं है। समस्या है सामान्यीकरण शिक्षा की। व्यक्तियों के विचार से सदैव व्यक्त होता रहा है कि-मैकाले शिक्षा पद्धति बदलनी चाहिए, राष्ट्रीय शिक्षा नीति व पाठ्यक्रम बनना चाहिए। ये तो विचार हैं। पाठ्यक्रम बनेगा कैसे?, कौन बनायेगा? पाठ्यक्रम में पढ़ायेंगे क्या?

एक पूर्ण मानव निर्माण प्रक्रिया में शिक्षा पाठ्यक्रम के स्वरूप का विश्वमानक निम्नवत् है। जो किसी विशेष देश-काल-पात्र पर निर्भर नही करता अर्थात् यह प्रत्येक देशों और व्यक्तियों के लिए शिक्षा का स्वरूप है। जिससे ब्रह्माण्डीय, वैश्विक और व्यक्तिगत संतुलन, स्थिरता, एकता, प्रबन्ध, विकास, शान्ति और सुरक्षा निर्धारित होती है।

1. प्राइमरी शिक्षा (कक्षा-5 तक)-भाषा ज्ञान आधारित:- क्षेत्रीय, देश, विश्व और विज्ञान की भाषा का ज्ञान, सामान्य विज्ञान, सामान्य ज्ञान, चित्र कला।

2. जूनियर हाई स्कूल (कक्षा-6 से 8 तक)-समाज ज्ञान आधारित:- क्षेत्रीय, देश, विश्व और विज्ञान की भाषा का ज्ञान, सामान्य विज्ञान, सामान्य ज्ञान, चित्र कला का विस्तार, खेल, संगीत, कृषि, समाज विज्ञान।

3. हाई स्कूल (कक्षा-9 से 10 तक)-सामान्यीकृत ज्ञान आधारित:- ज्ञान-कर्मज्ञान समाहित WCM-TLM-SHYAM.C (World Class Manufacturing – Total Life Maintenance – Satya-Heart-Yog-Ashram-Meditaion.Conciousness) प्रणाली अर्थात शिक्षा पाठ्यक्रम का विश्व मानक, कालानुसार विज्ञान, तकनीकी, व्यापारीक व प्रबन्धकीय ज्ञान की शिक्षा।

4. इण्टरमीडिएट (कक्षा-11 से 12 तक)-विशेषीकृत ज्ञान आधारित:- कौशल विकास की शिक्षा।

5. उच्च शिक्षा-इच्छानुसार विशेष क्षेत्र आधारित

"किसी देश का संविधान, उस देश के स्वाभिमान का शास्त्र तब तक नहीं हो सकता जब तक उस देश की मूल भावना का शिक्षा पाठ्यक्रम उसका अंग न हो। इस प्रकार भारत देश का संविधान भारत देश का शास्त्र नहीं है। संविधान को भारत का शास्त्र बनाने के लिए भारत की मूल भावना के अनुरूप नागरिक निर्माण के शिक्षा पाठ्यक्रम को संविधान के अंग के रूप में शामिल करना होगा। जबकि राष्ट्रीय संविधान और राष्ट्रीय शास्त्र के लिए हमें विश्व के स्तर पर देखना होगा क्योंकि देश तो अनेक हैं राष्ट्र केवल एक विश्व है, यह धरती है, यह पृथ्वी है। भारत को विश्व गुरू बनने का अन्तिम रास्ता यह है कि वह अपने संविधान को वैश्विक स्तर पर विचार कर उसमें विश्व शिक्षा पाठ्यक्रम को शामिल करे। यह कार्य उसी दिशा की ओर एक पहल है, एक मार्ग है और उस उम्मीद का एक हल है। राष्ट्रीयता की परिभाषा व नागरिक कर्तव्य के निर्धारण का मार्ग है। जिस पर विचार करने का मार्ग खुला हुआ है।"

"भारत का प्रत्येक नागरिक अपने जीवकोपार्जन के मार्ग व संघर्ष में अपने विषय का जानकार व अनुभव तो प्राप्त कर रहा है परन्तु कुछ पाने के क्रम में कुछ छूट भी जाता है इसलिए प्रत्येक नागरिक को अपने अहंकार को भूलकर यह स्वीकार करना होगा कि वह अपने विषय से हटकर अन्य विषय के विषय में कम या नहीं जानता है।"

अतः एक "आदर्श नागरिक" बनने के क्रम में न्यूनतम ज्ञान सभी को एक समान रूप से चाहिए।

NEW WORLD ORDER

"न्यू इण्डिया" का एक्शन प्लान

www.64inch.com

The Knowledge Equalizer

"सार्वभौम सत्य–सिद्धान्त" एवं "आध्यात्मिक सत्य" पर आधारित जीवन शास्त्र –"विश्वशास्त्र" की

"युग परिवर्तन" श्रृंखला की पुस्तकें

मुख्य शास्त्र

01. *विश्वशास्त्र – द नॉलेज आफ फाइनल नॉलेज*

सारांश के अनुसार

02. मैं सत्यकाशी से कल्कि महावतार बोल रहा हूँ (समष्टि गीता – यथार्थ प्रकाश)

शीर्षक के अनुसार भाग

03. विश्वस्तरीय फिल्म लेखन कला
04. प्रारम्भिक सत्य – अन्तिम दृष्टि
05. सत्य धर्म – युग परिवर्तक दृष्टि
06. सत्य दार्शनिक–दर्शन और कर्म वेदान्त–विकास दर्शन
07. सत्य शास्त्र एवं पुराण रहस्य–महर्षि व्यास कला
08. संत एवं गुरू और विश्व संत एवं गुरू
09. समाज और ईश्वरीय समाज
10. सत्य शास्त्र और विश्वशास्त्र
11. कृति और विश्व कृति
12. भारत माता मन्दिर और विश्वधर्म मन्दिर
13. महाभारत और विश्वभारत
14. संविधान और विश्व संविधान
15. शिक्षा और पूर्ण शिक्षा
16. देवता और सार्वभौम देवता कल्कि
17. देवीयाँ और सार्वभौम देवी माँ क्ल्कि
18. द्वादश ज्योतिर्लिंग और 13वां अन्तिम ज्योतिर्लिंग
19. काशी – मोक्षदायिनी और जीवनदायिनी
20. सत्यकाशी – स्वर्णयुग का तीर्थ
21. काशी – रहस्योद्घाटन
22. 2020 – मन का नवीनीकरण
23. ईश्वर का संक्षिप्त इतिहास
24. अवतार – अन्तिम सत्य दृष्टि
25. भविष्यवाणियाँ और कल्कि अवतार
26. स्वामी विवेकानन्द और कल्कि अवतार
27. मनु, मनवन्तर और कल्कि महावतार
28. व्यास, शास्त्र और कल्कि महावतार
29 ऋषि, ऋषि परम्परा और कल्कि महावतार
30. दूसरा आगमन या अन्तिम आगमन
31. परिवर्तन–काल, मनु, युग, व्यास और शास्त्र
32. राम, रावण और सार्वभौम एकात्म
33. मैं, व्यक्तिगत या सार्वभौम
34. लव कुश (त्रेतायुग) और लवकुश (कलियुग)
35. कल्कि महावतार आ चुके हैं (ACTION PLAN)
36. लव कुश सिंह (कल्कि महाअवतार)–जीवन, ज्ञान, कर्म और विश्वरूप
37. वैश्विक बुद्ध – बुद्ध का भाग दो और अन्तिम
38. बुड्ढा कृष्ण – कृष्ण का भाग दो और अन्तिम
39. सम्पूर्ण क्रान्ति–अन्तिम कार्य योजना
40. पुनर्निर्माण (RENEW)–समस्या, समाधान और राष्ट्र निर्माण की योजना
41. पुनर्निमाण (RENEW)– ग्राम एवं नगर वार्ड प्रेरक
42. विश्वशास्त्र द नालेज आफ फाइनल नालेज–परिचय
43. एन्टायर पालिटिक्स – पूर्ण पाठ्यक्रम
44. वसुधैव–कुटुम्बकम्
45. कर्मवेद : प्रथम, अन्तिम तथा पंचम वेद
46. आठवें अवतार श्रीकृष्ण के अनकहे संदेश
47. अयोध्या नहीं, मुंगेर है राम जन्मभूमि
48. विश्वमानव–भूतपूर्व नेतृत्वकर्ताओं का स्पष्टिकरण
49. विश्वमानव–वर्तमान नेतृत्वकर्ताओं का स्पष्टिकरण
50. विश्वमानव–वार्ता, वक्तव्य एवं वाणियाँ
51. विश्वमानव–पत्रावली, प्रसारण और अन्तिम पत्र
52. सत्य जनहित आह्वान
53. विश्व शान्ति–अन्तिम सत्य दृष्टि
54. नई विश्व व्यवस्था का रहस्य
55. समाजवाद – ब्रह्माण्डीय विकास का अवतारी मार्ग
56. भारतवाद – राष्ट्रवाद की मुख्यधारा
57. 100 वर्षीय संयुक्त राष्ट्र को अग्रिम सन्देश
58. सार्वभौम एकात्म–नव विश्व निर्माण
59. गणराज्य, संघ, मानकीकरण संगठन और सम्पूर्ण मानक
60. व्यापार केन्द्र (TRADE CENTRE)–दृश्य सत्य
61. मन का विश्वमानक और पूर्ण मानव निर्माण की तकनीकी (WCM-TLM-SHYAM.C)
62. मानक विपणन प्रणाली (3F:FUEL-FIRE-FUEL)
63. स्वर्णयुग का मानक आदर्श नागरिक–दिशा निर्देश
64. विश्वधर्म : परिचय (स्वर्णयुग का धर्म)

व्यक्ति और विभागीय स्तर पर सफाई–सुधार का पहला प्रारूप की पुस्तक – डा0 रमेश कुमार द्वारा लिखित "विशाल ज्ञान विज्ञान सबका समाधान" है

दर्शन, विचार एवं संपादन

लव कुश सिंह "विश्वमानव"

Search on Google -> Lava Kush Singh "vishwmanav"

पुस्तक उपलब्ध

notionpress.com Book Store

www.ingramcontent.com/pod-product-compliance
Lightning Source LLC
LaVergne TN
LVHW080938071026
849535LV00013B/4244